Teorias da Recepção

Coleção Estudos
Dirigida por J. Guinsburg

Equipe de realização – Edição de Texto: Elen Durando; Revisão: Marcio Honorio de Godoy; Sobrecapa: Sergio Kon; Produção: Ricardo W. Neves, Raquel Fernandes Abranches, Sergio Kon, Elen Durando, Mariana Munhoz e Luiz Henrique Soares.

Claudio Cajaiba

TEORIAS DA RECEPÇÃO
A ENCENAÇÃO DOS DRAMAS DE LÍNGUA ALEMÃ NA BAHIA

CIP-Brasil. Catalogação na Publicação
Sindicato Nacional dos Editores de Livros, RJ

C139t

Cajaiba, Claudio
   Teorias da recepção : a encenação dos dramas de língua alemã na Bahia / Claudio Cajaiba. - 1. ed. - São Paulo : Perspectiva ; Salvador, BA : PPGAC/UFBA, 2013.
   240 p. : il. ; 23 cm. (Estudos ; 324)

   Inclui bibliografia
   ISBN 978-85-273-1002-4

   1. Teatro alemão – História e crítica. 2. Língua alemã. I. Título. II. Série.

14-09901

CDD: 832
CDU: 821.112.2

21/02/2014   27/02/2014

Direitos reservados em língua portuguesa à
EDITORA PERSPECTIVA S.A.

Av. Brigadeiro Luís Antônio, 3025
01401-000 São Paulo SP Brasil
Telefax: (011) 3885-8388
www.editoraperspectiva.com.br

2013

Sumário

Prefácio – *Ewald Hackler* IX
Introdução XIII

HERMENÊUTICA, ESTÉTICA E RECEPÇÃO

    Definição e Pré-História da Hermenêutica 1
    A Hermenêutica no Século XX.................... 14
    A Reflexão Fenomenológica em Merleau-Ponty..... 34
    Outros Herdeiros da Hermenêutica 39
    Nietzsche Como Visionário do Teatro 41
    Princípios da Recepção Literária:
    Origem, Principais Autores e Ideias 46
    A Teoria da Recepção Literária Enquanto
    Teoria Estética 51
    A Teoria da Recepção Literária Sob a Óptica
    de Sartingen.................................. 52
    A Recepção de Obras Literárias Estrangeiras 55
    A Encenação de Obras Estrangeiras
    e Suas Implicações............................. 56

Concretização e Atualização de Obras de Arte 59
Contributos Para uma Estética da Recepção Teatral 61
O Lugar da Recepção na Semiótica Teatral 64
Estética, Comunicação, Recepção e Sensibilidade ... 74
Algumas Reflexões Sobre os Modos de Recepção
do Teatro Contemporaneamente 77

EM CENA, O ESPECTADOR

Disposição de Palco/Plateia ao Longo da História ... 85
A Abordagem da Recepção Pela Teoria do Teatro
Num Apanhado Histórico 98
O Desenvolvimento de Métodos de Treinamento
Para Atores e Sua Relação Com o Público 113
Considerações Complementares Sobre a Recepção
do Teatro 121
A Descoberta do Espectador 125

A ENCENAÇÃO DA CULTURA

Breve Histórico do Intercâmbio Cultural
no Teatro Ocidental 135
O Espectador e as Inovações no Teatro
do Século xx 139
Os Diferentes Usos e Sentidos do Termo "Cultura" . 143
Cultura, Arte e Política 147
Cultura e Identidade 149
Cultura e Baianidade 154
Perfil de Alguns Encenadores dos Dramas
de Língua Alemã na Bahia 156
A Chegada da Dramaturgia de Língua Alemã
na Bahia 192
A Tradução, a Transposição Cultural e Suas
Implicações 197

BIBLIOGRAFIA 209

Prefácio

O presente livro se baseia em uma tese que tive o privilégio de orientar aqui na Bahia, juntamente com a professora doutora Bárbara Panse, que supervisionou as pesquisas na Universidade Livre de Berlim.

Claudio Cajaiba parte da teoria da recepção, da filosofia hermenêutica e da filosofia estética para analisar os dramas de língua alemã em palcos baianos, a partir do início da década de 1960.

Esta é uma abordagem inédita e até pioneira. Ou pelo menos era, quando a pesquisa se iniciou em 2001 e, ainda em 2005, por ocasião da defesa da tese. Naquele tempo, causou até certo estranhamento, no entanto, hoje em dia, a teoria da recepção e a filosofia estética se tornaram quase lugar-comum nos cursos de pós-graduação em artes cênicas do país.

Por outro lado, a hermenêutica – em sua fase pré-histórica, do séc. I d.C., na Grécia, até o seu pleno desenvolvimento no séc. XX –, como disciplina acadêmica, permanece inexplorada em muitas universidades brasileiras que se dedicam às artes da cena.

Assim, aqui só posso, de maneira pontual e breve – forma que um prefácio exige – louvar a abordagem dessa filosofia e o papel que ela desempenhou na vida monástica dos conventos a partir do século IV na Europa, assim como sua função extraordinária enquanto metodologia na criação artística, nas ciências do barroco, no impacto enorme que teve no pensamento do Iluminismo e, finalmente, a emancipação que a hermenêutica conquistou como disciplina acadêmica nas universidades europeias dos séculos XIX e XX.

O termo "hermenêutica" tem sua origem no grego ερμηνευτική, isto é, no verbo traduzir, interpretar, analisar, tornar compreensível. Remete a Hermes (ou Mercúrio, em Roma), Deus do comércio e das ciências ocultas. Era ele que transmitia as mensagens dos seus superiores, os deuses gregos, para os homens. O termo "hermético", contudo, frequentemente associado a Hermes, se refere ao nome de um sábio egípcio.

Na Grécia, o hermeneuta era um auxiliar, que hoje se chamaria "obreiro" e que tinha a função de traduzir e explicar o culto das incipientes comunidades cristãs, que se espalhavam rapidamente da Grécia até Roma.

Nas suas explicações esses "hermeneutas" se distinguiam dos meros tradutores de exegeses ou práticas, pois também se dedicavam aos aspectos doutrinários e metodológicos do evento. Eles tinham a função de descortinar o significado profundo e subjacente das partes cruciais da liturgia.

A disciplina hermenêutica já se ampliava no Império Romano e na Idade Média alcançando os escritos teológicos, jurídicos, textos da literatura clássica e suas traduções e comentários, que ainda eram incipientes. Ao mesmo tempo, se tornava recurso e método indispensável para os filósofos e cientistas.

É mérito especial do livro de Cajaiba o fato de ele dispensar grande parte à discussão dessa disciplina, essencial para se entender a recepção do teatro e a interação entre espectador e obra de arte como um importante problema teórico, e por comentar, ainda, aspectos da recepção sob a luz da filosofia hermenêutica. O livro enfoca também as diferentes faces da cultura e se dedica, especificamente, à presença da dramaturgia de língua alemã encenada nos palcos da Bahia. As entrevistas com os encenadores desses dramas, que encerram a abordagem, fornecem *insights* reveladores da prática teatral na cidade de Salvador e aspectos inesperados do posicionamento dos diretores. O livro abre, assim, espaço para um divertido jogo de interpretação, para uma hermenêutica entre o leitor, de um lado, e os entrevistados, de outro.

O autor assegura ao seu texto uma legibilidade espontânea, mesmo em trechos que abordam problemas mais complexos. A sua discussão sobre prática e teoria do teatro com base na filosofia hermenêutica é acessível e fluente.

E, não menos meritoso, o livro foi escrito tendo em mente a compreensão do todo, sem se esquecer das partes. Contempla as partes sem esquecer do todo.

O poema de Rainer Maria Rilke, que consta como epígrafe do livro de Hans-Georg Gadamer, *Verdade e Método*, um dos mais importantes para a filosofia hermenêutica, resume soberbamente a discussão proposta por este livro:

> Enquanto apanhares o que tu mesmo jogaste,
> Tudo será simples habilidade e insignificante ganho;
> Apenas quando subitamente te tornares o apanhador da bola
> Atirada a ti por eterna companheira de jogo
> Dirigida a teu interior, num acurado
> Movimento habilidoso, num daqueles arcos
> De Deus em sua grande construção-ponte:
> Somente então é que apanhar é um saber poder
> Não teu, de um Mundo[1]

Ewald Hackler
Diretor teatral, cenógrafo e professor titular
da Escola de Teatro da UFBA

---

1 *Enquanto Apanhares o Que Tu Mesmo Jogaste* (Solang du Selbstgeworfnes). Die Gedichte. Muzot, 31 jan. 1922. Tradução: João Ibaixe Jr. Acesso: < http://palavrastransgredidas.blogspot.com.br/2010/09/rmrilke-enquanto--apanhares-o-que-tu.html >

Introdução[1]

O teatro é uma das formas de comunicação artística mais antigas da civilização. Essa atividade, que há milênios exerce fascínio sobre a humanidade, me fez ingressar no curso de interpretação da Escola de Teatro da UFBA, em 1987.

Minha primeira ida ao teatro profissional aconteceu apenas no início da vida adulta e de forma casual. Atraído por uma aglomeração de pessoas, nas minhas aventuras da juventude no bairro boêmio do Canela, quis saber o que estava acontecendo. Fui informado de que se tratava da apresentação de uma peça, *Em Alto Mar*[2], e um convite-senha me foi oferecido. Com grande curiosidade, entrei na pequena sala onde cada espaço

---

1 A abordagem feita neste livro foi resultado do projeto de doutoramento desenvolvido junto ao Programa de Pós-graduação em Artes Cênicas da Universidade Federal da Bahia (UFBA) e também no Instituto de Música e Ciências do Teatro da Universidade Livre de Berlim (FU-BERLIN). A tese, aprovada com distinção em janeiro de 2005, recebeu o título *A Encenação dos Dramas de Língua Alemã na Bahia* e contou com a orientação do professor doutor Ewald Hackler, na UFBA, e da professora doutora Bárbara Panse, na FU-BERLIN. A banca examinadora foi composta pelos professores doutores Cleise Furtado Mendes, Ingrid Koudela, Antonia Pereira Bezerra e Dante Galeffi. Contou ainda com o financiamento da Capes no Brasil e do Daad (Deutscher Akademischer Austauschdienst) na Alemanha.
2 Texto do polonês Slawomir Mrozek, sob direção de Ewald Hackler.

era disputado. Sentado no chão, um universo absurdo, estranho e fascinante se "descortinava" diante de mim – embora o teatro não tivesse cortina.

Posso considerar que foi uma das experiências mais marcantes que vivi e que determinaria meu novo lugar no mundo. Na medida em que me envolvia mais com o labor teatral, a reflexão sobre o teatro enquanto fenômeno de comunicação me intrigava mais e mais. Especialmente as questões concernentes à relação obra/espectador: quais os motivos que contribuem para um maior interesse do público por este ou aquele espetáculo?

Presenciava também as mudanças do mercado profissional em Salvador, num período em que o público, atraído por algumas montagens que exploravam um caráter jocoso, voltava a lotar as salas, anteriormente vazias, despertando os profissionais para a viabilidade do teatro como atividade remunerada.

Após ter feito o curso de interpretação da Escola de Teatro da UFBA, ao participar como ator de uma montagem promovida pelo Instituto Goethe do texto *Merlim ou a Terra Deserta*, do alemão Tankred Dorst, sob direção de Carmen Paternostro, me surpreendi com a boa receptividade do público e o seu interesse por tema e personagens tão distintos daqueles presentes em nossa cultura, ao contrário do que apresentavam outras encenações de grande repercussão na cena local.

Porém, uma situação vivida em São Paulo durante a temporada de *Merlim* me intrigou sobremaneira: a publicação de uma crítica favorável ao espetáculo em jornal de grande circulação, que muito influenciou a lotação do teatro nas apresentações que se seguiram. Através dessas e de outras experiências, todas ligadas ao fenômeno da recepção, pude compreender a complexidade da relação obra/espectador.

Desde então, pude entender mais um pouco sobre o fenômeno da comunicação, a partir do viés da recepção, ou, mais especificamente, sobre o lugar do receptor em sua relação com uma determinada obra de arte.

Quando analisei as obras cinematográficas dubladas, veiculadas em TV, objeto do meu estudo no mestrado[3], pretendia mostrar, inicialmente, o quanto a polêmica substituição de

---

3   Cinema e Dublagem na TV, em A. Bião et al. (orgs.), *Temas em Contemporaneidade, Imaginário e Teatralidade*, p. 145-176.

sons que se opera nesses casos interferia na obra de maneira a distorcê-la. Se assim tivesse procedido, eu restabeleceria uma antiga e bem explorada discussão sobre forma e conteúdo nas obras de arte, que remetia às "formas puras do belo" do romantismo alemão.

Graças ao conhecimento da teoria da recepção, pude compreender, *grosso modo*, que, mesmo sofrendo esta ou aquela interferência, tais filmes dublados dispunham de grande aceitação do público, e que isso não os tornava menos legítimos do que as suas versões em som original. Percebi, então, outra dimensão do receptor e, de repente, pareceu-me inútil argumentar que a modificação de um determinado elemento do filme interferia no seu valor enquanto obra artística. Compreendi, sobretudo, que esse valor muitas vezes era conferido pelo fruidor, independentemente do que propunham as consagradas análises feitas por renomados teóricos das estéticas do cinema. E por isso minha abordagem da recepção dos filmes dublados ganhou novos contornos: constatava que a fruição de um filme, mesmo dublado, permitia ao sujeito uma experiência estética. E que não cabia a mim valorar ou mensurar essa experiência. Minha compreensão da relação obra/espectador também ganhou novas dimensões.

Minha experiência em artes e humanidades – duas áreas distintas do conhecimento, mas ao mesmo tempo tão próximas – provocou-me o desejo de analisar a experiência teatral, em lugar da experiência do cinema, sob a luz dessas teorias. Por isso proponho aqui uma abordagem das encenações dos dramas de língua alemã em Salvador, bem como da recepção dessas obras.

Meu contato com a língua alemã teve início também a partir do interesse e apreciação dos produtos artísticos, a exemplo de filmes, exposições, peças de teatro e dança, todos com sua natureza onírica, que integravam a programação do Instituto Cultural Brasil Alemanha (ICBA), que passei a frequentar. Isso ocorreu no final da década de 1980 e mesmo que o período "áureo", de intensa produtividade e criatividade do que se apresentava no ICBA, esteja associado à década de 1970, as experiências vividas por mim nos anos de 1980 cingiam meu imaginário, despertando-me para novos sentidos do mundo.

* * *

Como o termo "drama" será recorrente ao longo deste livro, faz-se necessário defini-lo de antemão. A escritora e professora de dramaturgia Cleise Mendes tem colaborado para a discussão que envolve "o drama e a catarse" através de algumas publicações. Ela propõe a seguinte definição: "O drama é uma forma artística extremamente persuasiva e envolvente, pois imitando a ação por meio da linguagem, faz com que a linguagem desapareça, transformada em ação, chegando com isso a quase substituir a realidade aos olhos do leitor/espectador."[4] Ou, ainda:

A linguagem no drama está sempre associada a uma voz, um gesto, uma imagem humana. A participação emocional do leitor/espectador depende dessa individualização, desse recorte sensível, antropomórfico, desse enraizar de cada palavra num desejo e numa intenção.
 No drama não se vê a linguagem, mas o agente que a produz, de onde vem a dificuldade de encará-lo como texto e o engano de ver no diálogo e nas indicações cênicas uma espécie de "notação teatral".
 O que o texto dramático exibe de forma mais nítida que outras formas literárias é uma *metáfora cênica* construída pelos vários níveis de sua estrutura basicamente verbal.[5]

A "metáfora cênica" referida por Mendes tem sido a maior responsável pelo trânsito dos textos dramáticos pelo mundo. Esse universo metafórico abre precedentes para novas metaforizações, fazendo com que um mesmo drama se transforme em tantos outros, como acontece quando um encenador baiano se decide pela encenação de um texto dramático de língua alemã. A ele, mais que outra coisa, importa a possibilidade de operar metáforas.

Segundo Mendes, "a plateia se vinga de certos tipos sociais ou padrões repressivos"[6] Essa vingança pressupõe uma ação, que vem do desejo de vingar-se. Para realizar esse desejo é preciso "agir". Pode-se inferir, então, que a autora crê na plateia como agente, como defenderam vários encenadores e teóricos do teatro, os quais serão mencionados adiante.

---

4 *As Estratégias do Drama*, p. 29.
5 Ibidem, p. 31-32.
6 *A Gargalhada de Ulisses: A Catarse na Comédia*, p. 195.

INTRODUÇÃO

O jornalista Arnaldo Jabor ao fazer um comentário acerca do filme *Cidade de Deus*, de Fernando Meirelles, sugere que o filme não é visto por nós, e sim que o filme nos vê. Para que o filme nos veja, é preciso que alguma luz incida sobre nós, tal como incide na tela para que vejamos o filme.

Essa inversão de lugares não é comum nas abordagens da relação obra/receptor. Até o surgimento da teoria da recepção, as discussões sobre os fenômenos artísticos se pautavam especialmente nas questões sobre forma e conteúdo, ignorando ou menosprezando o papel do receptor.

No entanto, antes do *boom* promovido pela teoria da recepção, as questões concernentes à relação obra/espectador já integravam as reflexões da hermenêutica filosófica e da filosofia estética. A abordagem dos dramas de língua alemã sob a luz de alguns princípios teóricos da hermenêutica e da recepção literária impõe uma aproximação do teatro à filosofia. Como advertiu Hans-Thies Lehmann, "essa é uma questão central" para as artes cênicas, que se acostumaram a pensar por meio de conceitos, esquecendo-se que pintar, dançar, representar é também uma forma de pensar. E propõe: "E isso é o que devemos evitar, e isso é que fez com que o discurso acadêmico sobre o teatro se tornasse tão monótono, enquanto alguns filósofos desenvolveram uma teoria muito mais genuína, e próxima da arte, do que das pessoas que estavam se ocupando do teatro."[7]

Para Lehmann, há muitos nomes nos quais se pode apoiar para promover essa aproximação, dentre os quais, Derrida, Deleuze, Lyotard, Althusser, Nietzsche, Gadamer, Heidegger, Walter Benjamin e Adorno. Segundo ele,

O pensamento sobre o teatro, hoje, seria impossível sem alguns desses nomes [...] E essas pessoas não são teóricas de teatro ou de literatura, mas são filósofos e estabelecem um campo de referência filosófico dessa discussão de que nós sempre vamos necessitar. Esses dois caminhos são importantes: a reflexão filosófica e também o aprofundamento nos fenômenos estéticos. Devemos esperar uma inspiração recíproca desses dois caminhos, mas não tentar aplicar uma coisa sobre a outra simplesmente.[8]

---

7   Teatro Pós-Moderno e Teatro Político, em J. Guinsburg; S. Fernandes (orgs.), *O Pós-Dramático*, p. 253.
8   Ibidem, p. 253-254.

A abordagem aqui presente não tem a pretensão de ser inaugural. Pode-se argumentar, contudo, que o cruzamento da hermenêutica e da teoria da recepção com a teoria das artes cênicas produzida no Brasil ainda não é tão recorrente.

Hermenêutica, Estética e Recepção

DEFINIÇÃO E PRÉ-HISTÓRIA DA HERMENÊUTICA

Como definir a ciência da interpretação, isto é, a hermenêutica? Que significados carrega essa palavra, tão estranha ao atual universo do conhecimento comum, ao qual, pelo que se supõe, ela esteve originalmente ligada? Quais as associações possíveis de uma ciência de origem religioso-filológica a um livro que, como este, pretende refletir sobre a encenação de textos de língua alemã na Bahia? O quanto a hermenêutica e o teatro, além do fato de ambos estarem originariamente relacionados à Grécia antiga, teriam em comum? Como é possível associá-los ou dissociá-los?

Em sua obra *Perfiles Esenciales de la Hermenéutica* (Perfis Essenciais da Hermenêutica), Mauricio Beuchot a descreve como a disciplina da interpretação que se coloca em função do ato mesmo de interpretação, que apresenta a pergunta e o caminho para respondê-la. Para ele, a hermenêutica pode ser tomada não só como ciência, mas também como arte de interpretar textos, sejam eles escritos, falados ou atuados; ou, ainda, segundo a definição de Paul Ricoeur, textos escritos, diálogos ou ações significativas.

A hermenêutica, segundo autores como Emilio Betti e Andrés Ortiz-Osés, se divide em três partes:

1. A transitiva ou recognoscitiva, como a filológica ou historiográfica, cuja finalidade é o entender em si mesmo (compreender);
2. A transitiva, reprodutiva ou tradutiva, como a teatral e a musical, cuja finalidade é fazer entender (explicar);
3. A normativa ou dogmática, como a jurídica e a teológica, cuja finalidade é a regulamentação do fazer (aplicar).[1]

Assim, de acordo com a concepção de Beuchot, a hermenêutica não seria uma ciência puramente teórica nem puramente prática, e sim um misto de teoria e práxis. E, como toda teoria, ou como todo saber, implica em penetrar, registrar, intervir, o que pressupõe ainda uma unidade interna entre saber e modificar.

É classificada também como hermenêutica *docens* e hermenêutica *utens*; pode-se falar de uma hermenêutica sincrônica e de outra diacrônica, desde que se envolva a busca da sistematização ou historicidade de um texto; ou de uma hermenêutica paradigmática ou sintagmática, dependendo do tipo de leitura que se pretenda para um texto, se superficial ou profunda.

Por fatores como esses, a hermenêutica é tradicionalmente associada a certa sutileza que, segundo Hans-Georg Gadamer, teve sua origem na Idade Média, mas desenvolveu-se no Renascimento e passou a caracterizar certo comportamento científico/interpretativo: o de sempre encontrar uma possibilidade de interpretação onde os outros não a vejam. Esse comportamento deu origem à teoria das distinções, como salientam os autores[2].

Referir-se a uma "metodologia hermenêutica" pressupõe certas implicações, pois, como será visto adiante, ao escrever *Wahrheit und Methode* (Verdade e Método), Gadamer critica exatamente a limitação que os métodos possam provocar, obnubilando as sutilezas e impedindo que se veja o que os outros não veem.

Ainda assim Beuchot descreve a hermenêutica como uma metodologia caracterizada por três passos, ou três modos de

---

1 M. Beuchot, *Perfiles Esenciales de la Hermenéutica*, p. 10.
2 Ibidem, p. 5-14.

sutileza, cuja origem está associada à hermenêutica clássica teológica e filosófica e que mantém sua terminologia em latim. São elas: 1. a *subtilitas intelligendi* ou *subtilitas implicandi*; 2. a *subtilitas explicandi*; e 3. a *subtilitas applicandi*. Foi a partir dessas definições que Gadamer desenvolveu sua noção de pertença (*Zugehörigkeit*) e de distância (*Verfremdung*).

De forma similar, Paul Ricoeur desenvolveu sua noção de "apropriação" e de "distanciamento", conceitos caros dentro do procedimento hermenêutico[3]. No entanto, Beuchot faz um alerta para a reflexão e discussão dessas noções, que, como denuncia a própria grafia em latim, já incorporava obras produzidas em séculos anteriores. Tais noções reaparecem com força na obra de Schleiermacher, que, por volta de 1803, fez um resgate do procedimento hermenêutico, reconstituindo suas primeiras linhas, outrora esboçadas em algumas obras produzidas na Grécia Antiga – especialmente as do filósofo Platão e de seu discípulo Aristóteles.

A partir daí, deu-se início a um desenvolvimento e aprofundamento do tema, o que se seguiu especialmente através de outros filósofos, como Dilthey, Heidegger e seu ex-aluno Gadamer. Com essas contribuições, a hermenêutica passou a conquistar espaço e interesse crescentes no universo acadêmico. As ciências do espírito (*Geisteswissenschaft*), ou ciências humanas, especialmente a filosofia e, posteriormente, as ciências literárias, centraram sua atenção nesse campo de estudos. Assim ela conquistou autonomia enquanto disciplina e esse interesse gerou um grande número de discussões e de obras dedicadas ao tema.

Hoje, no que se refere ao Ocidente, não se pode conceber o ensino da filosofia sem considerar os fundamentos da hermenêutica, especialmente presentes em obras como *Sein und Zeit* (Ser e Tempo), de Heidegger, ou *Wahrheit und Methode*, de Gadamer. A hermenêutica deixou de ser associada predominantemente à interpretação das escrituras sagradas e jurídicas, e os princípios de uma hermenêutica universal, que vinham se esboçando desde o século XVII, se desenvolvem e se consolidam no século XX, por intermédio desses pensadores.

---

3   Cf. E.A. Piva, A Questão do Sujeito em Paul Ricoeur, *Síntese-Revista de Filosofia*, v. 26, n. 85, p. 205-237.

Especialmente após Gadamer, ela tem papel importante no desenvolvimento da teoria da recepção literária, que, por sua vez, oferece novos contributos para a teoria estética e, consequentemente, para a teoria da comunicação. E esses são aspectos de fundamental importância para a discussão aqui proposta.

A obra *Wahrheit und Methode* pode ser considerada um marco da filosofia hermenêutica. Todavia, antes de Gadamer e de outros autores que se dedicaram ao tema no século XX, vários acontecimentos pontuaram o desenvolvimento dessa ciência, desde sua longínqua origem, e merecem ser aqui referidos.

Na Grécia, como relata Maurizio Ferraris, a arte da interpretação (*hermeutike techné*) "designava a atividade de levar as mensagens dos deuses aos homens"[4]. A hermenêutica designa, assim, a princípio, um anjo, um mensageiro. Tais referências são verificáveis em obras de Platão, quase sempre relacionadas à interpretação de oráculos ou dos ditirambos, que até então eram considerados mensagens dos deuses aos humanos.

Por isso, etimologicamente, o termo remonta ao deus grego Hermes, que seria o mensageiro de tais palavras/mensagens divinas. Ele se incumbia da tradução dessas mensagens e cumpria a tarefa de conectar os dois mundos, de deuses e humanos.

Por influência de Hermes, os seres humanos alcançavam o conhecimento daquilo que não se revelava pelos caminhos evidentes. Sem ele, a comunicação entre homens e deuses seria truncada ou impossível. Hermes era o símbolo da capacidade linguística, da capacidade de traduzir e compreender[5].

Historicamente, Ferraris faz uma associação entre Hermes e o deus Thoth egípcio, inventor da escrita. Há também a derivação relacionada a Mercúrio, deus romano do intercâmbio, do comércio e protetor dos ladrões. O livro de Thoth, em sua origem, é o livro sagrado dos antigos egípcios, composto por símbolos e hieróglifos inscritos em 78 lâminas de ouro puro, nos quais se concretizava a sabedoria do mestre Thoth, transmitida aos demais. Thoth, em seu papel de mantenedor e transmissor da tradição, é a representação do antigo sacerdócio egípcio, do

---

4 *La Hermenéutica*, p. 7. (Todas as citações de obras estrangeiras constantes neste livro foram traduzidas por mim.)
5 Cf. M. Tiburi, Conciencia de la Necesidad y Supervivencia del Arte en la Teoria Estetica de Adorno, *Revista Venezolana de Filosofia*, n. 34.

princípio de inspiração supra-humano que formulava e comunicava o conhecimento iniciático. Desse modo, a tradição egípcia foi helenizada na época alexandrina. Depois Hermes foi romanizado, na figura do deus Mercúrio. Assim, a hermenêutica poderia ter outro nome, mas a arte de interpretar, hoje concebida como disciplina, que serve aqui ao propósito de analisar os dramas de língua alemã na Bahia, está relacionada a Hermes.

Podemos fazer ainda uma atualização da função de interpretar as mensagens dos deuses aos homens, especialmente nesse contexto em que analisamos os dramas de língua alemã encenados na Bahia e propor uma referência ao mesmo mito: trata-se de uma analogia entre Hermes e Exu, orixá do candomblé. Exu é o senhor dos caminhos, aquele que leva e traz, que faz as pessoas se encontrarem ou se distanciarem. É o orixá mais humanizado, o elo entre os dois mundos, do mesmo modo que Hermes.

É curioso notar que, em sua origem, a hermenêutica não ocupava uma posição eminente por estar vinculada aos conhecimentos incertos, ligados ao senso comum, como os vaticínios dos oráculos, o que contribuía para excluí-la do âmbito científico, das ciências "certas".

Apenas com a decadência do mundo clássico, que deu lugar às conquistas dos impérios, quando se expandiram a cultura e a língua gregas, surgiu a necessidade de "interpretar" o conhecimento que ia se tornando antigo. Contudo, através da *koiné* – espécie de língua grega popular formada por volta do século IV a.C., que unia o grego antigo a diversos dialetos dos povos helenísticos do período greco-romano – já não era possível compreender os ensinamentos de Hesíodo e Homero, por exemplo, que mantinham um papel determinante não somente no período da *Paideia* clássica como também nos tempos subsequentes. Assim surgiu a filologia helenística, que se desenvolveu especialmente na Alexandria dos séculos posteriores, com o objetivo de restaurar, emendar e glosar textos corrompidos ou muito antigos.

Note-se, todavia, que os sofistas, assim como a escola de Pérgamo e os estoicos, já costumavam interpretar os textos clássicos de acordo com as crenças morais e os conhecimentos científicos da nova época. Mas a filologia clássica manteve ainda sua preponderância e continuou dominando, como se pode comprovar hoje através de importantes exemplos históricos. O mais significativo foi o desenvolvimento da *hermenêutica religiosa*, oriunda do interesse pelo livro dos hebreus – o *Velho Testamento*. Ela se juntou à *hermenêutica filológica* e começou sua expansão. No seio do estado romano, da necessidade de se fazer uma correta interpretação de leis e códigos gregos, surgiu a *hermenêutica jurídica*, que originou o Código de Justiniano.

Daí o advento do cristianismo, que se contrapunha ao princípio religioso grego de circularidade – em que as coisas estão destinadas a se repetir eternamente –, e se impôs com seu princípio linear. De acordo com esse princípio, o gênesis está em Cristo, passando por seu sacrifício, e se conclui com sua ressurreição.

Em relação aos pagãos, pode-se considerar que os cristãos, àquela época, eram os "modernos". O cristianismo, que, *grosso modo*, pode ser relacionado à interpretação do antigo livro dos hebreus, ao se firmar como uma nova religião monoteísta, fundou também as primeiras bases para uma disputa entre antigos e modernos. Nessa disputa se esboçaria um importante fundamento hermenêutico que, somente muitos séculos depois, ganharia força e se consolidaria enquanto "procedimento": a necessidade de retirar o passado do esquecimento e, paralelamente, fazer valer os direitos dos novos tempos. Dessa forma, nada impediu que nos períodos posteriores, especialmente na Idade Média, predominasse a interpretação canônica dos textos, exatamente como vinha procedendo a filologia clássica.

A partir do século XIV, o espírito de rebelião característico do humanismo italiano, que era contrário ao comportamento da Antiguidade clássica, tentou imprimir sentidos novos às traduções, numa ânsia de entender os clássicos e de situá-los na época e na cultura que lhe eram próprias. Entretanto, o abismo imposto pela distância temporal, àquela altura, já era imenso, o que contribuiu para o surgimento de novas "consequências hermenêuticas" e de um problema fundamental, que norteará as futuras interpretações, como resume Maurizio Ferraris, ao afirmar que:

as maiores inovações da hermenêutica não chegam quando uma tradição parece clara e comunicada, porém quando se chama atenção para sua distância, de modo que se trata de substituir uma transmissão viva através de um renovado conhecimento filológico e histórico dos monumentos literários do passado[6].

Os princípios da filologia humanista, fundidos com os questionamentos religiosos que então dominavam a Europa, promoveram uma profunda transformação que ecoa até os dias atuais: a Reforma Protestante.

Ao postular que "somente a *Bíblia* – e não a Igreja e sua hierarquia – é depositária das verdades e da fé"[7], Ferraris afirma que Lutero protagonizou, em 1520, uma das hermenêuticas secularizantes, o que, em termos, já vinha sendo discutido três anos antes em suas teses desenvolvidas em Wintenberg. E ao realizar a tradução do *Novo Testamento* para o alemão, ao reinterpretar as antigas escrituras, Lutero dividiu para sempre a Igreja Católica, abrindo caminho para novas interpretações. Para ele, os ensinamentos de Cristo deveriam ser acessíveis a todos. Produzindo uma nova versão da *Bíblia*, contribuiu também para o estabelecimento da unidade da língua alemã.

A discussão sobre a capacidade de entendimento do texto sagrado, sem auxílio da tradição, contrapondo-se à pretensão protestante, ganhou força através da Igreja Católica no período subsequente, cujo exemplo mais evidente é a obra de 1593-1596, *Disputas dos Pontos Controversos da Fé Cristã Contra os Hereges da Época,* do cardeal Roberto Bellarmino.

Apenas em 1670, no sétimo capítulo do *Tratado Teológico-Político* de Spinoza, retornou-se à ideia segundo a qual a *Bíblia* deveria ser interpretada da mesma forma que a literatura antiga, isto é, sem escrúpulos religiosos.

Em 1654, ensejou-se o renascimento do termo "hermenêutica", especialmente por meio de Johann C. Dannhauer, que escreveu *Hermeneutica sacra sive methodus exponendarum sacrarum litterarum* (Hermenêutica Sagrada, ou Método Para Expor as Escrituras Sagradas), na qual se observam os esboços de uma hermenêutica universal.

A autonomia para interpretar textos, que no século XVII era bastante restringida pelo poder da Igreja, só passou mesmo a se

---

6 Op. cit., p. 11.
7 Ibidem.

desenvolver com mais contundência no decorrer do século XVIII. E, junto à erudição e filologia instrumentais para a compreensão dos textos antigos, reforçou o caráter universal da hermenêutica. Conforme Ferraris, isso se evidencia na obra do filólogo Friedrich Ast, *Grundlinien der Grammatik, Hermeneutik und Kritik* (As Linhas Gerais da Gramática, Hermenêutica e Crítica), de 1808, como também na esfera da hermenêutica jurídica, proposta por Thibaut, em 1799.

Ast propunha a união da Antiguidade grega com a cristandade, para restaurar a unidade entre a vida poética, plástica e musical e a vida religiosa. Considerado um dos precursores do círculo hermenêutico, Ast defendia: "A lei fundamental de todo compreender e conhecer é a de encontrar o espírito do todo a partir do individual e compreender o individual a partir do todo."[8] Segundo Carlos B. Gutiérrez: "Se tratava de recuperar o 'pressentimento' da unidade do espírito que se manifesta através da história, desde a Antiguidade até o presente, porque só a partir dessa unidade torna-se possível o compreender."[9]

No entanto, apenas no século XIX, por intermédio de Friedrich Schleiermacher, em seus vários esboços e discursos acadêmicos no período de 1805 a 1833, e de sua obra *Hermeneutik und Kritik* (Hermenêutica e Crítica), de 1819, as noções de alteridade e distância histórica ganharam lugar privilegiado na teoria hermenêutica, tal como esclarece Ferraris:

> Schleiermacher parte de um conceito antropológico segundo o qual os outros são essencialmente um mistério para mim, de modo que toda sua expressão, não apenas aquela elaborada por escrito, como também toda comunicação oral, dotada de significado, pode ser mal entendida; sem dúvida, o fato de que toda palavra alheia resulte exposta ao mal entendido requer que a hermenêutica intervenha em toda comunicação interpessoal, e que todo compreender seja um interpretar.[10]

Além disso, uma de suas afirmações, segundo a qual todas as igrejas que mantinham escolas de interpretação da *Bíblia* procediam a interpretações válidas dos textos sagrados, segundo o

---

8 Apud C.B. Gutiérrez, La Reflexión Hermenéutica en Siglo XIX: Entre Romanticismo y Metodologia.*Ideas y Valores*, n. 12, p. 7.
9 Op. cit., p. 7.
10 Op. cit., p. 14.

ponto de vista de cada intérprete, contribuiu para a definição de um dos mais marcantes e essenciais perfis da hermenêutica.

Após Schleiermacher, a hermenêutica passou a integrar o cenário filosófico com maior contundência e deixou sua função de mera disciplina auxiliar da exegese ou da literatura, ao se erigir como ciência autônoma da compreensão e da interpretação.

Entretanto, o pensamento e a obra de Schleiermacher sofreram críticas, especialmente no que diz respeito à adoção do conceito de psicologia pela hermenêutica, assunto do qual Aloísio Ruedell se ocupou[11].

De acordo com Hendrik Birus, não seria incongruente referir-se ao filósofo como um "clássico da hermenêutica moderna", visto que ele se empenhou em transformar os princípios da crítica da razão em princípios da crítica do sentido, o que faz da sua teoria um divisor de águas, tanto para a filosofia enquanto ciência como para a hermenêutica enquanto disciplina.

Para Jean Grondin, contudo, a característica psicologizante à qual a hermenêutica de Schleiermacher é frequentemente associada, e que faz com que o autor seja vítima de certo esquecimento e desmerecimento ao se falar em hermenêutica, poderia ser observada sobre outro ponto de vista:

O destaque do psicológico não é, segundo ele [Grondin] apenas problema de leitura. Estaria no próprio Schleiermacher, ele que, em seus últimos trabalhos, teria substituído a denominação "interpretação técnica" por "psicológica". O que efetivamente interessa na interpretação é, para além do discurso, chegar ao "pensamento interior" do falante ou autor. Com isso, uma questão meramente linguística ou gramatical de uma passagem não oferece nenhum problema especial. O que "não se pode compreender ou compreender erradamente é aquilo que o autor quis dizer". É por isso que o discurso precisa ser interpretado. Sua inteligibilidade está vinculada à intenção do autor.[12]

No entanto, como ainda defende Ruedell, essa dimensão individual e subjetiva, e, portanto, psicologizante, seria de caráter essencial, tanto na compreensão como no estabelecimento de um sentido. Outra dimensão, denominada universal, que se

---

11 Cf. Schleiermacher e a Atual Discussão Hermenêutica, *Veritas,* mar., v. 44, n. 1, p. 27-32.
12 Ibidem, p. 29.

relaciona ao uso e à aplicação da sistemática gramatical, ao uso de um sentido já amplamente conhecido, enciclopédico, por exemplo, que por si só contribui para designar este ou aquele sentido ao texto, acompanharia todo o pensamento de Schleiermacher. Apesar disso, conclui que a concepção de sujeito, base da filosofia hermenêutica, na obra do filósofo é "notadamente frágil e dependente", e que só adquiriria força através dos seus predecessores no século seguinte.

Ao fazer uma indicação de obras essenciais para se compreender a hermenêutica, Ferraris elenca vários outros autores, destacando a ideia central de cada um e indicando, em linhas gerais, de que forma eles, direta ou indiretamente, contribuíram para a atual configuração dessa ciência.

Aqui, elas obedecem a uma ordem cronológica (no período anterior ao século XX) e não alfabética, como propôs Ferraris:

1. *Da Alma* e *Da Memória,* escritos de Aristóteles produzidos por volta de 450 a.C. – e rediscutidos no último milênio por diversos outros autores, como Trendelenburg, em 1877; Rodier, em 1900; Hamlym, em 1968; até Nussbaum e Oksenberg-Rorty, em 1992, entre outros –, seriam os textos constitutivos da ontologia hermenêutica, o que se constata por afirmações do tipo "a alma é como a mão, que afere as coisas sem se identificar com elas, de maneira que 'é de algum modo todos os entes'"[13].

2. O princípio que integra a obra de Mattia Flacio Illirico, *Clavis scripturae sacrae* (Chave da Sagrada Escritura), de 1567, parte do pressuposto de que a *Bíblia* deveria ser acessível a todo crente, e por isso ele organizou sua obra como um manual. Ao insistir "especialmente na necessidade de conhecer o todo através das partes e vice-versa", Illirico passa a integrar a pré-história do *círculo hermenêutico* junto com outros autores de clássicos da hermenêutica protestante e defensores de uma hermenêutica geral, a exemplo de Dannhauer, em 1630 e 1654, Chlaudenius, em 1724, e Meier, em 1757[14].

3. As ideias desenvolvidas na obra de Francisco Suaréz, *Disputationes metaphysicae* (Disputas Metafísicas), de 1597, foram consideradas uma "ciência de tudo aquilo que os entes têm em comum", denominada posteriormente pelo cartesianista alemão

---

13 M. Ferraris, op. cit., p. 123.
14 Ibidem, p.129.

Johannes Clauberg de *ontosofia* ou *ontologia*. Trata-se de uma "ciência do ente enquanto ente" e, segundo Ferraris, não possui uma relação com a concepção heideggeriana desenvolvida no século XX. Ferraris propõe ainda, para uma melhor compreensão do princípio de Suaréz, uma consulta à *Philosophia generalis* (Filosofia Geral), de 1770, de Alexander Baumgarten[15].

4. No sétimo capítulo do seu *Tractatus theologico politicus* (Tratado Teológico-Político), de 1670, Spinoza esboça a proposta segundo a qual a *Bíblia* deveria ser interpretada da mesma forma que a literatura antiga, ou seja, desvencilhando-se dos escrúpulos religiosos. Como será visto, Spinoza influenciou posteriormente autores da lógica alemã, ao defender que certas conclusões deveriam ser críveis mesmo que estivessem baseadas apenas na fé de quem as concebeu.

5. Giambattista Vico, em seu ensaio *De antiquissima italorum sapientia* (A Antiga Sabedoria dos Italianos), de 1710, dedicado ao autor da geometria sintética, Paolo Mattia Doria, considera, com base no argumento de Platão, que o campo ontológico (o ser como natureza), isto é, o homem em si, é mais débil que Deus. Segundo ele, a matemática humana opera suas construções em plano bidimensional, enquanto Deus as realiza em plano tridimensional. Assim, Vico manifesta uma predileção pela história como "o verdadeiro objeto de conhecimento", em detrimento da matemática. Sua posição, contudo, gera algumas controvérsias e, posteriormente, é acusado de considerar a matemática como "uma ciência desdenhável". O primado da construção e seus paradigmas, discutidos por Vico, integram também as obras de Kant e de alguns idealistas, mas a oposição matemática/história, em princípio associada a Vico, se intensificará na segunda metade do século XIX, o que é discutido por autores contemporâneos, como o próprio Ferraris[16].

6. Na obra de George Berkeley, *A Treatise Concerning the Principles of Human Knowledge* (Tratado Sobre os Princípios do Conhecimento Humano), de 1710, o imaterialismo nele descrito desempenha papel central para o nascimento do idealismo transcendental e do neoidealismo italiano. Ao fazer afirmações que consideravam que a existência de uma determinada coisa só

---

15 Ibidem, p.141-142.
16 Ibidem, p.142-143.

ocorre na mente de quem pensa nessa coisa, isto é, que as coisas não podem ter uma existência fora das mentes, Berkeley inspirou os princípios do "textualismo hermenêutico", a que se refere Richard Rorty nos anos de 1980. Outras de suas obras, como *Three Dialogues Between Hylas* and *Philonous* (Três Diálogos Entre Hylas e Philonous), de 1713, e mesmo a anterior, *An Essay Towards a New Theory of Vision* (Um Ensaio Para uma Nova Teoria da Visão), de 1709, fazem asserções nas quais há uma redução da percepção à memória, no lugar de acreditar em uma "intervenção da memória na percepção". Tal princípio foi assimilado por Giovanni Gentile; este, por sua vez, desenvolveu, em 1916, a ideia de que a concepção da realidade consiste, antes de tudo, em se conceber a mente na "qual essa realidade se representa"; e, por essa razão, seria absurdo crer num conceito de realidade material.

7. Com sua obra *Deutsche Logik* (Lógica Alemã), de 1712, Christian von Wolff buscava discorrer sobre uma lógica que não se dedicasse apenas à confirmação dos fenômenos, mas também ao descobrimento deles, de coisas novas. Para ele, os termos presentes nas escrituras deveriam estar relacionados a certos conceitos aos quais o autor os uniu, e a interpretação desses escritos, fossem sagrados ou não, deveriam ter como objetivo esclarecer o sentido dos vocábulos, conectando-os com as suas respectivas verdades. As premissas de quem procede à interpretação e suas conclusões também deveriam ser consideradas como conhecimento. Em sua *Lógica*, fé e conhecimento se confundem e, nesse sentido, ela se aproxima da retórica e da hermenêutica, aspecto para o qual Darjes chamou a atenção em suas obras *Introductio in Artem inveniendi*, de 1742, e *Via ad veritatem*, de 1755.

8. Ao refutar a dúvida de Descartes sobre a existência do mundo externo em sua *Kritik der reinen Vernunft* (Crítica da Razão Pura), de 1781, Kant defenderá que

a simples consciência, empiricamente determinada, da minha própria existência, prova a existência dos objetos no espaço fora de mim. O tempo determina que estou consciente e toda determinação temporal pressupõe algo permanente na percepção. A percepção deste permanente, porém, não é possível senão com base em algo fora de mim e não com base na simples representação de uma coisa fora de mim[17].

---

17 Apud M. Ferraris, op. cit., p. 137.

Reflexões como essa e a discussão sobre o caráter imanentista da concepção de Kant colaboraram decisivamente para o fortalecimento da ontologia, da existência e do reconhecimento da hermenêutica enquanto disciplina. Ou seja, uma interpretação, uma hermenêutica que pudesse compartilhar nos textos sua ambiguidade essencial, só se consolidaria no século XX. Antes, tornava-se difícil atribuir à hermenêutica um alcance ontológico, um reconhecimento e legitimação. O ato de interpretar, a partir de então, poderia ainda guardar relação com a experiência e no que ela se constitui. Para isso, aspectos históricos, sociológicos e linguísticos deveriam ser considerados. E, obviamente, a outorga de novos significados, e não apenas de significados pré-existentes, deveriam constituir o ato de interpretar.

9. Numa das questões abordadas em sua obra *Grundlage der gesammten Wissenschaftslehre* (Fundamentos da Doutrina da Ciência), de 1794, Johann Gottlieb Fichte contrapõe intuição a reflexão. Para ele, o que constrói nossa única certeza é o *eu*, que padece quando recebe um golpe do *não eu*. Enquanto padece, o *eu* está em passividade, mas quando reage é também atividade. Desse movimento do interior para o exterior, o intuído se transforma em produzido, façanha executada pela imaginação. O mundo é, pois, criado do nada pelo pensamento. Se, de fato, isso acontece, como seria possível crer que estejamos vendo a mesma coisa e, apesar disso, que ainda existam equívocos em relação a essa mesma coisa, que pode se revelar diferente em relação ao modo como a pensávamos?

10. Herdeiro das ideias de Rousseau presentes no *Essai sur l'origine des langues* (Ensaio Sobre a Origem das Línguas), Hegel funda, em sua *Phänomenologie des Geistes* (Fenomenologia do Espírito), de 1807, a ciência da experiência e da consciência e nela a linguagem constitui uma "verdade superior". Num exemplo clássico, o papel da linguagem é assim justificado: ao se perguntar "Que horas são?", alguém responde, por exemplo, "Sete horas da noite". Para que essa "verdade sensível" seja determinada, ela será então escrita/anotada e assim não se perderá, assim se conservará. No entanto, se essa verdade for examinada ao meio-dia, ela poderá ser tomada como obsoleta. Ocorre que essa é uma verdade "conservada" e deve ser tomada no sentido em que havia sido enunciada, "como algo que é". Assim, a primeira abordagem

de Hegel está relacionada à certeza que ocorre pela sensibilidade, quando o real se apresenta em sua imediatez, como uma crença ingênua, mas que pode ser refutada pela linguagem.

11. Com *La storia ridotta sotto il concetto generale dell'arte* (A História Reduzida ao Conceito de Arte), de 1893, Benedetto Croce dará as bases para o pensamento revolucionário da hermenêutica de Gadamer, o que será visto adiante.

A HERMENÊUTICA NO SÉCULO xx

No ensaio *Die Entstehung der Hermeneutik* (As Origens da Hermenêutica), de 1900, Dilthey transportará a concepção da obscuridade do *tu* (outros como mistério para mim, no sentido de que aquilo ou aquele que desconheço é obscuro, estranho para mim), descrita por Schleiermacher, para o âmbito filológico da obscuridade da história, o que transforma a hermenêutica em importante base para as ciências do espírito.

Em análise dedicada ao conjunto da obra de Dilthey, Ricardo Bins de Napoli assinala que, para o filósofo, o "*eu* se estrutura numa relação com outro *eu*, isto é, com o *tu*, um estranho ao *eu*". Ao afirmar que a "hermenêutica não se ocupa dos objetos e sim das objetivações linguísticas do espírito, mesmo que elas estejam depositadas em textos ou monumentos", Dilthey sugere que o intérprete é quem deve ser convocado a devolver a vida a esses textos ou monumentos, ao superar seu estado inicial de estranheza e finalmente reconhecê-los como próprios. Sua hermenêutica foi fundada a "partir da relação do eu com o mundo, seja o mundo expresso em textos, em ações ou expressões vivenciais como rir, chorar, estarrecer etc."[18]

Nesse sentido, a relação do intérprete com o passado não põe em jogo sua própria historicidade, uma vez que, ao compreender tal sucessão de fatos, ele o faz como parte do devir histórico e por isso mesmo não pode lograr uma absoluta objetividade de juízo.

Especialmente nas obras póstumas de Dilthey, observa-se seu grande interesse por Schleiermacher. Foi também ele quem compilou em sua obra a primeira história da hermenêutica,

---

18   A Hermenêutica de W. Dilthey, *Síntese-Revista de Filosofia*, v. 26, n. 85, p. 187-204.

compreendida entre os séculos XVI e XIX. Ele partiu do enfrentamento presente na velha hermenêutica protestante, passando pelo Iluminismo, até chegar à hermenêutica neoprotestante que culminará na filosofia transcendental e no romantismo.

Georg Misch teve um papel fundamental na divulgação do pensamento de Dilthey, especialmente por ter abandonado em suas abordagens o lado positivista latente, o psicologismo e o empenho metodológico da obra do mestre, dando ênfase aos aspectos universais. Colaborou, assim, para o surgimento de uma filosofia não positivista que recorre à facticidade histórica da vida, antecipando também as discussões que caracterizariam a filosofia da vida, isto é, que abandonam a metafísica e que explicam a existência humana não apenas a partir da concepção divina. Hölderlin, Nietzsche e Kierkegaard, são alguns dos exemplos de pensadores que adotaram essa concepção, muito em voga após a Primeira Guerra Mundial. Misch alçou a hermenêutica à palavra da moda nos anos de 1920.

A obra *Dilthey: Eine Einführung in seine Philosophie* (Dilthey: Uma Introdução em Sua Filosofia), de 1936, de Otto Friedrich Bollnow, só veio reforçar a imagem do filósofo como um dos principais responsáveis pela disseminação da hermenêutica enquanto disciplina, já que compilou e organizou obras até então dispersas do autor. Promoveu, assim, unidade ao pensamento de Dilthey.

Como mencionado anteriormente, o grande debate em torno das ideias de Dilthey – bem como das de Schleiermacher – foi restaurado por analistas de suas obras e diz respeito ao papel da psicologia na sua teoria hermenêutica. Segundo Napoli, ao abordar a psicologia, o próprio filósofo se contradiz, em diferentes obras. Primeiro, ao afirmar que seria um erro usar a psicologia para tratar da vida e do seu lado que flui; segundo, por adotar nas referidas obras, as análises que são feitas do mundo com suas distintas visões.

No entanto, como justificam ainda vários autores, a abordagem da psicologia na obra de Dilthey não pode ser tomada nos termos em que a psicologia é hoje compreendida, uma vez que, àquela época, a psicologia e a antropologia, que eram campos de investigação ainda em formação, tinham o homem como objeto de modo quase semelhante.

No caso particular do filósofo, tratava-se de uma abordagem que levava em conta aspectos de comunidades étnicas específicas, com sua cultura e crenças distintas. Esses aspectos, ao serem considerados, davam lugar a uma abordagem metafísica, que era, até então, a base das ciências do espírito, da filosofia, mas que não poderiam servir mais ao pensamento humano.

Para Gadamer, foram exatamente conceitos como esses, ainda que imbuídos de certa fragilidade e indefinição, que alavancaram o desenvolvimento do pensamento de Heidegger e que já haviam colaborado com a fenomenologia de Husserl[19].

Discutindo os conceitos de "significado", "compreensão" e "interpretação", com base na concepção de Schleiermacher, Dilthey defende que "o entendimento das partes só pode se dar a partir do todo, a compreensão só pode se dar no movimento de repetição destes procedimentos, de colocar a parte em relação ao todo e o todo explicar as partes"[20], o que determinou um dos principais perfis da ciência hermenêutica, denominado pelo autor de "círculo da compreensão" ou "círculo hermenêutico". Entretanto, como assinala Ferraris, esse princípio já integrava a obra de outros autores nos séculos anteriores, como a obra *Clavis scripturae sacrae* (1567), de Flacio Illirico.

A principal crítica ao modelo hermenêutico de Dilthey, ainda segundo Napoli, está no fato de ele não ter explorado o caráter dialógico da relação vida/homem na construção do significado. Para ele, a interpretação é de caráter monológico, não prevê a interação, a participação ativa, a intervenção do outro na leitura e a busca por significados.

O fato de ter dado importante passo ao contribuir para reestruturar o pensamento hermenêutico, inserindo a concepção que leva em conta o eu e o outro (a alteridade), já pode ser considerado uma grande conquista do pensamento humano, o que, como já observado anteriormente, tornou-se objeto de grande interesse para outros pensadores no decorrer do século xx.

Ao apresentar, uma conferência em abril de 1936, em Roma, Martin Heidegger indaga: "O que pode e deve fazer a filosofia?" Essa é uma pergunta supérflua, uma vez que a filosofia nunca fundou nem edificou um estar-aí (*Dasein*)

---

19 Cf. *Verdad y Metodo*.
20 R.B. Napoli, op. cit., p. 203.

histórico, e ela surge com uma função específica, com uma função de superficialidade e até mesmo como um obstáculo ao entendimento. Exatamente nisso consistiria seu papel, sua determinação – responde ele próprio – e continua a indagar: "O que é, então, a filosofia em geral?" Para responder a essa pergunta, o filósofo recorre a uma situação anedótica transcorrida na Grécia antiga, na qual Tales, o mais antigo nome da filosofia, ao meditar e investigar o céu, isto é, filosofar, quase cai num poço, o que arranca risadas de uma criada. Moral da história: alguém que quer investigar o céu deve antes ver o que está imediatamente diante dos pés. Filosofia seria então, segundo Heidegger, algo sobre o qual se pode rir[21]. Ela não deve se arrogar a função de tornar-se compreensível e muito menos procurar ser útil. Trata-se de uma forma de falar das coisas que é quase sempre a mesma. Pensar na história da filosofia é pensar em "poucas" e "simples" perguntas, pois ela se funda num modo de pensar com o qual o senso comum nunca alcança uma concordância imediata.

Para Heidegger, numa das primeiras sentenças da filosofia grega – "de onde vim, para onde vou", que ele associa ao filósofo Anaximandro – estaria a chave filosófica que abriu os caminhos da reflexão humana. Ele atualiza essa sentença a seu modo:

Pergunta-se por aquilo de onde desabrocha o ente e para onde ele regressa – pelo fundamento (*Grund*) e pelo abismo (*Abgrund*) do Ser (*Seyn*)[22]. E do ser é dito que é inteiramente dominado pela indisciplina e pela disciplina, que aquela permanece ligada a esta.

O dizer questionante da filosofia alcança o Ser ao dizer que o ente em geral é, e que não é. A filosofia irrompeu, e irrompe sempre novamente, no instante em que é manifesto, no silêncio de uma grande admiração, que o ente é e um Ser se essencia (*dass Seiendes ist und ein Seyn west*). A filosofia é o dizer questionante do fundamento do Ser e enquanto Ser do fundamento de todas as coisas.[23]

---

21 Cf. A Europa e a Filosofia Alemã, *Philosophica*, n. 13, p. 111-124.
22 O tradutor do texto, Alexandre Franco de Sá, chama a atenção para a ideia dos conceitos *Grund* e *Abgrund,* que corresponderiam, respectivamente, a uma base e a uma falta de base que esclarecem ou obscurecem a origem humana. Para a grafia de *Seyn* com "y" e não com "i", o filósofo quer se referir a Ser enquanto "acontecimento", propondo assim uma distinção da compreensão metafísica que o *Sein* carregaria consigo.
23 Op. cit., p. 115.

Ainda com base nessa ideia de "sentença fundante da filosofia grega", o filósofo revisita as questões fundamentais em torno do "existir", do "ser". E assim, *grosso modo*, Heidegger produziu uma das obras mais eminentes da filosofia: *Sein und Zeit*.

Como salienta Santiago Guervós, desde as primeiras páginas de sua obra, Heidegger indica que a "fenomenologia do *Dasein*" deveria ser entendida como hermenêutica[24]. Através dessa indicação, teria "se produzido historicamente a transição da hermenêutica chamada metódica – representada fundamentalmente por Dilthey – para a hermenêutica filosófica"[25].

No período que antecedeu a Primeira Guerra Mundial, o jovem Heidegger já se ocupava com as questões fundamentais da vida e defendia a necessidade de se continuar questionando "o essencial do ser". E isso deveria ser feito com coragem, a única forma capaz de se libertar do passado, de ousar o incomum e o imprevisível.

Ele sonhava com uma filosofia remoçada, revigorada e nutria simpatia pelas filosofias de vida (ou filosofia da existência) de Dilthey, Nietzsche e Kierkegaard. Também demonstrava crescente interesse pelo pensamento de Hegel e Schelling. Ocupava-se, ainda, com obras de não filósofos: Dostoiévski, Hölderlin, Rilke e Trakl. Além disso, é inegável o estímulo diretamente recebido do seu mestre Husserl.

Foram as lições de Husserl sobre a fenomenologia, repensadas pelo jovem Heidegger num novo contexto – dessa vez, relacionadas às raízes etimológicas gregas –, que impulsionaram a concepção de *Sein und Zeit*.

A fenomenologia, conceituada por Husserl como a teoria daquilo "que se mostra, do que é patente", retoma sua antiga relação com *luz*, na redefinição de Heidegger. Fenômeno, na

---

24 Fenomenologia y Hermenéutica en el Pensamiento de Martín Heidegger, *Revista Agustiniana, Real Monasterio de el Escorial*, v. CXCIX, n. 1, p. 93.

25 Como Ruedell chamou a atenção, alguns autores contemporâneos, ao reproduzirem jargões como este, minimizam a contribuição anterior de pensadores como Schleiermacher e Dilthey, entre outros, ao desenvolvimento das ciências hermenêuticas. Ao se referirem à hermenêutica anterior a Dilthey como "metódica", alguns autores procuram restringir sua aplicabilidade à filologia clássica, quando, na verdade, mesmo sem a mesma projeção que a obra de Heidegger alcançou, os pressupostos da hermenêutica universal, que integram os pressupostos da hermenêutica filosófica, já haviam sido anteriormente esboçados e são considerados de influência determinante no contexto.

releitura heideggeriana, pode ser descrito como aquilo que se manifesta, que se mostra a si próprio, que se revela manifesto enquanto um *logus* (logia). Passa a ser relacionado à fala, ao discurso, guardando o sentido profundo de tornar patente o que a fala revela. A manifestação ontológica se dá quando o homem alcança o sentido do que se revela, do modo como é.

Assim, a fenomenologia é definida por Heidegger como "o deixar ver o que se mostra, tal como por si mesmo se mostra"[26]. Ao perseguir a definição e a distinção dos múltiplos significados do verbo "ser", Heidegger produziu sua grande obra.

O conjunto de princípios básicos – até aqui descritos – é peça fundamental para o entendimento do "problema do ser" e, consequentemente, para se compreender o desenvolvimento da ciência hermenêutica, um dos objetivos a que se propõe esta obra.

A "tese básica" na formulação ontológica da obra de Heidegger, como descreve Robson R. dos Reis, é a de que "Ser é relativo à compreensão de ser". Isso equivale ainda à "tese da pressuposição", que foi descrita por Heidegger da seguinte forma:

O Ser pertence ao ente – na medida em que a compreensão de ser é concebida como um *factum* para o existente humano, com a tese da pressuposição deriva-se também o caráter interpretativo da ontologia, isto é, que a apresentação do sentido do ser, entendida como apresentação das condições de possibilidade da projeção de ser pela compreensão, nada mais é do que a elaboração de uma projeção sempre já ocorrida, mesmo que não necessariamente tematizada e adequadamente conceitualizada. Deste modo, a ontologia assume o caráter de uma interpretação, isto é, de uma elaboração conceitual e discursiva do que é projetado pela compreensão de ser, e que já está sempre pressuposto no relacionamento – prático ou teórico – para com os entes.[27]

A relação de condicionamento que a compreensão de "ser" possui em relação ao comportamento enunciativo equivale a dizer que só compreendemos um determinado enunciado, seja ele declarativo ou predicativo, porque já dispomos de uma compreensão de "ser". Ao apropriar-se dessa noção, vislumbramos aqui uma ótima pista para se entender a encenação dos dramas de língua alemã na Bahia.

---

26 L.E. de Santiago Guervós, op. cit., p. 96-97.
27 Apud R.R. dos Reis, Sentido e Verdade: Heidegger e a "Noite Absoluta", *Veritas*, v. 45, n. 2, p. 8.

O fato de enunciar pressupõe o entendimento. O fato de me expressar através da língua portuguesa pressupõe um interlocutor que domine essa língua e sua gramática. Para Heidegger, compreender um enunciado é alcançar um fim, significa ser bem-sucedido na atividade que tem o enunciado como instrumento.

Ele questiona também outro ponto determinante para a ontologia hermenêutica, que se refere ao fundamento da própria diferença de significados que o "ser" possui, que estaria relacionado não só à *essentia* como também à *existentia*. Dessa forma, Heidegger defende que as sentenças enunciativas devem ser tomadas como "composições de entes subsistentes. Os enunciados devem ser descritos como componentes no agir cotidiano do estar-aí (*Dasein*). A estrutura global do enunciado deve ser visualizada no contexto do estar-aí existente"[28].

Embora tenha criticado severamente o neokantismo, Heidegger retoma uma ideia que equivale a uma das mais conhecidas afirmações de Kant: de que a linguagem não pode se restringir a um uso ordinário, que as coisas não possuem uma existência prévia e sim que adquirem existência com o seu uso, quando pensamos nelas.

De igual modo, certas "incorreções" da linguagem humana não devem ser alteradas; não se pode evitar as "más interpretações" oriundas da diversidade de significados do verbo "ser", posto que isso não representa um prejuízo para o discurso vivo. O caráter "descobridor" no contexto enunciativo tem, segundo o filósofo, um relevante papel, pois estabelece com os "falantes" uma determinada relação que é compartilhada com o ente ao qual se refere.

A multiplicidade dos modos de ser estará sempre acompanhando os enunciados, o que contribui para uma indiferenciação desse verbo. Contudo, o próprio descobrimento enunciativo opera facticamente a diferenciação. Essa "facticidade da vida", cuja inspiração o filósofo buscou em Dilthey, levou-o à pergunta hermenêutica pelo ser.

Heidegger contribuiu para superar a oposição entre sujeito e objeto até então vigente na filosofia. A partir do momento

---

28 Ibidem, p. 13.

em que "ser" passa a ser designado como o aparecer do que se revela, abandona-se a noção de ser com um caráter objetivo e, desse modo, a possibilidade de alcançar uma verdade absoluta deixa de ser uma meta. Verdade do ser assume, assim, a feição de *interpretação* do sentido de ser.

Desde que a noção kantiana de coisa-em-si – o númeno inacessível ao homem, posto que pertencente à intuição absoluta, ao divino, sobre o qual se pode pensar, mas não se pode dizer nada – foi colocada em xeque, baniu-se o resíduo teológico do campo da filosofia e tornou-se irrisório continuar filosofando sem discutir a questão do sentido de ser. Daí a necessidade da pressuposição: a hermenêutica pode condicionar previamente a compreensão e a interpretação através de uma determinada situação. Conclusões como essas continuaram a ser exploradas por diversos filósofos alemães até culminarem no *boom* da hermenêutica, promovido por Gadamer e a publicação de *Wahrheit und Methode,* na década de 1960.

Heidegger, contudo, chamou a atenção para o fato de que não utilizava a hermenêutica em casos como o das artes plásticas. Para ele, não se tratava de uma teoria ou metodologia aplicável a qualquer processo de interpretação, o que já foi feito por Gadamer. O termo "hermenêutica", para o filósofo alemão, não se relacionava a um método em função da interpretação, mas seria a própria interpretação.

Para isso ele se refere à origem etimológica, vinculada ao deus Hermes. Na visão do filósofo, hermenêutica diz respeito não à interpretação da mensagem, mas ao fato mesmo de transmitir ou anunciar a mensagem ou a notícia[29]. Em uma de suas generalizações, Santiago Guervós se refere ao fato de que alguns autores costumam considerar a obra de Heidegger de difícil compreensão. Costumam associar uma característica hermética aos escritos do filósofo e denominaram o modo como ele escreve de "linguagem esotérica", por supostamente ocultar seu pensamento.

Para Giovanni Moretto, como o "maior representante da hermenêutica filosófica atual", Gadamer teria "traduzido" e "urbanizado" o conceito de entender (*Verstehen*) heideggeriano,

---

29 Cf. L.E. de Santiago Guervós, op. cit., p. 100-101.

o que torna impossível "operar uma separação entre o pensamento de ambos"[30].

O grande passo dado por Gadamer – que, se não o separa, pelo menos o distingue de Heidegger – pode ser identificado na primeira parte de *Wahrheit und Methode*, intitulada *"Die Freilegung der Wahrheitsfrage an der Erfahrung der Kunst"* (A Descoberta da Questão da Verdade na Experiência da Arte). Nela, Gadamer "recorre a dois privilegiados âmbitos da experiência humana – o da arte e o do culto – para elucidar aquilo que pretende":

A referência plena do significado, através da qual o insensível se torna sensível, encontra-se tanto no campo da poesia e das artes plásticas, como no âmbito do sacramental religioso. Não é possível conhecer o divino de outra forma, senão a partir do sensível. O simbólico não se limita a apontar para significado, mas torna-o presente. Representa significado. [31]

O filósofo reforça a ideia de que "ser" não deve ser considerado como "constituindo algo prévio", "ser" não é separável de sua ação simbólica. Ao abordar essa noção em seu processo de representação simbólica e relacioná-lo à arte, Gadamer opera, portanto, um "aumento de ser", evitando a separação idealista entre conceito e representação, destacando que "o simbolizante consiste no fato de não estar orientado para um fim significante a ser abrangido intelectualmente, mas contém em si o seu significado".

Após certificar-se de que "a experiência da arte tinha que ver com a filosofia, que a arte era o verdadeiro *organon* da filosofia", a arte, como ruptura, passa a ocupar um lugar de destaque em toda a filosofia de Gadamer e servirá de modelo para a construção de seu pensamento.

O fato de usar o jogo da arte como um modelo privilegiado de experiência hermenêutica impõe uma questão, que alguns poucos críticos de sua obra levantam, sem que forneçam, contudo, uma resposta: considerar que a obra de arte se cumpre

---

30 Cf. Gadamer e o Deus dos Filósofos, *Revista Portuguesa de Filosofia*, v. 56, fasc. 3-4, p. 421-439.
31 Apud J. Duque, Gadamer e a Teologia, *Revista Portuguesa de Filosofia*, v. 56, fasc. 3-4, p. 447.

apenas na sua recepção não seria impor uma redução do próprio fenômeno artístico? A indagação do próprio Gadamer mostra que ele não estava insensível ao problema:

> Não será que, na hermenêutica, apesar de toda a preocupação por reconhecer a alteridade como alteridade, o outro como o outro, a arte como um impacto (*Stoss*), a ruptura como ruptura, o incompreensível como incompreensível, se concede demasiado à compreensão (*Verständigung*) e ao entendimento (*Einverständnis*)?[32]

Como argumenta João Duque, aceitar a arte como uma possível ruptura do tempo em sua continuidade e a contraposição entre tempo pleno e tempo vazio, feita por Gadamer – que considera essa questão como mais um enigma, entre os mais profundos no qual a humanidade está mergulhada – são formas de buscar um esclarecimento para tais indagações.

Para o analista da obra de Gadamer, por não estar presente em *Wahrheit und Methode,* sua obra mais conhecida, o conceito de tempo tem sido praticamente ignorado nas referências ao filósofo. Com origem associada à tradição grega e ao pensamento de Agostinho, e retomado por Kant, Husserl e Heidegger, o conceito de tempo está relacionado à finitude enquanto um problema, marcada ainda pela passagem do tempo que conduz o ser à morte, ao nada. Pensar e viver, tempo pleno e tempo vazio, edificação...

O que é o tempo? Como preenchê-lo (com muito ou com nada, que seria o mesmo)? Como tornar o tempo significativo para a existência humana? Como se realiza a experiência do permanecer? Como permanecer e não ser devorado pelo tempo, pelo devir cronológico? Como experimentar simultaneamente passado, presente e futuro? Como romper os limites da autoconsciência? Como superar a linguagem através da linguagem? Como uma tradição supera criticamente a própria tradição?

Para Gadamer, apenas através da atmosfera (*Stimmung*) religiosa presente na experiência diante da obra de arte, no tempo festivo (momento de clivagem em que esqueço de mim para me entregar ao outro, ao evento artístico, por isso festejo, me sinto confortável no mundo) – também denominado

---

32 Ibidem, p. 465.

poeticamente por Heidegger como o "pôr-em-obra da verdade" – se pode alcançar a eternidade:

> Na experiência da arte trata-se, antes de tudo, de aprender da obra de arte um modo particular da demora: é necessário, de fato, ir e voltar, é preciso sair e andar à sua volta, é necessário percorrê-la lentamente e alcançar aquilo que a construção a cada um promete para o próprio sentimento da vida e para a própria edificação. Quanto mais permanecemos, deixamo-nos envolver, penetramos na obra de arte, quanto mais ela fala, mais ela aparece na sua complexidade e riqueza. A essência da experiência temporal da arte consiste no aprender a parar. Este, talvez, é o correspondente comensurado a nós homens daquilo a que se chama de eternidade.[33]

Não apenas na primeira parte de *Wahrheit und Methode* e no fato de usar a arte como modelo de sua filosofia é possível identificar a grande contribuição de Gadamer para o fortalecimento da hermenêutica e da filosofia no século XX. Ao dedicar-se, na última parte de sua obra, à linguagem como "horizonte de uma ontologia hermenêutica", e desenvolver suas reflexões sobre o conceito de *verbum*, o filósofo retira a hermenêutica do âmbito das ciências do espírito, ao qual até então se vinculava quase exclusivamente, alçando-a à universalidade que, como já dito, se esboçava desde o século XVII.

Ao confirmar a "infinitude do ser e do sentido" diante da "finitude da linguagem", a aplicação da hermenêutica alarga-se e deixa de ser pertinente a apenas determinadas áreas do saber ou da experiência.

A linguagem, ao ser assumida enquanto condição de promover o entender e o entender-se de todo enunciado, opera um jogo sem fim, no qual se situa a universalidade da hermenêutica, como o próprio Gadamer define: "o princípio supremo da hermenêutica filosófica, tal como eu a penso (e é por isso que ela é uma filosofia hermenêutica) é o fato de que nunca podemos dizer totalmente aquilo que gostaríamos de dizer"[34]. Pensamento e linguagem ocupam, assim, um lugar determinante no processo hermenêutico, já que há um jogo permanente entre o que se pretende dizer e o que, na verdade, se diz.

---

33 Ibidem, p. 438.
34 Ibidem.

Com base nessas reflexões, Gadamer chegou a uma de suas mais conhecidas máximas: "Ser que pode ser entendido é linguagem" (*Sein, das verstanden werden kann, ist Sprache*), o que equivale também a dizer que a hermenêutica e a linguagem possuem seus limites em si mesmas[35].

A grande importância dada à linguagem, especialmente no que tange à língua – fundamento de sua *Wahrheit und Methode* –, é retomada por Gadamer ao refletir sobre o contexto sociopolítico-cultural europeu. Ele menciona a Segunda Guerra Mundial como um grande exemplo de lição para o mundo. E chama a atenção para o fato de que Husserl, mesmo não tendo experienciado os horrores da Segunda Guerra, mas como que os prevendo, já afirmava que a construção de uma Europa unida deveria respeitar o pluralismo linguístico e os diferentes índices de idiossincrasias culturais e formas de vida coletiva.

Com base nesses pressupostos, Gadamer considerava que "a língua não é somente uma das faculdades de que está equipado o homem colocado no mundo, mas é sobre ela que repousa, é nela que se mostra o fato de que os homens têm um mundo"[36].

Por essas e outras razões, a diversidade de línguas seria a responsável por promover a autonomia, a liberdade e a tolerância que compõem os pressupostos tão caros à sua hermenêutica, como os conceitos de compreensão (*Verständnis*), interpretação (*Auslegung*) e aplicação (*Verwendung*).

Essa concepção também foi defendida por Derrida, que em certo trecho de sua obra *O Monolinguismo do Outro* investe em uma explicação para esse fenômeno: o filósofo associa língua a uma lei, vinda não se sabe exatamente de onde, que se mostra autônoma, da qual nos apropriamos, isto é, atribuímos a lei a mim, e que, como qualquer lei, quer ser heterônoma e promover a hegemonia do homogêneo, ou seja, reduzir as línguas ao uno.

---

[35] Nesse aspecto, o pensamento de Gadamer se aproxima notavelmente do pensamento de um dos mais intrigantes e perspicazes filósofos da linguagem, Wittgenstein, que em seu *Tratado Lógico-Filosófico* afirmou: "os limites da minha linguagem significam os limites do meu mundo" (*Die Grenzen meiner Sprache bedeuten die Grenzen meiner Welt*). Considere-se, porém, que ambos os pensadores traçaram percursos diferentes até esse ponto de convergência.

[36] Apud A.S.E. Rocha, *O Ideal da Europa*, *Revista Portuguesa de Filosofia*, v. 56, fasc. 3-4, p. 324.

Corroborando uma afirmação de Wilhelm von Humboldt, que procurou compreender cada língua como se tratasse sempre de uma nova visão de mundo, Gadamer a complementará, afirmando que a existência da linguagem e do mundo não são independentes entre si. Ou, ainda, que aquilo que se transmite pela linguagem possui forma e conteúdo inseparáveis. Assim ele chega então à estreita unidade existente entre compreensão e interpretação, integrando também ao processo o momento da aplicação, o que o leva a afirmar que

Quem quer compreender um texto não pode entregar-se desde o princípio ao acaso de suas próprias opiniões prévias e ignorar a opinião do texto até que este finalmente já não possa ser ignorado e elimine a compreensão pretendida. Compreender um texto é estar, em princípio, disposto a deixar-se dizer algo por ele (*sich von ihm etwas sagen zu lassen*). Uma consciência formada na hermenêutica deve mostrar-se receptiva à alteridade do texto desde o princípio.[37]

Tal receptividade ao outro implicará ainda num pressuposto: o de aderir a uma "tradição", a uma compreensão do passado, o que não significa, no conceito gadameriano, uma submissão ou um passivismo ao qual geralmente essa ação vem associada.

Como Thomas Kuhn, Gadamer não via na tradição a necessidade de se dissolver um paradigma para dar lugar ao outro, mas um progressivo aumento de conhecimento, que transcenderia limitações temporais e vivificaria a relação entre o mundo e os indivíduos, e que não se circunscreveria aos subjetivismos dos sujeitos nem ao relativismo de cada época.

A tradição é vista, pelo filósofo, como uma fusão de horizontes. Nesse sentido, a Europa tem, segundo Gadamer, a vantagem de poder ter aprendido muito, exatamente pela sobrevivência de tantas diferenças, pela pluralidade de tantas línguas, pela vizinhança de tantos *outros*, o que, por sua vez, concorre para o encontro consigo mesmo e é um terreno fértil para a experiência da alteridade, na qual sermos nós mesmos é exatamente sermos outros.

Também com base nesse princípio, Paul Ricoeur desenvolveu a ideia de que a cultura de si próprio é a cultura do *outro* e de que a análise da identidade pessoal não pode ser apresentada como autônoma, por isso indaga:

---

37 Ibidem, p. 324.

Não se tornam as vidas humanas mais legíveis quando são interpretadas em função das histórias que as pessoas contam a seu respeito? E essas "histórias da vida" não se tornam elas, por sua vez, mais inteligíveis, quando lhe são aplicadas modelos narrativos – as intrigas – extraídas da história e da ficção (drama ou romance)?[38]

Gadamer defende a existência da diversidade de idiomas, os quais são desse modo não porque suas convenções foram assim previamente especificadas, mas pela simples razão de que o mundo é complexo e plural e o habitamos com essas características.

Em seu artigo "Europa und die Oikoumene" (A Europa e o Ecumênico), de 1993, quando o tema "globalização" já dominava as discussões e propunha a urgência de uma economia mundial de caráter unificado, fato que, por sua vez, supunha a necessidade de uma língua também unificada, o filósofo alertava para a distância a que nos encontramos de tal uniformidade, pois não é possível unificar os costumes com facilidade. E previu que o mundo assistiria a um verdadeiro contraste: de um lado, a tentativa de um centralismo econômico e comercial; de outro, a relutância da diversidade, nos quais os mundos distintos, já vividos, persistiriam.

Isso acontece porque, como foi dito por Ricoeur, "cada língua oferece a sua própria refutação de determinismo, cada uma afirma que o mundo pode ser outro". E complementa que, "apesar da forte pressão que o atual mundo sofre pela valorização excessiva da faculdade de adaptação, de hegemonização, haverá sempre um movimento contrário a esta pressão"[39].

Para Gadamer, na necessidade das línguas afirmarem que o mundo pode ser outro – como já observado –, a arte teria um papel relevante: "Continua, porém, a parecer-me certo que a linguagem não só é a casa do ser, mas também a casa do ser humano, na qual vive, se instala, se encontra consigo mesmo, se encontra no Outro, e que um dos espaços mais acolhedores desta casa é o espaço da poesia, da arte."[40]

Assim sendo, não se pode, segundo o filósofo, considerar o fim da filosofia, pois enquanto a faculdade de questionar

---

38   Ibidem, p. 328.
39   Ibidem, p. 331.
40   Ibidem.

permanecer, ela sobreviverá. Para que ela cessasse, Gadamer argumenta que o pensamento também deveria cessar. Todavia, isso não acontecerá devido à capacidade que o homem tem de olhar para além de si mesmo; devido ao "desejo de saber", para o qual Aristóteles já chamava a atenção em sua *Metafísica*; devido à capacidade de elevar-se acima do seu aqui e agora e de formular perguntas sobre a verdade e sobre o bem, que não levam em conta nem o proveito próprio nem o proveito público.

O rastreamento da verdade não pode obedecer a um método, já que este é dado de antemão e que não se deslumbra com ela, com a verdade, por ter como pretensão a pura objetividade. O sujeito, com o método, não se deixa envolver e se mostra como absoluto diante dele, adotando o procedimento explicativo, o que a hermenêutica critica. Já com a experiência, a modificação ocorre quando o sujeito se envolve com ela.

Entretanto, nem por isso certos procedimentos metodológicos devem ser evitados pela ciência em busca da verdade. Deve-se, antes, considerar as relações recíprocas que existem entre as ciências métodicas e a "verdade original". Por razões como essa, a experiência estética seria, conforme Gadamer, o melhor modelo de compreensão, por operar um desregramento, por tratar-se de uma entrega à alteridade da coisa em sua subjetividade, o que a ciência, com seus procedimentos fechados, não consegue alcançar.

Outro importante aspecto da hermenêutica é a historicidade, tida como uma experiência decisiva, exatamente por ser composta pelos pré-conceitos que integram a realidade dos indivíduos. Todo sujeito é um "conjunto de pré-conceitos que formarão o horizonte de compreensão a partir do qual ele lê o mundo", resume Marcia Tiburi ao esclarecer a noção de pré-conceito em Gadamer[41].

A relação entre o horizonte do sujeito e o do objeto é a chance para que a voz da alteridade se faça escutar. O *outro* se faz escutar através do *eu* que o interpreta. Contudo, pode ocorrer que o ensurdecimento do sujeito seja promovido pelos "prejuízos" e pelos "pré-conceitos", por uma voz externa a ele.

---

41 Nota Sobre Hermenêutica, *Veritas*, v. 45, n. 2, p. 273-288.

Abandonar-se no estranhamento do outro, proceder certa autonegação, certa refutação dos próprios pré-conceitos em detrimento dos novos conceitos que se apresentam faz com que a compreensão se torne possível. Compreensão, para o filósofo, também se define como "ser-no-mundo" e se refere a um pré-conceito, a um vínculo com o passado representado pela tradição.

Gadamer se empenhou em restaurar um sentido construtivo e positivo para o pré-conceito. E para isso tomou como antítese algumas referências, especialmente da Idade Média, que prevaleceram durante o Iluminismo por meio de Bacon: a de que o preconceito deveria ser substituído pela coragem do intelecto, por estar submisso a certa autoridade, por obnubilar a mente humana, por impedir todo o saber melhor.

O desejo do *eu* de chegar ao que ele não é – ao *outro* – é movido pela tradição, pelo pré-conceito inevitável desse sujeito, pela *Wirkungsgeschichte* (ação histórica ou ação efetiva), mesmo sabendo que o conhecimento objetivo é inalcançável.

A contribuição da tradição e da história do pensamento humano, ora utilizado como antítese, ora como defesa das suas ideias, abriu novos horizontes, novas dimensões para a reflexão nas ciências humanas.

A vasta obra de Gadamer, produzida ao longo de seus quase cem anos de vida, continua a influenciar diversos pesquisadores nas mais distintas áreas do conhecimento. Além de *Wahrheit und Methode,* que sem dúvida é a obra mais centralizadora de suas principais ideias, ele se dedicou a uma revisão da filosofia grega e a autores como Hegel, Husserl e Heidegger.

Empenhado em restaurar o percurso teórico de Gadamer, um estudante alemão de ciências literárias, filosofia e história da estética, Carsten Dutt, conduziu uma entrevista com o filósofo em 1993, na qual o experiente professor de filosofia passa a limpo seus conceitos, seu pensamento, ao falar da "inevitabilidade do pré-conceito" (*unvermeidbarkeit des Vorurteils*), de sua tentativa frustrada de diálogo com Derrida, que se deixou influenciar por Peirce, da interpretação de Jauss para sua obra e para o desenvolvimento da teoria da recepção e também da sociabilidade de nossa relação com a arte, tema com o qual se ocupou na obra *Die Aktualität des Schönen* (A Atualidade da Beleza), publicada em 1977[42].

Como ressalta Ferraris, mesmo antes da hermenêutica se estabelecer enquanto ciência, durante esses milênios de civilização, todos já interpretavam, embora não tivessem a exata dimensão desse fenômeno, para o qual as reflexões de Gadamer, oriundas da tradição filosófica, colaboraram incomensuravelmente.

Por outro lado, não carecemos, segundo Ferraris, do conhecimento dos tratados de hermenêutica para que continuemos a interpretar e a ser hermeneutas, sobretudo porque "interpretação se diz de muitos modos" e se adapta a muitas operações. O que passou a ser chamado de hermenêutica é, sem dúvida, a *koiné*, a "gramática", a língua comum da filosofia contemporânea e não se pode dizer que ela seja mais velha que Heidegger e Gadamer.

O problema, no entanto, não é simplesmente ver o que há, mas principalmente assinalar que, por trás daquilo que se mostra evidente, há algo obscuro ou pelo menos escondido, há algo que é *outro* em relação a nós mesmos, ao tempo e à alma. Desse modo, a interpretação deve considerar também a possibilidade de uma má compreensão. Por conseguinte, ao se falar de compreensão, deve-se questionar: seriam os sentidos das expressões todos eles penetráveis? Como restabelecer as intenções de quem fala? Como desfazer os absolutos secretos ou as nebulosidades que são os outros? Como reconhecer como verdadeira "uma máscara" entre as tantas com as quais o outro se apresenta? Quais seriam os limites da interpretação? Qual a justa medida entre a alteridade e a afinidade? Como reconhecer a tradição sem se deixar paralisar por ela? Pode-se falar de um entendimento objetivo em detrimento do subjetivo? Como continuar a ser, na condição de humano, de acordo com Heidegger, "o pastor do ser"? Por qual rebanho o pastor ontológico seria responsável?

Cercar-se de questões como essas foi uma das formas naturalmente encontradas pela hermenêutica para mostrar que os critérios de interpretação podem ser muito complexos.

---

42 Cf. Carsten Dutt (Hrsg.), *Hans-Georg Gadamer im Gespräch*.

Tomando-se uma das tantas asserções de Nietzsche, dentre as quais a de que os fatos (ou as verdades) não existem, somente as interpretações deles, pode-se ter uma noção de como se estabelece essa complexidade. Com a asserção, Nietzsche queria combater os positivistas que se empenhavam em constatar os fatos "em si" e argumentava o quão absurdo seria perseguir semelhante objetivo, uma vez que o mundo é interpretado por nossas necessidades, por nossos instintos, com os seus prós e os seus contras. E como nosso instinto é uma espécie de "sede de poder", cada um possui sua perspectiva, que, por sua vez, quer impor-se como norma para os demais instintos. Por essa razão, algo pode ser interpretado de muitos modos e não carrega um só sentido, é perspectivista.

Ferraris propõe uma pequena mudança na máxima nietzschiana: de "não existem fatos, só interpretações" para "não existem apenas fatos, mas também interpretações". Para ele, essa seria uma forma de se aproximar de uma concepção menos niilista daquela proposta pelo filósofo, que considera que o "ser" não existe e que só existe a vontade de poder dos mais fortes, que impõem seu domínio ao mundo. Nietzsche se refere ao modo como certas opiniões e ideias são manipuladas historicamente e/ou politicamente, fazendo com que outras deixem de existir, deixem de prevalecer.

Outra modificação na máxima se aproximaria ainda mais de sua essência: os gatos não existem, existem apenas as interpretações deles. Essa máxima ainda pode ser complementada com: não existem apenas os gatos, existem também as interpretações de gatos. Com Heidegger, esse raciocínio poderia ser traduzido pela asserção: existem duas verdades, uma de fato e outra de razão, o que se aproxima da tese defendida por Ferraris.

Se, todavia, a famosa asserção de Nietzsche cria polêmica e propõe uma "infinidade de interpretações", o que, para muitos, é difícil de imaginar ou admitir, ela parece encontrar lugar perfeito se for aplicada ao teatro.

Considerando-se, porém, que os "fatos da vida real" são a matéria-prima para as artes cênicas e que esses fatos são interpretados e reinterpretados, gerando novos fatos, mesmo fictícios, poderíamos, então, afirmar que no teatro "não existem fatos, só interpretações" ou, ainda, que o teatro, enquanto arte, não se opõe ao fatos, mas os pressupõe.

Ao se apropriar de um texto de um autor de língua alemã – seja de que época for, como tem acontecido em Salvador desde a década de 1960 –, o encenador se imbui de uma liberdade para interpretar e encenar. Com base em que pressupostos se poderá dizer que esta ou aquela versão, que esta ou aquela interpretação foi equivocada ou bem-sucedida? Que verdades, que fatos deveriam ter sido investigados?

Não é exatamente essa pressuposição, esse comportamento abdutivo que o teatro incorpora de forma tão contundente que vem sendo reivindicado pela hermenêutica e que, para Gadamer, tornou-se terreno fértil para suas reflexões?

Essa discussão pode se respaldar ainda em outra asserção hermenêutica: "não existem percepções absolutas". Não se pode afirmar, em contrapartida, que as "percepções relativas" sejam falsas. Ao ver certo objeto, um vaso, uma parede, só percebemos um de seus lados, de uma determinada perspectiva. Contudo, não podemos afirmar que as partes do vaso ou da parede que não vemos não existem, ou mesmo que tais objetos não existem.

Assim, nossa finitude constitucional (de não termos, por exemplo, um olho na nuca) determina certa condição de objetividade, certo relativismo. De forma similar, pode-se considerar que a "infinitude das interpretações" contenha sua plausibilidade, especialmente se for considerado o contexto ao qual ela se aplica, contra certas precipitações dogmáticas, como propõe Nietzsche em seu conceito do perspectivismo. Para ele, a observação de um mesmo objeto, de um mesmo fato, pode gerar distintas visões e distintas interpretações.

Para Ferraris, o controverso argumento nietzschiano pode ser entendido no sentido de que mesmo quando as aparências dos enunciados pareçam bem fundadas, bem objetivas, deve-se desconfiar delas. E não seria isso que na arte se exercita permanentemente, isto é, desconfiar sempre daquilo que parece a verdade e representar aquilo como se fora outra verdade? Não teria sido por razões como essa que Gadamer atribui tanto valor à experiência artística? Por ela promover um corte, uma clivagem na realidade, por desvendar o real, por realizar o desejo de tornar acessível o inacessível, por insistir em provar que toda experiência pode causar certo estranhamento no sujeito, mesmo que lhe pareça, de antemão, familiar?

Como já foi dito, o problema da hermenêutica é um velho problema e, como salienta Tiburi, será sempre possível constatar que o enunciado possui uma expressão, ainda que o anseio em constatar essa expressão, de fazê-la falar, possa implicar numa suposta incompreensão.

A hermenêutica seria a linguagem do que não tem linguagem – o que quase sempre se pode dizer da arte –, e por isso uma forma teórica privilegiada na qual racionalidade e compreensão humanas chocam-se com o outro, com o estranho, com o inacessível. Ela quer ouvir a voz do que não tem voz, evitando, se possível, um procedimento explicativo.

Ao agir antimetafisicamente, antiteologicamente, ao abandonar o sagrado pleno e deixar-se impulsionar pelo intangível, reconhecendo que a interpretação surge da necessidade e do desejo de tornar acessível o inacessível – mesmo que isso possa ser considerado uma grande utopia – a linguagem prossegue com o seu nó e com a pergunta: "o que há do outro lado, por que estou aquém e posso transpor o limite?"

Ao sintetizar o conceito de experiência como aquilo que pode se revelar, mesmo da forma como não teria sido, Gadamer abre o sentido e o significado, aloca-os no possível e não no necessário, e propõe que nos afastemos nos aproximando, para que a verdade tome sentido. A compreensão deve brotar dessa distância histórica impossível de ser eliminada, do "abismo entre o *eu* e o que não é *eu*". Ela não deve se deixar emprenhar por uma imposição da verdade do sujeito. Deve se abandonar no estranhamento, reconhecendo seus próprios pré-conceitos, inevitáveis e necessários.

Refutando-se esses pré-conceitos, dá-se então uma chance para o entendimento mútuo entre os dois horizontes: o do sujeito e o do objeto. Essa experiência, ou essa vivência (*Erlebniss*), é algo que não se pode repetir. E por estar relacionada ao sentido pode se contradizer num novo encontro desses mesmos horizontes. Importa para a compreensão o modo como o passado é recebido no presente e o que ele provoca, e não o passado de um modo direto. Daí surge a necessidade natural de análise do evento e do caminho percorrido por ele, de sua existência, de sua história, o que leva à conclusão de que o ato de compreender não será completo sem a interpretação e vice-versa, ou, ainda, como defende Tiburi,

Isto é o conhecimento que a hermenêutica promove como verdadeiro, no qual o universal, o reino da cultura, da história, da tradição, e o reino do individual, os homens particulares, o sujeito empírico e a vida concreta, nos seus acontecimentos múltiplos, encontram seu sentido e dignidade, sem alternativas realistas ou idealistas. A hermenêutica quer, no atual estado de uma história à qual ela mesma está submetida, promover esta reflexão crítica sobre o mundo passado e o mundo presente.[43]

Por isso, ao empreender a análise da encenação de um texto clássico de língua alemã numa cidade como Salvador, agir hermeneuticamente não é somente inevitável como imprescindível, e vários aspectos devem ser considerados, haja vista que as encenações de textos de língua alemã, por si só, privilegiam a contraposição do eu com o outro em exemplos bem concretos.

A REFLEXÃO FENOMENOLÓGICA EM MERLEAU-PONTY

O desenvolvimento e a consolidação do pensamento hermenêutico no século XX estão associados a uma corrente de pensadores alemães, sobretudo à influência de Husserl sobre Heidegger e deste último sobre Gadamer. Ressalte-se, porém, que a teoria fenomenológica de Husserl, grande contribuidora da hermenêutica, também ganhou adeptos fora da Alemanha. Como aponta Müller, não seria um exagero afirmar, por exemplo, que o célebre mote "retornar às coisas mesmas", adotado por Merleau-Ponty na França, mas de inspiração husserliana, teria influenciado toda a obra do francês[44].

Ao preterir, como principal desafio de sua filosofia, a ontologia naturalista e dedicar-se a uma nova ontologia capaz de constituir os fenômenos da maneira como eles se manifestam para a percepção, Merleau-Ponty combate o cartesianismo

---

43 Op.cit, p. 288.
44 Cf. Leitura Merleau-Pontyana da Teoria Fenomenológica da Expressão, *Veritas*, v. 45, n. 2, p. 213-222.

intelectualista e o empirismo inglês, correntes que guardam grande cumplicidade com o pensamento naturalista.

Assim, a primordialidade das experiências, que ocorre através da relação direta com o mundo da percepção, com o caráter de "ocorrência primitiva do fenômeno", seria mais um entre os fundamentos constitutivos defendidos por Merleau-Ponty em sua filosofia.

Em 1946, a pretexto de sua exposição num debate da Sociedade Francesa de Filosofia, em que ele apresentava os princípios de sua fenomenologia da percepção, foi questionado por Bréhier em que medida uma doutrina "apenas vivida" poderia ser tida como uma filosofia. O argumento para sua justificativa, segundo Müller, também teria origem no pensamento de Husserl.

Ao contrário de Merleau-Ponty, a teoria da expressão de Husserl não ensejava constituir-se enquanto ontológica. Em suas obras *Formale und transzendentale Logik* (Lógica Formal e Transcendental) e *Ursprung der Geometrie* (Origem da Geometria), Edmund Husserl descrevia o signo não apenas como um corpo inerte, mas também como "carne viva" de nosso pensamento.

Os signos expressivos seriam uma encarnação de nossas intenções significativas, que, como uma espécie de ponte, nos conduz até o outro, o que também equivale a dizer que existe uma atividade de natureza subjetiva que é anterior à nossa fala, concepção que, pode-se dizer, seria de inspiração naturalista.

Com relação à teoria fenomenológica da linguagem, que subordina as falas aos nossos atos intencionais, Merleau-Ponty opera uma inversão na medida em que, para ele, as palavras, os enunciados, se vinculam às nossas intenções, ou seja, as intenções não se formulam antes das palavras.

Dessa forma, ao responder a Bréhier, o filósofo ressalta que procurar

a expressão do imediato não é trair a razão, mas é, ao contrário, trabalhar para o seu engrandecimento. É começar a luta entre a expressão e o expresso, é aceitar a condição de uma reflexão. A filosofia tem por tarefa fazer-nos reencontrar essa ligação com o mundo que precede o pensamento propriamente dito[45].

---

45 Apud J.M. Müller, op. cit., p. 215.

O que equivale também à sua asserção de que o

> ato de expressão, essa junção, pela transcendência, do sentido linguístico da palavra e da significação por ela visada, não é, para nós, sujeitos falantes, uma operação segundo a qual recorreríamos apenas para comunicar a outrem nossos pensamentos, mas é a tomada de posse das significações por nós, sua aquisição[46].

Para o fenomenólogo francês, as palavras não são apenas um meio de expressão, elas são os verdadeiros "gestos" do nosso corpo, realizam as significações que exprimimos, realizam nossos pensamentos, assim como a percepção realiza o percebido.

Assim, a noção de "vida interior" na qual passamos a acreditar, como se ela fora um piloto de um navio – o navio seria cada um de nós –, como se fora regida por leis próprias, ou seja, pela consciência, e que contemporaneamente ganhou força ao associar-se à psique, colaborou para que acreditássemos que os pensamentos independem das palavras, que eles seriam "ocorrências puras".

No fato de ter suspeitado dessa vida interior autônoma estaria, de acordo com Merleau-Ponty, o maior mérito da fenomenologia da linguagem husserliana, mas que, apesar de tudo, não foi suficiente para libertar os fenômenos do mundo da vida do prejuízo imposto pelo naturalismo.

Mesmo refutando a ideia de subjetividade que caracteriza a filosofia naturalista, o filósofo francês se refere a um "silêncio da consciência", que seria a origem, e não a causa, das significações. Nesse sentido, apenas quando percebo que havia ou que há o *eu*, me dou conta de que o controle sobre o que falo me escapa e que participamos do sentido que o outro confere, tornando-me o outro do outro.

Ao dissertar sobre a reflexão dialética e a fé perceptiva em Merleau-Ponty, Jayme Paviani assevera também que, no fato de a filosofia tradicional ignorar, em geral, a fé perceptiva, o filósofo encontrou as bases das interrogações presentes em sua obra *O Visível e o Invisível*, apoiadas não apenas na experiência do "mundo da vida", proposta por Husserl, como também na experiência "das formas da vida", desenvolvida por

---

46 Ibidem, p. 218.

Wittgenstein, e do "saber coletivo", de Durkheim[47]. Por isso sua filosofia surge como provocativa, ao proceder a afirmações do tipo:

> É preciso frequentar o mundo ingenuamente; tudo que é obscuro o é em nome de certo critério de clareza; é preciso ir além da ordem do dito e do escrito; vemos as coisas mesmas, o mundo é o que vemos; o mundo, as coisas, o que existe, tudo repousa sobre si mesmo, é exatamente o que é, inteiramente em ato, sem qualquer virtualidade nem potência, isto é, transcende, fora de toda interioridade. O existir repousa na indiferença, na noite da identidade, como em-si puro.[48]

A filosofia de Merleau-Ponty pressupõe uma reflexão dialética que pretende denunciar as falsas evidências; que deve criticar a si própria para não se tornar uma experiência vazia; que enxerga o perigo de que "toda tese é idealização"; que contribui para alargar o entendimento da ciência ao chamar a atenção para a complexidade do real e da experiência. Ela critica a pretensão daqueles que almejam alcançar pensamentos puros de uma realidade dita objetiva, especialmente a reflexão psicológica que se afasta das coisas, que faz considerações que se assemelham a uma "mentira" da qual não se pode regressar. Daí por que julga necessário, através da reflexão, fazer um retorno ao fenômeno, às "coisas mesmas".

Não estaria essa reflexão merleau-pontiana próxima de um procedimento tão comum no teatro? Em outras palavras, quantas encenações de *Romeu e Julieta* foram feitas no mundo desde que Shakespeare escreveu essa tragédia? Certamente não se pode precisar. Também a forma como cada encenador percebeu os fatos, as "verdades" prescritas pelo dramaturgo, alcançam, se não uma infinitude, pelo menos uma complexidade enorme de interpretações.

Qual das montagens desse texto ao longo dos séculos poderia ser considerada a grande tese, a grande representação da verdade proposta pelo dramaturgo inglês? Uma daquelas realizada no restaurado palco elisabetano do Globe Theater, em Londres, com elenco de origem inglesa, acompanhada por

---

47 Cf. J. Paviani, A Reflexão Dialética e a Fé Perceptiva em Merleau-Ponty, *Veritas*, v. 45, n. 2.
48 M. Merleau-Ponty apud J. Paviani, op. cit., p. 224.

especialistas em Shakespeare ou aquela realizada pelo grupo Galpão, que mescla técnicas circenses e teatro popular em Belo Horizonte? Ou uma montagem chinesa? Ou uma africana? Qual delas seria o veículo da "verdade original" do texto de Shakespeare? Seria possível, nesse caso, "retornar às coisas mesmas" do texto shakespeariano? Ou seriam as coisas mesmas o modo como cada intérprete de Shakespeare o percebe, "o modo ingênuo" como cada intérprete frequenta o mundo do escritor?

Merleau-Ponty acha que a filosofia não deveria ser um léxico: que ela não deveria se interessar pelas "significações das palavras"; que não deveria procurar um substituto verbal para o "mundo que vemos"; que não deveria transformar esse mundo em "coisa dita"; que deveria ir além "da ordem do dito e do escrito"; que não deveria se instalar como um lógico no enunciado.

Estaria o teatro, ao longo de sua existência, agindo filosoficamente? Estaria incorporando os princípios da fenomenologia da percepção? Certamente sim, mas essa não é uma exclusividade do teatro nem das demais modalidades artísticas, que, como defende Gadamer, é o lugar mais confortável dessa casa que é o mundo.

Para entender isso, basta que sejam lembrados os conceitos mais caros da fenomenologia, como propõem as análises de Franz Brentano sobre a intencionalidade da consciência humana, que trata de descrever, compreender e interpretar os fenômenos que se apresentam à percepção.

A fenomenologia se define como uma "volta às coisas mesmas", aos fenômenos. Alcançar o conteúdo inteligível e ideal dos fenômenos, captado de forma imediata, é seu principal objetivo. Nesse sentido, pode-se dizer que toda consciência é "consciência de alguma coisa", que a consciência não é uma substância, mas uma atividade constituída por atos (percepção, imaginação, especulação, volição, paixão etc.). As coisas, segundo Husserl, caracterizam-se pelo seu "inacabamento", pela possibilidade de sempre serem visadas por *noesis* novas, que as enriquecem e as modificam.

Em que medida se pode dizer que esse é também o procedimento do teatro? Certamente pode-se afirmar que não apenas através dos textos estrangeiros, produzidos em culturas distintas, mas também dos textos dramatúrgicos locais, seus intérpretes sempre estarão diante de algo inacabado, de algo a ser construído, diante de *noesis* novas. Mas talvez o fato de ter sido produzido numa cultura diferente potencialize essa impressão de inacabado.

OUTROS HERDEIROS DA HERMENÊUTICA

Mauricio Beuchot ressalta o fato de que atualmente a hermenêutica possui várias escolas, entre elas a pós-moderna, que teria em Foucault, Derrida e Vattimo os mais importantes pensadores, por darem novas perspectivas à discussão hermenêutica[49].

Para Beuchot, as principais ideias de Michel Foucault, no que diz respeito à hermenêutica, estariam resumidas em um dos seus ensaios produzidos a partir de uma conferência apresentada no VII Colóquio de Royamont, em 1964. Nele, o filósofo analisa a noção de interpretação em três pensadores – Marx, Nietzsche e Freud –, que se cristalizam no seguinte mote: a linguagem esconde outras coisas além do que diz, transmitindo sempre algo além do dito, ou, ainda, há coisas que não são linguagem. Segundo Foucault, por meio desses autores é possível compreender que a interpretação consiste numa tarefa infinita.

O pensador francês defendia ainda que, ao interpretar um determinado signo, se opera "a interpretação de interpretações". Não existe um significado original, mas significados mediadores, uma luta, um conflito de interpretações, que querem se impor. Certa imposição ocorre não porque ela tenha uma maior validez e sim porque teve mais força.

O signo, para Foucault, não era considerado simples e benévolo, mas dúbio e malévolo, carregado de ambiguidade, como máscaras que encobrem algo. O ato de interpretar pressupõe a interpretação de outros sujeitos. As interpretações vão se somando e isso é circular, infinito. A interpretação não sai de si mesma. Pensar no signo como algo pré-determinado, algo original a que se deve buscar, seria promover sua morte.

---

49 Cf. El Imperio de la Hermenéutica en la Postmodernidad: Foucault, Derrida y Vattimo, *Revista Venezolana de Filosofia*, n. 30, p. 13-31.

Beuchot assinala que, por meio de Foucault, é possível compreender e relembrar o que muitos pensadores parecem ter esquecido nas últimas décadas: que a hermenêutica e a semiologia seriam antagonistas, "ferozes inimigos"[50]; que não se deve crer na existência absoluta dos signos, que não se pode negar a violência, o inacabado, a infinitude das interpretações.

Já Derrida é descrito por Beuchot como o "pensador das diferenças", exatamente por ter tentado, a todo custo, preservar a diferença das interpretações, tema de sua obra *De la Grammatologie* (Gramatologia)[51]. No entanto, sua dedicação às metáforas, especialmente a uma metafísica das metáforas, caracterizaria sua hermenêutica, principalmente por insistir na tese de que a existência das coisas não consiste em algo prévio, ela só ocorre através de uma "metáfora ôntica". E que, quando enunciamos, elegemos esta ou aquela metáfora, que será sempre significativa.

De acordo com Beuchot, como já era defendido desde os escolásticos, captar bem as semelhanças faz do sujeito um bom metaforizador, mas captar as diferenças, principal constitutivo da metáfora, o torna ainda melhor.

Gianni Vattimo, em suas teses iniciadas como aluno de Gadamer, retorna ao caráter niilista advindo do "Deus morreu" (Nietzsche), ao desaparecimento da metafísica como refúgio do homem (Heidegger), para afirmar que, assim como o marxismo havia sido a *koiné* (linguagem popular) dos anos de 1950-1960, e o estruturalismo, a dos anos de 1970, a hermenêutica seria a das décadas seguintes, especialmente pela ênfase dada na história, por retirar o sujeito da sua condição de neutralidade, por reconhecer que o sujeito é peça principal do jogo que pretende jogar e não uma mera parte integrante dele, o que não havia sido considerado pelo estruturalismo.

---

50 Essa oposição ainda hoje é alimentada por alguns autores, mas há outros, como a alemã Erika Fischer-Lichte (cf. *Semiotik des Theaters* e *Die Entdeckung des Zuschauers*), que se empenham em pacificar essa convivência. Semiótica e hermenêutica em sua obra seriam disciplinas complementares.

51 Certas interpretações da obra de Derrida apontam-no como adepto do "relativismo absoluto", condição que não era aceita de bom grado pelo autor, que se encarregou de desfazer esse "mal-entendido" em obras posteriores à sua gramatologia. Cf. trad. bras., *Gramatologia*, 2. ed., São Paulo: Perspectiva, 2000.

Assim como de Derrida e Foucault, Vattimo é defensor de uma hermenêutica equivocista[52] herdada do romantismo, sobretudo por influência de Nietzsche.

A encenação de textos de Bertolt Brecht, Tankred Dorst, Georg Büchner, Peter Handke, Frank Wedekind, entre outros, na "África brasileira", nessa cidade "formatada" por tantas e diferentes influências, não seria a concretização do equivocismo defendido por esses três autores? Não seria uma forma de atestar a possibilidade de "convivência das diferenças de interpretações" proposta por Derrida? Não refletiria a "interpretação de interpretações" defendida por Foucault? Ou a metafísica das metáforas proposta por Vattimo?

Mais adiante, por meio das entrevistas com alguns encenadores dos textos de língua alemã na Bahia, são esboçadas respostas a essas questões.

NIETZSCHE COMO VISIONÁRIO DO TEATRO

"Einleitung: Nietzsche als Theatervisionär" é o título do estudo introdutório à obra *Nietzsches Theaterprojektionen* (Projeções Teatrais de Nietzsche), de Till Müller-Klug. Sob o argumento de que uma recepção do filósofo Nietzsche, no que tange à teoria do teatro, é praticamente ignorada, ele a organizou com o objetivo de saldar uma dívida histórica, de mostrar o quanto as ideias do filósofo contêm ricos conceitos para uma práxis teatral, cuja relevância estética se aplicaria contemporaneamente.

Para o autor, o famoso ensaio de Nietzsche, *Die Geburt der Tragödie aus dem Geiste der Musik* (O Nascimento da Tragédia no Espírito da Música), e a tão proclamada rivalidade com o encenador Richard Wagner são apenas pano de fundo para os princípios de uma concepção bem própria de teatro. Todavia, assinala que essa concepção não poderia ser comparada a

---

52 Para a hermenêutica existem duas posturas radicais, a univocista (objetivista) e a equivocista (relativista). A primeira diz respeito a uma tendência de não se considerar a diversidade de possibilidades da interpretação, enquanto a segunda sim, leva em conta essa possibilidade. Assim, adotar uma posição equivocista significa promover a abertura do sentido e da significação.

gêneros poéticos canonizados, a exemplo do teatro pobre de Jerzy Grotowski ou do teatro da crueldade de Antonin Artaud. A concepção não foi formulada de maneira sistematizada, como um método de experimentação/encenação.

Segundo Müller-Klug, as mais importantes ideias do filósofo no âmbito da recepção teatral seriam, primeiro, o *páthos* messiânico que persegue um fim cultural para a obra teatral e, segundo, a embriaguez provocada pelas "horas de entusiasmo" que um espetáculo promove, as quais devem ser compartilhadas tanto pelos realizadores da obra como por seus receptores.

Vale salientar que em *Die Geburt der Tragödie...*, Nietzsche já chamava a atenção para o fato de que a tragédia se originou da atenuação dos ritos orgiásticos que envolviam os seguidores de Dionísio, quando a música, como expressão das forças da Natureza, os conduziu à desmesura. Esse estado teria sido atenuado pela força simbólica do culto a Apolo que repousava nas noções de medida e equilíbrio. Dessa fusão é que se originou a tragédia enquanto representação das forças naturais. Para Nietzsche, projeção e embriaguez possuem uma relação simbiótica: a projeção é descrita como uma atividade de tradução, em sentido amplo, como a elaboração criativa de um vocabulário estranho, genuíno, que desperta uma confiança própria e provoca no sujeito uma capacidade de simbolizar que, por sua vez, promove um entusiasmo, uma embriaguez.

Ele profetizou que a embriaguez dionisíaca – que não pode ser tomada como uma completa embriaguez e sim como um "jogo" com a embriaguez – passaria a interagir, a se presentificar num *feedback* dinâmico e teria um lugar cada vez mais crescente no mundo[53].

Müller-Klug refere-se a uma genealogia do teatro formulada por Nietzsche e ao modo como o filósofo concebia o ator, que deveria agir inspirado em sua susceptibilidade fisiológica para ser capaz de transmitir e promover sentido artístico[54].

---

53 A primeira forma de embriaguez dionisíaca é titânica, aniquiladora, fundada na desmesura. A segunda já seria a embriaguez apaziguada pelos princípios apolíneos, para que pudesse ser suportável pelos mortais.
54 Ao referir-se ao ator, o filósofo leva em consideração sua evolução desde a Grécia, desde a origem como dançarino dos ditirambos e seu posterior desenvolvimento, até formar a constelação dramatúrgica que culminou no coro. Este, por sua vez, é desmembrado e origina a função dos atores, como é concebida hoje.

Com alguns impropérios, o filósofo acusava o público de seu tempo de preguiçoso, de fatigado. Defendia que o espetáculo teatral deveria promover um estado de excitação fisiológica sobre o público, como forma de resgatar a função que o coro das tragédias sempre exerceu, qual seja, promover a aproximação fisiológica entre palco e plateia.

Convém ressaltar, entretanto, que o tipo de teatro a que se referia Nietzsche não pode ser tomado nos mesmos termos que o concebemos hoje, dadas as mudanças transcorridas ao longo de um século. Apesar disso, Müller-Klug postula que alguns teatrólogos do século XX, como Brecht e Meierhold, reproduzem alguns cânones artísticos do passado, atualizando-os e conferindo novos apelos estéticos, novos sentidos a eles. E perceber esse fenômeno é o mesmo que compartilhar um dos mais conhecidos aforismos de Nietzsche, que, em outras palavras, afirma que somente aquele que se transforma permanece fiel a si.

Segundo Ewald Hackler, um bom exemplo disso pode ser verificado nas composições de Kurt Weill para as encenações de Brecht que, ao lidar com a limitação vocal de certos atores, acabou por inaugurar um gênero híbrido entre cantar e falar – procedimento adotado na Grécia, segundo alguns registros históricos.

Para Müller-Klug, o divulgado rompimento de Stanislávski com Meierhold, que se contrapôs ao mestre e dedicou-se ao seu próprio método antirrealista/naturalista, à sua biomecânica, também seria, em alguma instância, um reflexo do pensamento nietzschiano, por ter proclamado, através de sua forma revolucionária, a libertação do teatro, "ao evitar as formas prontas e ao se apoiar em um novo mundo".

A ideia de projeção e embriaguez, acima descrita, teria correspondência ainda com o "quarto criador", ou seja, com o espectador, que, ao lado do autor, do diretor e dos atores, na concepção de Meierhold, seria o responsável pelo ato de simbolização.

Ao negar as formas burguesas que o teatro havia canonizado, Brecht também teria refletido o pensamento de Nietzsche, especialmente ao reconhecer que, sem o legado do passado, a arte não pode se manter, como desejava o filósofo ao reivindicar o renascimento da tragédia[55], o resgate dos princípios do culto dionisíaco para o teatro.

O "jogo com a embriaguez" (ou a representação), que Nietzsche acreditava que deveria permear a experiência fruitiva do teatro, também pode ser comparado ao princípio brechtiano, segundo o qual o ator não é o demonstrado e sim o demonstrante.

Como será discutido adiante, o ator de Brecht não deveria permitir ao espectador que se embriagasse, que se iludisse, e sim que transitasse entre a ilusão da representação e a conscientização. De forma similar, pode-se dizer que, para Nietzsche, a representação deveria ser fundada na força estética da imagem, que visasse a uma expressão amoral do real, mesmo em seus aspectos mais cruéis. Outra máxima nietzschiana – de que, *grosso modo*, verdades ou fatos não existem e sim a interpretação delas ou deles – poderia ser aplicada ao espectador de Brecht, que deveria ir ao encontro da sua própria verdade.

Se uma suposta influência de Nietzsche sobre Meierhold e Brecht poderia ser justificada pelo fato de os dois últimos terem vivido na Alemanha e compartilharem a mesma língua, o mesmo não se pode dizer de Antonin Artaud. Nesse sentido, Müller-Klug indaga se Nietzsche e Artaud não seriam duas figuras que pensaram o teatro como afirmação da vida. Para responder a essa pergunta, o autor recorre a Reinhold Grimm, que se ocupou do mesmo tema na obra *Repercussions of Nietzsche Modern Theater and its Theory* (Repercussões de Nietzsche Sobre o Teatro Moderno e sua Teoria).

Para Grimm, o teatro da crueldade é a estratégia de Artaud para se reconciliar com sua existência, é uma inevitável necessidade de afirmar a vida humana. Tal simbiose entre vida, necessidade e crueldade também estaria presente em *Die Geburt der Tragödie...*, de Nietzsche, porém com uma conotação

---

[55] É necessário acentuar que, nas obras seguintes, Nietzsche torna-se um contundente crítico de si mesmo e abandona a esperança de uma retomada dos valores passados, chegando mesmo a defender uma ruptura com a modernidade, apenas como pressuposto para a fundação de novos valores. Nesse sentido, um retorno a um passado que nós não mais podemos compreender parecia-lhe então como um acesso de "enfermidade romântica". Para Nietzsche, o dionisíaco não seria mais o dionisíaco grego e sim uma paródia, uma metáfora que deveria ir contra o mundo ordenado e fundado na causalidade.

retrospectiva, ao passo que, para Artaud, a conotação seria prospectiva, com tendências utópicas.

Ao se dedicar a uma reformulação da vida e do seu teatro, o teatrólogo francês reproduz o conceito de revalorização proposto pelo filósofo alemão, mas que ecoa em outro pensador francês, Jacques Derrida. Ao contestar Ferdinand de Saussure, Derrida afirma que a real presença de algo – de um determinado signo, para ser mais preciso – não existe até que sua representação se faça necessária.

E para os três pensadores, a literatura e o comportamento ocidentais, especialmente por sua fundamentação e pelo domínio dos princípios cristãos, de natureza monoteísta, não estimulam o exercício da diferença nem a tolerância a ela.

Segundo Müller-Klug, Derrida faz de Artaud seu agente desconstrutivista e dele se aproveita para colocar em xeque a representação metafísica, sobretudo no que tange à literatura e, mais especificamente, à literatura dramática ocidental que, assim como para Nietzsche, estaria impregnada de certo cansaço de vida, da repetição de cânones consagrados.

Müller-Klug associa a Artaud certa tendência autista, que o impede de considerar o que ocorre em seu entorno. Como propôs o encenador francês em seu *Théâtre de la cruauté* (Teatro da Crueldade), em uma de suas encenações deveriam ser extraídos sons agressivos de instrumentos usados na trilha sonora, com o objetivo de deixar os espectadores "enlouquecidos". O público do teatro da crueldade se configuraria, portanto, numa exceção. "Capacidade e prontidão" que unissem fisiologia e intelecto, defendida por Nietzsche, seriam menos excludentes.

Os pontos convergentes entre os dois, contudo, seriam muito maiores que os divergentes. Ambos defendiam um teatro de caráter hierático (com Artaud inspirando-se nos deuses balineses e Nietzsche nos deuses gregos), que priorizasse uma composição plástica/coreográfica entre texto, corpo e cena.

Müller-Klug se empenha, ainda, em mostrar como as reivindicações do filósofo alemão encontram eco nas produções artísticas contemporâneas, especialmente em alguns movimentos vanguardistas, a exemplo do Poetry Slam dos Estados Unidos, atualmente presente também na Alemanha, mesmo com dez anos de atraso.

Esses movimentos incorporariam a matriz apolíneo-dionisíaca, por afirmarem certo caráter estético-dissidente; incentivarem o uso subversivo da matéria-prima da qual se serve a arte; estabelecerem uma nova ordem; denunciarem a confusão dos valores do mundo; rejeitarem a confortável infraestrutura da indústria cultural e os clichês da arte para a burguesia.

Assim sendo, autores da geração *beatnik,* como Allen Ginsberg, William S. Burroughs e Jack Kerouac, como também artistas ligados ao movimento *punk*, que teve início nos anos de 1980, do artista plástico Andy Warhol, ou de movimentos como o futurismo, surrealismo e dadaísmo, entre muitos outros, seriam os representantes atuais dos modos de produção/recepção propostos por Nietzsche. Com base nisso, Müller-Klug conclui:

A alma humana, que se faz agir, constitui o público, porque as pessoas são/possuem uma relação entre o corpo e o entendimento da língua da fisiologia. Poetry Slam e as projeções teatrais de Nietzsche abrem um polílogo cênico[56] no qual as dicotomias obra/público e texto/corpo não se dissolvem numa fantasmagórica unidade, e sim numa estimulativa ação de troca, num espaço para a experiência. Esse espaço é hierático mesmo após a morte de Deus. Ele tem que ser diariamente reencontrado, redescoberto e para isso o sentido das orientações de Nietzsche são aplicáveis como nunca.[57]

PRINCÍPIOS DA RECEPÇÃO LITERÁRIA: ORIGEM, PRINCIPAIS AUTORES E IDEIAS

Ao organizar a obra sobre a recepção estética, Rainer Warning reuniu textos de alguns autores (Roman Ingarden, Felix Vodicka, Hans-Georg Gadamer, Michael Riffaterre, Stanley Fish, Wolfgang Iser e Hans Robert Jauss), reputados por ele como os principais responsáveis pelas transformações, pela introdução do caráter interdisciplinar nas investigações das ciências literárias[58].

Essas transformações colaboraram para a valorização dos processos de recepção e para a consolidação da teoria da

---

56 Polílogo: do grego *polylógos*, aquele ou aquilo que possui polilogia, isto é, que possui um sentido polivalente, diverso. Polílogo cênico seria, então, um sentido polivalente para o ato cênico.
57 Op.cit., p. 119.
58 Cf. R. Warning (Hrsg.), *Rezeptionsäathetik: Theorie und Praxis*.

recepção e da pragmática literária. Warning assevera que foram os estruturalistas que colocaram em xeque as premissas do conceito clássico de arte – atualizado e defendido por Theodor W. Adorno – segundo o qual obra de arte e sociedade deveriam convergir para um mesmo conteúdo, sem levar em conta as múltiplas interpretações advindas de sua exteriorização.

Outro importante passo teria sido a exploração da concepção triádica de signo: enquanto alguns pesquisadores dedicavam-se aos estudos do signo em sua relação com o significado, pesquisadores como os da Escola de Konstanz se aprofundavam na investigação da relação mensagem/receptor, que, por sua vez, tem sua base na relação signo/significado/significante. Warning considera, no entanto, que ambas as vertentes, cada uma a seu modo, teriam sido de grande contribuição para o entendimento da relação obra/receptor.

A base para o aprofundamento dessa relação, no âmbito da estética da recepção literária, o autor credita, entre outros, a Roman Ingarden, que no artigo "Vom Erkennen des Literarischen Kunstwerks" (Do Reconhecimento de Obras de Arte Literárias), publicado em 1968, introduz e discute os conceitos de "concretização e reconstrução", divididos em dois momentos: o da plasmação da obra e o da sua recepção. A "concretização" circunscreve-se à orientação estética da obra, ao passo que a "reconstrução" reflete sua objetivação temática, a confirmação de sua funcionalidade.

Ingarden se apoia na teoria fenomenológica ou teoria do conhecimento de Husserl, ao defender que a concepção de uma obra literária possui várias camadas: 1. a que pertence à sua concepção, apoiada na língua em que foi produzida; 2. a camada da unidade de significação; 3. a da sua forma/diagramação; 4. por fim, a da sua objetivação, da sua *concretização* – também denominada por ele como "qualidades metafísicas da obra", através da qual se alcança seu reconhecimento, objetivo central da relação obra/receptor.

Os conceitos centrais da teoria de Husserl são descritos por Karlheinze Stierle:

Tema e *Horizonte* são dois conceitos centrais da teoria do conhecimento de Husserl. O objeto da consciência intencional não é experimentado como isolado, mas sempre dentro de um contexto, a partir do qual ele adquire o seu "perfil". Este contexto é o horizonte, que inclui, enquanto "horizonte interno", tudo o que se pode saber acerca do objeto, e que inclui, enquanto "horizonte externo", tudo que se pode saber acerca das relações deste objeto com outros objetos. O tema, por sua vez, é "circundado" pelo horizonte. Fala-se em tematização quando a consciência se volta explicitamente para o objeto.[59]

Ou, ainda: "O que é atualmente percebido, copresente e determinado (ou, ao menos, relativamente determinado) com clareza maior ou menor, está em parte impregnado, em parte rodeado de um horizonte, vagamente consciente, de realidade indeterminada."[60]

Ingarden faz uma distinção entre objetos reais (passíveis de determinação completa), objetos ideais (que são autônomos e serão constituídos) e objetos intencionais (que não se submetem a uma determinação exaustiva; são peculiares às obras de arte).

As obras literárias foram classificadas por Ingarden como "objetos indeterminados" por solicitarem a participação, a concretização do leitor. Cabe ao leitor fazer a simulação de uma determinação, completá-la, isto é, definir na obra as lacunas que devem ser preenchidas ou negligenciadas. Desse modo, apenas a concretização advinda do leitor vai atualizar os elementos potenciais da obra.

Segundo Warning, também o estruturalismo de Praga, através de Vodicka, por outro viés, enfatizou a recepção, ao discutir e reforçar as determinações semiológicas do objeto estético, pressupostas por Jan Mukařovský, que não teriam sido considerados pelos formalistas russos[61].

Os signos estéticos, para Mukařovský, obedeceriam aos mesmos princípios da concepção de signo linguístico proposta por Saussure, que pressupõe apenas uma relação entre signo e significado sem levar em conta o significante. A estética semiótica de Mukařovský, contudo, serviu de base para a teoria da recepção de Vodicka:

A obra literária da estética estrutural será aqui concebida como signo estético, no que diz respeito a sua apresentação. Assim, temos que ter

---

59 Que Significa a Recepção dos Textos Ficcionais?, em L.C. Lima (org.), *A Literatura e o Leitor: Textos de Estética da Recepção*, p. 185-186.
60 E. Husserl apud K. Stierle (org.), op. cit., p. 186.
61 Poder-se-ia abrir uma exceção para Viktor Chklovski, cuja discussão da arte/procedimento ultrapassa a concepção diádica do signo.

em vista não apenas sua existência em si, como também sua recepção; devemos considerar que ela será lida, interpretada e seu valor será definido pela comunidade de leitores. Apenas quando uma obra é lida ela alcança sua realização estética e se configura como objeto estético na consciência do leitor.[62]

Outra observação relevante, relacionada a Vodicka, que, ao analisar uma obra de Pablo Neruda, concluiu que a interpretação de apenas um leitor não pode dar conta do universo de significados presentes numa mesma obra, levou-o a afirmar que os leitores definem o modo e o tipo das descrições, que podem ser diferentes e incluem características de impressões, de fundo ideológico ou intelectual.

Com base em tal argumento, Vodicka também faz uma crítica ao conceito de "qualidades metafísicas da obra" – desenvolvido por Ingarden – por não ter sido desenvolvido como um conceito de comunicação. Para este último, a concretização pressupunha apenas certa interação entre o leitor e o texto, bem como a função de atualizar seus potenciais elementos.

Karlheinz Stierle, por sua vez, critica o conceito de "variáveis da recepção" de Iser, visto que, para este, o polo textual está impregnado de certa tradição imanentista e de sentido constante, o que será ainda complementado por Gumbrecht ao questionar se essa concepção iseriana seria capaz de dar conta da diversidade, das distintas formações de sentido que geralmente são "emprestadas" a um mesmo texto.

Rainer Warning e Luiz Costa Lima apontam, ainda, outras críticas que os diversos autores dessa época teceram entre si, especialmente no período da reforma universitária alemã, fértil em discussões e críticas. Mais importante que reproduzir tais críticas aqui – o que incorreria num certo desvio dos objetivos dessa discussão – é ressaltar o quanto elas, cada uma a seu modo, contribuíram para o fortalecimento dos princípios da recepção estética e do modo como a compreendemos hoje.

As convergências e divergências entre os autores, como justifica Luiz Costa Lima, devem-se às diferentes escolas que participaram para a construção de uma teoria até então incipiente:

---

62 Die Rezeptionsgeschichte literarischer Werke, em R. Warning (Hrsg.), op. cit., p. 71.

Do ponto de vista da gênese, não se pode falar numa filiação direta. Mas indo além das correspondências sistemáticas de longo alcance, deve-se ressaltar, como um paralelo entre as duas origens, que tanto Jauss quanto os estruturalistas de Praga desenvolveram sua compreensão da percepção e da evolução literárias em confronto direto com teses e teoremas do formalismo russo, de um lado, e com a teoria e crítica literária marxista, do outro; teses e teoremas, em parte tomadas de empréstimo, em parte criticamente modificadas, em parte rejeitadas. Já quanto à história da recepção de Jauss, sua ideia parte não de uma estética semiótico-estrutural, mas se liga à tradição hermenêutica, como teoria da compreensão.[63]

Ao referir-se a autores como Aristóteles, passando por Górgias, Agostinho, Lutero, até chegar aos românticos como Kant, Jauss deixou claro que sua reflexão conteria também contribuições para a discussão da experiência estética como um todo e não apenas da recepção literária.

Certos princípios estéticos românticos, como a crítica ao "caráter de juízo" kantiano, à ideia de autodeleite da subjetividade individual e ao culto ao gênio, conteriam, para Jauss, um efeito desastroso, pois seriam responsáveis por excluir a obra da experiência prazerosa que a arte contém, conferindo-lhe certa "decadência".

Assim, para ele, a conversão da fórmula kantiana do "prazer desinteressado", feita por Moritz Geiger e reinterpretada por Ludwig Giesz, na qual o que causa prazer só existe em função do sujeito do prazer, se adaptaria à sua ideia de experiência estética, que conta ainda com o apoio da abordagem sartriana, que distingue entre o trabalho da percepção face ao da imaginação.

Nesse sentido, pode-se creditar à estética da recepção, como ressaltou Hans Ulrich Gumbrecht, o fato de ela ter desprezado a concepção das interpretações que são "falsas" em benefício de uma "correta". Desse modo, não mais se abandona às exegeses possíveis de um texto registradas pela história.

---

63 O Leitor Demanda (d)a Literatura, em L.C. Lima (org.), op. cit., p. 11.

A TEORIA DA RECEPÇÃO LITERÁRIA ENQUANTO TEORIA ESTÉTICA

Segundo Gunter Grimm, a teoria da recepção literária não pode ignorar certas reflexões produzidas nas diferentes áreas do conhecimento, como a sociologia, a hermenêutica, o estruturalismo de Praga, e da própria história da literatura[64].

No âmbito da sociologia, a teoria de Adorno, que reflete o pensamento de Levin L. Schueckings, produzido nos anos de 1920, desempenharia um importante papel nesse contexto. A discussão da função das obras de arte e dos conceitos de imanência social, ação histórica e ação sociológica, que têm lugar privilegiado na estética de Adorno, estariam em detrimento da recepção, como se concebe após Jauss.

Ao afirmar que para decifrar as obras de arte a atenção deve estar voltada para a própria obra e para seus fins sociais, a teoria de Adorno é acusada de valorizar o sentido proposto pelo autor em detrimento do sentido concebido pelo receptor. Ela estaria imbuída de certo dirigismo que pretende determinar o que é bom ou ruim para os receptores.

Walter Benjamin e Bertolt Brecht, entre outros pensadores, se empenharam em complementar a posição de Adorno, argumentando que essa teoria compactua com os conceitos de uma velha tradição filosófica, o que os levou a recusá-la. Alegaram, ainda, que ela não apresenta uma perspectiva para o futuro, não considera o "coletivismo na recepção artística" nem sua inclusão numa práxis política. Essa ruptura, que hoje pode soar "ingênua", foi um importante passo no contexto histórico da recepção estética, e outros se seguiriam.

O número de obras acadêmicas que se respaldam na teoria da recepção literária, produzida em língua alemã, desde que a Escola de Pesquisa de Recepção foi criada na Universidade de Konstanz, na Alemanha da década de 1960, é estonteante. As referências a pensadores como Iser e Jauss é vastíssima.

Os desdobramentos dessa teoria já são verificáveis no Brasil desde a década de 1970, ainda que não se disponha de um grande número de traduções em língua portuguesa para as obras

---

64 Cf. *Rezeptionsgeschichte. Grundlegung einer Theorie.*

dedicadas a esse assunto. Especialmente no âmbito da filosofia, da história da literatura e de uma incipiente teoria da comunicação, a presença da teoria da recepção é muito recorrente.

Os três anais dos congressos realizados pela Associação Brasileira de Pesquisa e Pós-Graduação em Artes Cênicas (Abrace) também já refletem essa teoria, embora de forma tímida. No entanto, a necessidade de refletir sobre o teatro do ponto de vista de sua recepção tem se tornado urgente[65] e não se pode dizer que esse seja um tema muito presente no âmbito acadêmico das artes cênicas. Na Alemanha, em contrapartida, é grande o número de obras que priorizam essa reflexão, o que provavelmente se deve à sua grande tradição filosófica.

Fazer referências aos princípios da teoria da recepção e à forma como ela se aplica às artes cênicas é, sem dúvida, imprescindível para a compreensão da abordagem que se faz aqui.

A TEORIA DA RECEPÇÃO LITERÁRIA SOB A ÓPTICA DE SARTINGEN

Kathrin Sartingen em sua obra *Über Brecht hinaus... Produktive Theaterrezeption in Brasilien am Beispiel von Bertolt Brecht* (Para Além de Brecht... Recepção Produtiva do Teatro no Brasil, Bertolt Brecht Como Exemplo), cuja pesquisa foi realizada na cidade de São Paulo, parece atender a um antigo apelo das artes cênicas: a necessidade de refletir sobre a relação espetáculo/espectador.

Outra obra organizada por ela, *Mosaicos de Brecht: Estudos de Recepção Literária*, traz textos que objetivaram discutir os meandros da recepção dos leitores em relação às obras literárias, tendo como exemplo os dramas escritos por Bertolt Brecht.

Em *Über Brecht hinaus...*, a pesquisadora objeta que durante longo período as ciências literárias mantiveram seu interesse central na figura do autor, cuja obra refletia sua experiência individual e social, pelas quais inevitavelmente se deixava influenciar. Quando o ato de leitura passou a ser considerado enquanto ato

---

65 Na ata da assembleia de encerramento do III Congresso da Abrace, por exemplo, consta a reivindicação de vários pesquisadores no sentido de criar um grupo dedicado ao estudo de recepção, o que aconteceu nos anos posteriores.

comunicativo, as obras literárias deixaram de ser vistas, segundo Sartingen, como "mero produto de consumo".

A partir de então, a atenção dos cientistas literários se voltou também para o papel do leitor e as pesquisas de recepção iniciaram seu desenvolvimento levando em conta os dois agentes: autor e leitor/receptor.

Para Iser, um dos autores que se dedicaram a esses princípios, o esquema de comunicação entre autor, texto e leitor abrange dois níveis: o texto externo e o texto interno. O nível do texto externo compreende o autor real e o leitor real. No outro nível, abstrato, imanente, autor e leitor não se enfrentariam. Da ideia de nível da obra imanente surge a concepção de autor explícito e leitor implícito, na qual se orienta sua recepção estética.

A teoria de Iser se dedica a traçar um quadro explícito do leitor implícito, sem perder de vista o leitor real e empírico. Assim, quando o leitor implícito atinge a mensagem do texto, configura-se o processo de comunicação.

No processo de recepção propriamente dito, acontecem mais coisas do que o leitor implícito poderia prever, aceitar ou recusar. Ocorre uma dinâmica ação de troca, o que não aconteceria, entretanto, com textos das ciências naturais ou textos jornalísticos, por exemplo. Daí vem a sua concepção de "estrutura de apelo" do texto de ficção literária.

O leitor implícito (ou o autor) envia apelos ao leitor real e, por meio desse ato, o leitor real é estimulado a desenvolver possíveis complementações para o texto. É o que ele denomina de "espaços vazios", e que se costuma relacionar ao mesmo princípio da "teoria da indefinição", desenvolvida por Ingarden.

Esses espaços vazios estimulam a ação criativa do leitor real, ativa sua criatividade, transformando-o num (re)criador da obra. Cada leitor compartilharia, assim, de resultados diferentes de uma mesma obra, o que equivale ao ato de leitura, à ação estética propriamente dita. Em síntese, a concepção de Iser prevê uma ação do leitor implícito sobre o leitor real[66].

Tal concepção pode, sem dúvida, ser considerada um avanço, principalmente se comparada aos princípios da teoria literária anteriormente vigentes, que praticamente ignoravam

66   Cf. K. Sartingen, *Über Brecht hinaus…*, p. 21-23.

o papel do leitor. No entanto, a teoria iseriana ainda se pauta em aspectos do *individualismo psicológico*, o que será colocado em xeque pela teoria de Jauss, cuja abordagem leva em conta o *individualismo histórico*.

A teoria de Jauss parte da ideia de leitor implícito orientado pela história da recepção, e do leitor empírico em seu contexto histórico-social. Em palestra conferida em 1967, na Universidade de Konstanz, na Alemanha, ele apresentou pela primeira vez os princípios de sua teoria e interpretação da ação literária, publicada posteriormente no Brasil sob o título *História da Literatura Como Provocação à Teoria Literária*. Desde então, pode-se dizer, os estudos de recepção literária ganharam contornos singulares.

Para Jauss, no ato de fruição de uma obra literária, cada leitor traz, entre outros aspectos, sua história de vida pessoal, que diz respeito à sua experiência social, suas tradições, convenções, seu conhecimento de mundo, como também sua experiência anterior com leitura e seu pré-conhecimento de gêneros literários. Nesse sentido, ele já se apresenta diante de uma obra literária com certa expectativa. Essa expectativa, por sua vez, corresponde às situações históricas das quais ele participou; a uma determinada geração; a uma determinada camada social etc.

O autor de uma obra, segundo Jauss, apresenta-se então aos seus leitores potenciais e às vezes vai ao encontro, às vezes desencontra suas expectativas, às vezes é presumível e outras vezes surpreendente. Esse fenômeno de comunicação é denominado, em sua pesquisa da recepção, de "horizonte de expectativa", termo inaugurado por Karl Mannheim no âmbito da sociologia.

Assim, os elementos até então considerados "exteriores" – como salienta Sartingen – passam a ser considerados elementos interiores de uma obra literária, isto é, os elementos que eram anteriormente considerados entraves para a recepção/interpretação de uma obra passam, segundo a teoria da imanência, a ser considerados de suma importância para a fruição.

A Jauss, então, tornou-se necessário indagar o quanto o recipiente de uma obra muda, de fato, no ato de sua recepção e o quanto a fantasia criadora do leitor é responsável por essas "mudanças" de conteúdo, pelo estabelecimento de determinados horizontes.

A RECEPÇÃO DE OBRAS LITERÁRIAS ESTRANGEIRAS

Com base nos pressupostos acima descritos, poderíamos indagar: o horizonte de expectativa do receptor da obra teatral obedece aos mesmos princípios propostos por Jauss em sua teoria? Ou, ainda: no que concerne à recepção de obras originalmente produzidas em língua alemã, ou seja, obras originalmente produzidas em um contexto cultural distinto do contexto brasileiro, onde são apresentadas, o que ocorre nessa troca cultural, na recepção dessas obras?

Sartingen ressalta que a teoria da recepção de Jauss não levou em consideração os aspectos da recepção de obras literárias traduzidas, de obras estrangeiras, mas, sem dúvida, este constitui importante ponto para a teoria da recepção literária, que sempre adotou tal recurso.

Há muito tempo, inúmeros autores alcançam uma infinidade de leitores em diferentes contextos culturais nos quais suas obras foram produzidas. Reconhecer-se a si através do outro, através do "estranho", é fato que sempre exerceu muita fascinação no âmbito da recepção estética, o que tentaremos exemplificar neste trabalho.

Dietrich Krusche, cientista literário alemão que se ocupou do tema, parte do pressuposto de que uma cultura estranha é aquela que não foi desenvolvida através dos mesmos "princípios comunicativos" que outra; que revelam "distâncias históricas" entre si[67].

No que se refere à recepção literária, essa distância histórica contribui para que o leitor de uma determinada cultura seja confrontado com aspectos distintos dos da sua. No ato da recepção, isso provoca reações recheadas de surpresa, curiosidade, de riscos, o que conduz o leitor a tomar consciência de aspectos externos a ele, a uma ruptura de sua consciência. Essa ruptura e esse estranhamento colaboram para que o leitor se cristalize enquanto sujeito e repense, assim, o entendimento de sua própria cultura, de forma subjetiva.

Alois Wierlacher também se dedicou a questões similares ao analisar a literatura estrangeira como comunicação intercultural

---

67 Ibidem, p. 27-28.

e refere-se a um processo de "desorientação da experiência própria" através da experiência do alheio, o que corresponde aos princípios da hermenêutica cultural, que pressupõem o entendimento de si através da compreensão do outro[68].

Assim, estranheza e alteridade integram o conceito de recepção de Wierlacher, aspectos fundamentais na troca entre texto estrangeiro e leitor, entre obra e horizonte de recepção.

A relevância do papel da literatura estrangeira consiste em atingir a concepção de mundo do leitor, possibilitando a ele uma (re)dimensão desse mundo, o que está em consonância com uma ideia de entrecruzamento cultural provocada pela distância histórica.

Mesmo não tendo feito uma abordagem da recepção de obras estrangeiras, pode-se supor que a ideia de "atualização da obra", que o leitor inevitavelmente opera no ato da recepção de uma obra literária, prevista por Jauss, daria conta também desse entrecruzamento cultural.

Todavia, para Wierlacher, o fato de Jauss discutir prioritariamente as obras de autores alemães e utilizar largamente exemplos da literatura alemã em suas reflexões abre precedentes para que sua teoria seja vítima de críticas. Isso nunca impediu, porém, a expansão e difusão da teoria da recepção em todo o mundo.

No que se refere ao teatro, como o drama se atualiza? Pode-se afirmar que, independentemente de serem ou não estrangeiros, certos textos dramáticos solicitam atualização e tradução. Ao retomar um texto de Arthur de Azevedo, produzido no final do século XIX, por exemplo, uma atualização, que se assemelha a uma tradução, se faz necessária. Mesmo de língua para língua algo tem que ser traduzido. Por isso seria ingênuo acreditar que a teoria de Jauss não contemple esse aspecto.

A ENCENAÇÃO DE OBRAS ESTRANGEIRAS E SUAS IMPLICAÇÕES

Pode-se argumentar que os princípios teóricos – sejam da hermenêutica filosófica ou da teoria da recepção – até aqui

---

68 Ibidem, p. 29-30.

apresentados já seriam de grande auxílio para analisar a recepção de obras teatrais estrangeiras no Brasil e, mais especificamente, da encenação dos dramas de língua alemã em Salvador.

Contudo, existem ainda outras implicações a serem consideradas, quais sejam:

1. Hoje são muitos os caminhos para a construção da dramaturgia de um espetáculo teatral. Mas vale assinalar que, neste trabalho, pretende-se fazer referência sobretudo a uma das formas mais tradicionais de se conceber um espetáculo: a utilização de um texto dramático escrito por um determinado autor, em determinada época. Nesse caso, especificamente, trataremos de um texto produzido originalmente em língua alemã, traduzido e encenado em português, num contexto cultural distinto do original;

2. Para empreender a encenação de um texto estrangeiro recorre-se a uma tradução. A transposição das informações de uma língua para outra, por mais "imparcial" que possa ser, pressupõe uma interpretação de quem opera essa tradução, o que nem sempre é feito por quem vai realizar a encenação – até aí tudo se processa ainda no âmbito linguístico/literário – quando o processo de sucessibilidade de interpretações se inicia;

3. Durante o processo de encenação, essa tradução sofrerá ainda uma série de reinterpretações, seja por parte de quem a dirige ou dos actantes em geral, como atores, figurinistas, iluminadores, cenógrafos etc., dando-se prosseguimento ao diálogo entre as diferentes interpretações. Como dito acima, isso acontece com os textos dramáticos de qualquer origem, mas certamente o fato de ter sido produzido em outra cultura amplia o leque de possibilidades;

4. A apresentação do espetáculo encenado, ao contrário da obra literária que a originou, possui características do efêmero e está sujeita a sutis alterações ao se repetir, o que faz de cada apresentação teatral um momento único e irreproduzível, enquanto o suporte literário que a gerou, a obra material, se conserva "imutável";

5. Num país grande e diversificado como o Brasil, tais encenações, que já se apresentam como sucessão de interpretações, serão fatalmente marcadas por traços regionais oriundos do ambiente social onde é encenado, recurso que geralmente

colabora para uma aproximação do espectador da obra ou vice-versa. Mas até que ponto essa obra reflete os aspectos culturais de sua origem, carrega ainda consigo sua "estranheza", sua distância histórica? Quais os limites que uma adaptação, uma atualização e a encenação de um texto estrangeiro devem considerar?

Como é ressaltado por Sartingen, a recepção da encenação de obras estrangeiras não exclui o jogo entre autor e leitor/receptor previsto na teoria da recepção em todos os seus princípios até aqui discutidos.

Autores como Jörn Stückrath, Hannelore Link e Reinhold Werner, ao discutirem a encenação de obras estrangeiras, referem-se ainda a outros importantes procedimentos praticados pelos encenadores, tais como a adoção, da forma mais idêntica possível, da estrutura proposta pelo autor dramático ou a escolha por uma adaptação, como forma de preservar e transportar certo conteúdo da obra original[69].

Dessa forma, pode-se concluir que, em qualquer dos casos, a encenação conterá ainda sua "imanência, suas estruturas de apelo, as lacunas" a serem complementadas pelo espectador, considerando-se a teoria de Ingarden e Iser, quando inevitavelmente atuará seu "horizonte de expectativa" e, ao deparar-se com a "distância histórica" revelada pelos aspectos da cultura distinta da sua, se realizará a "comunicação intercultural", aspectos da teoria de Jauss e Wierlacher.

Geralmente é associado um caráter efêmero às encenações teatrais, pois são consideradas únicas, irreproduzíveis, distintas das demais obras artísticas, como quadros, filmes, obras literárias, por exemplo, que possuem materialidade, que permanecem em nossas casas e podemos rever, reler, reassistir.

Alberto Tibaji declara-se insatisfeito com a frequente associação entre teatro e efemeridade e argumenta que,

frequentemente, quando se assinala o caráter efêmero do teatro para diferenciá-lo de outras artes, há duas noções que fundamentam tal asserção: a primeira é a da identificação da obra com sua materialidade e a segunda a de que a obra teatral é a única que só acontece num determinado momento e espaço, diante do público[70].

---

69 Ibidem, p. 35-36.
70 O Objeto de Pesquisa da História das Artes do Espetáculo: Do Efêmero ao Disperso, *Anais do II Congresso da Abrace*, p. 319.

Assim sendo, em que medida argumentos como esses poderiam dificultar a possibilidade de dar prosseguimento à análise das obras teatrais em sua relação com os espectadores, com seus fruidores?

Outro argumento de Gadamer em sua obra *Wahrheit und Methode* é retomado por Tibaji para proceder a uma censura a esse pensamento. Tal argumento tem sua base na definição de "tragédia" feita por Aristóteles em sua *Poética*, que, *grosso modo*, afirma que quando o espectador sente terror e piedade, pode-se falar em tragédia, ou seja, apenas no ato da fruição, no ato catártico.

Assim, Gadamer defende que a recepção de toda obra de arte, e não apenas a de um espetáculo teatral, é acompanhada dessa característica de "ocasionalidade":

> A obra de arte não pode ser pura e simplesmente isolada da "contingência" das condições de acesso sob as quais ela se mostra, e mesmo que tal isolamento se produza, o resultado é uma abstração que empobrece o ser verdadeiro da obra. A obra pertence ela mesma ao mundo para o qual ela se apresenta.[71]

O que significa que a obra de arte só se concretiza no ato de sua fruição. Caso contrário, ela permanece "adormecida", inexiste. Assim se poderia também afirmar que a recepção de uma obra literária é tão "efêmera" quanto a recepção de uma encenação teatral.

CONCRETIZAÇÃO E ATUALIZAÇÃO DE OBRAS DE ARTE

Quando Jauss discorre sobre os fundamentos de sua teoria da recepção, especificamente sobre a "atualização de obras literárias", sobre o conceito de "concretização", ele aponta alguns caminhos para se analisar uma das implicações acima questionadas: as características regionais que, inevitavelmente, acompanham as encenações de textos estrangeiros em suas adaptações/montagens[72].

---

71 Apud A. Tibaji, op. cit., p. 320.
72 Cf. Racines und Goethes Iphigenie, em R. Warning (Hrsg.), op. cit.

Ao encenar sua *Ifigênia* na República de Weimar e ao operar uma adaptação da tragédia grega originalmente escrita por Eurípides, Goethe concebe uma humanização do mito grego ao mesclá-lo aos costumes de sua época. Cruza, implicitamente, o politeísmo grego com o monoteísmo cristão.

A decisão sobre o destino de Ifigênia, na versão goethiana, revela traços das normas do humanismo cristão de influência luterana, refletindo sobre a noção de destino irreversível, prevista na mitologia grega (*hybris*).

Utilizando críticas literárias e críticas teatrais referentes aos dramas de Racine e Goethe que repudiavam ou aprovavam a iniciativa dos dois dramaturgos, Jauss defende o recurso da atualização sob o argumento de que o uso, a referência ou a adaptação de uma ação histórica remota, numa obra de arte, ao contrário de impedir sua compreensão poderia contribuir para a "concretização" do sentido dessa mesma obra. E sua defesa é assim justificada:

> Como método e terminologia gostaria antes de observar aqui: ponho-me em acordo com a teoria fenomenológica e semiológica da arte; com um conceito de obra de W. Iser, de que a estrutura dada do texto se une à recepção ou percepção do leitor/espectador (objeto estético correlacionado à consciência deste ou daquele receptor). A estrutura virtual do texto necessita de concretização, ou seja, da apropriação de sua experiência por seu receptor, para se concretizar enquanto obra; dessa maneira a obra "atualiza sua tensão entre seu ser e nosso sentido", seu significado se constitui apenas na convergência entre texto e recepção, ou ainda, o sentido da obra de arte se configura não mais como substância temporalmente localizada, mas como obra histórica, em sua totalidade. Com o conceito de concretização não me refiro ao sentido proposto por R. Ingarden, de complementação de lacunas, de preenchimento pela imaginação de espaços indefinidos do esquema estrutural da obra, mas sim me ponho em consonância com a teoria estética do estruturalismo de Praga, que considera a obra como uma estrutura completa incluindo-se as mudanças histórico-sociais presentes no ato da recepção e através do qual se pode sempre extrair um novo caráter da obra.[73]

Com base nos comentários de Jauss sobre as críticas feitas à encenação da *Ifigênia*, de Goethe, e nos argumentos que o auxiliam na defesa de sua concepção de atualização das obras,

---

[73] Ibidem, p. 354-355.

pode-se afirmar que a aplicação da teoria da recepção literária, enquanto teoria da recepção estética, pode também auxiliar a recepção teatral e a plausibilidade da contextualização de fatos de uma cultura estrangeira em outra, como ocorre na encenação de textos de língua alemã na Bahia.

Perceba-se ainda que, na citação acima, ao referir-se ao leitor/espectador (*Leser/Zuschauer*), Jauss não propõe uma dicotomização. Leitor e espectador são considerados por ele como receptores. E, como Gadamer, ele também não faz distinção entre os efeitos da recepção de uma obra de arte, seja ela literária ou teatral. Daí a reivindicação do primeiro em ter contribuído, através da análise da recepção literária, para a teoria estética.

Embora não tenha feito uma referência direta à cultura grega como uma cultura estrangeira, pode-se também afirmar que, ao admitir e louvar a adaptação de fatos da mitologia grega na Alemanha classicista cristã, Jauss está implicitamente abordando esses aspectos.

E parece ainda mais claro ao argumentar que não se deve esperar de uma obra que tenha por trás de si fatos históricos do passado uma concretização contemporânea nos mesmos moldes e com mesmo significado que foi originalmente produzida:

> O contexto histórico da concretização de uma obra de arte deve estar em simetria com as mudanças de disposição da sua geração de receptores e condicionada a uma forma estrutural e temática pretendida para esta obra. A nova interpretação, em caso de atualização, deve abandonar também determinadas cobranças. Se a moderna forma que Goethe propôs para sua Ifigênia possuía suas razões próprias, esta forma criou condições para as mudanças do entendimento e da crítica – o que não significa que todas as novas tentativas de atualização também consigam romper estas fronteiras.[74]

CONTRIBUTOS PARA UMA ESTÉTICA DA RECEPÇÃO TEATRAL

Pode-se afirmar que muitos princípios da teoria da recepção literária e da hermenêutica filosófica, até aqui discutidos, são

---
74 Ibidem, p. 360.

passíveis de aplicação às ciências teatrais e já integram um conjunto relevante de reflexões. Essas reflexões, que pontuam o desenvolvimento do teatro, sempre levaram em conta o caráter fenomenológico da relação obra/espectador, e encontram-se relativamente dispersas na teoria produzida sobre o teatro. Embora constituam um eixo investigatório relevante, que já se faz presente em várias instituições de ensino superior que se dedicam às ciências do teatro em diversos países, ainda não ocupam um número significativo de artistas/pesquisadores das artes cênicas no Brasil.

Não se pode afirmar, contudo, que tais reflexões sejam privilégio da contemporaneidade, no Brasil ou fora dele.

Mesmo não se dispondo de uma metodologia para análise das encenações – o que, de certa forma, é hoje suprido pela semiótica –, a relação espetáculo/espectador continua a ser analisada enquanto fenômeno de comunicação, emprestando de outras disciplinas as ferramentas necessárias para isso.

A semiótica do teatro – que tem suas raízes na teoria semiótica fundada por Peirce e na semiologia de Saussure, pensada no âmbito da linguística e da literatura –, disciplina que ocupou vários teóricos das artes cênicas especialmente no final do século xx, causando certo *frisson*, deu também sua colaboração para o entendimento do fenômeno da recepção teatral enquanto fenômeno de comunicação.

Os métodos e conceitos dessa disciplina ajudaram a classificar e ressaltar a complexidade e a pluralidade sígnica nas artes cênicas. Todavia, pode-se afirmar que as obras de semiologia do teatro, traduzidas ou produzidas no Brasil e aplicadas no âmbito acadêmico, assim como seus desdobramentos, revelam-se desatualizadas e ignoram questões importantes para o entendimento da relação espetáculo/espectador, especialmente no que se refere à experiência estética, que sempre foi pensada no âmbito da filosofia.

Ao analisar os espetáculos teatrais e ao explicar sua pluralidade sígnica, seu intercâmbio de funções, sua polivalência, sua variação de contextos, sua denotação/conotação, a semiótica permanece na fronteira e enclausura o universo de significação no âmbito da plasmação. Embora tenha tentado se libertar desse enclausuramento, quando passou a valorizar o espectador, ainda assim continuou a operar o enclausuramento do sentido.

No entanto, não se pode dizer que a semiótica do teatro, em sua existência como disciplina, tenha ignorado a relação espetáculo/espectador.

Autores como Fernando de Toro, Marco De Marinis, Erika Fischer-Lichte, Umberto Eco, Anne Ubersfeld, entre outros, que produziram obras sobre o tema, especialmente na década de 1980 – época em que a semiótica alcançava seu apogeu e mobilizava vários teatrólogos em diferentes países, especialmente na Europa –, dedicaram parte dessas obras ao fenômeno da recepção teatral. Para isso, recorreram às teorias sociológicas e antropológicas, e até mesmo à hermenêutica (o que pode parecer contraditório), como forma de legitimar certas asserções.

As encenações teatrais em sua relação com o público, da forma como são apresentadas todos os dias no mundo inteiro em sua diversidade de gêneros, estilos etc., impõem uma série de dificuldades para a construção de modelos, de métodos que possam investigar e esgotar considerações sobre o universo receptivo.

A gama de interpretações desencadeada na relação espetáculo/espectador certamente fugiria ao controle de qualquer investigador que tentasse fazer um mapeamento de tamanho alcance. Perseguir tal objetivo pode se revelar demasiado presunçoso, para não dizer demasiado ingênuo.

Como se pode verificar, a teoria da recepção literária, ainda que tenha procedido à análise de algumas obras tomadas como exemplo, jamais pretendeu fazer um mapeamento das interpretações geradas pelo contato de um universo de leitores com esta ou aquela obra literária.

A tentativa de colher a opinião de espectadores no que tange à recepção, numa abordagem direta por meio de questionários pré-elaborados e amostragens, pode revelar certa eficiência em relação a um determinado objetivo, mas não respaldaria uma investigação que se pautasse em conclusões de caráter mais abrangente, de caráter fenomenológico. Tal impossibilidade comprovaria, ainda, a legitimidade de uma hermenêutica equivocista.

Contudo, os problemas relacionados à recepção, por si só, ganhavam autonomia e vários autores que até então se dedicavam aos tratados de semiótica do teatro passaram a dedicar-se a obras que abordam exclusivamente a relação teatro/público.

Dois exemplos notáveis são Erika Fischer-Lichte, na Alemanha, que escreveu *Die Entdeckung des Zuschauers* (Descoberta do Espectador), e Anne Ubersfeld, na França, que escreveu *L'École du spectateur* (Escola do Espectador).

De forma similar, a discussão sobre interculturalidade é imposta pela migração constante de diferentes povos a diferentes países, especialmente à Europa e aos Estados Unidos, assim como pela diminuição das distâncias no mundo contemporâneo promovida pelos avanços tecnológicos.

Esses temas começam a criar interesse, a se expandir e a ganhar autonomia a ponto de, praticamente, se desvincularem da teoria semiótica. Mas alguns semioticistas insistem em designar relevância à recepção, num empenho tardio que se assemelha a um *mea culpa*.

A obra sinóptica de Marvin Carlson, *Teorias do Teatro: Estudo Histórico-Crítico, dos Gregos à Atualidade*, tece comentários gerais sobre as novas teorias produzidas no âmbito das artes cênicas e oferece um panorama das ideias de autores europeus e americanos, o que será abordado no próximo capítulo.

Antes do panorama, será analisada a forma como a semiótica procura incluir a recepção em seu horizonte teórico.

O LUGAR DA RECEPÇÃO NA SEMIÓTICA TEATRAL

Um dos conceitos mais explorados e de maior impacto da semiótica do teatro é o de "mobilidade do signo teatral", que tomou emprestado das bases do conceito de signo desenvolvido pela semiótica no âmbito da linguística e da literatura, especialmente da vertente ligada a Peirce, em que o "interpretante" tem lugar relevante no ato comunicativo.

Isso equivale a dizer que o signo no teatro possui quase sempre uma diversidade genuína de sentidos e que cada um deles pode possuir uma infinidade de significações. Porém, mesmo essa diversidade parece limitar os sentidos ao âmbito da obra de arte, predominantemente do ponto de vista da realização, da plasmação.

A pluralidade sígnica no teatro é característica de sua plasmação, o que, por sua vez, também se alcança em sua recepção.

Não significa, entretanto, que isso seja uma exclusividade das artes cênicas.

Os tratados de semiótica do teatro, quase em sua maioria, como se pode verificar ainda hoje, se ocuparam em relacionar e classificar o sistema de códigos presentes nas diferentes encenações, tais como: os gestuais, os sinestésicos, os linguísticos, os paralinguísticos, os cenográficos (integrando os elementos de cena), os de caracterização (as máscaras, os figurinos), os musicais (incluindo efeitos sonoros), os de iluminação etc.

Esse pode ser considerado um importante passo, pois até então as ciências teatrais se dedicavam prioritariamente às análises semióticas dos códigos contidos nos textos dramáticos, sem levar em conta a encenação desses textos, suas reinterpretações ou a possibilidade de uma diversidade de releituras, de reinterpretações.

Desde que a encenação passou a ser considerada e se empreendeu a sistematização dos signos no seu contexto, a discussão avançou para os conceitos de natureza, formatividade, conteúdo e função das encenações. Contudo, a ênfase na relação espetáculo/espectador se impunha, se tornava necessária, questão para a qual a semiótica estava atenta, já havia abordado, mas, salvo algumas exceções, nunca aprofundadamente.

A teoria da recepção literária, especialmente no que se refere a Jauss, como dito antes, desde o final da década de 1960 já se referia à relevância dos mecanismos da recepção, da relação obra/receptor em seu contexto cultural, histórico e social.

Na teoria do teatro, produzida anteriormente à semiótica, a relação espetáculo/espectador já havia merecido ênfase de alguns filósofos, teóricos e teatrólogos, ainda que episodicamente, em diferentes momentos de sua história, chegando mesmo a nortear algumas transformações de caráter estilístico.

Ao escrever *Semiótica y Teatro Latino-Americano* (Semiótica e Teatro Latino-Americano), em 1990, Fernando de Toro dedicou especial atenção aos problemas dos modelos comunicacionais que se baseiam na recepção e se dedicou também à investigação da possibilidade de adaptação de modelos sociológicos em sua interação com a representação teatral.

Para ele, a discussão despertada por Georges Mounin, no final da década de 1960, que coloca o público como parte envolvida nos processos comunicativos, revelou-se muito apropriada, no entanto indaga se não haveria uma maneira mais frutífera de prosseguir com esse tipo de investigação.

Assim, ele passa a criticar a concepção de comunicação teatral que se baseia no modelo clássico da semiologia e da antiga teoria da informação/comunicação, especialmente o modelo de Keir Elam descrito em sua *Semiotics of Theatre and Drama* (Semiótica do Teatro e do Drama), de 1980, em que dramaturgos, diretores, cenógrafos, compositores, técnicos seriam as *fontes* que agem como transmissores, sinalizadores, canais para as *mensagens*, para os *códigos* que atingirão os *receptores*, provocando emoções, aplausos, assovios, burburinho etc. Toro considera esse modelo extremamente unilateral, por conceber o público como passivo, como vítima das "ricas emissões semânticas" dos dramaturgos/encenadores/atores.

Entretanto, ao tentar aprofundar a questão, ele se dedica à descrição de um processo de ensaio, discutindo o papel do diretor e do ator numa fictícia relação com um espectador, isto é, continua preso ao âmbito da plasmação, ao universo do autor, revelando que, apesar do interesse, a complexidade da abordagem parece intransponível.

O autor conclui a breve parte de sua semiótica dedicada à recepção, argumentando que seu objetivo seria mais de levantar questões do que respondê-las e refere-se a outros autores que se dedicam ao tema e que já teriam avançado na discussão, dentre os quais o italiano Marco De Marinis, aluno de Umberto Eco, que dedicou-se à semiótica do teatro, tendo produzido várias obras sobre o tema. Em 1999, ele propõe uma investigação com base em uma "nova teatrologia, livre do preconceito textocêntrico", dos vícios que a *Theaterwissenschaft*[75] originou, setorizando e fragmentando a teoria e a história do teatro.

Para De Marinis, o teatro deveria ser analisado como história global, de forma mais orgânica e integrada e não parcialmente, como, segundo ele, ocorreria até então. Isso soa bastante contraditório, posto que nenhuma outra disciplina dedicou-se tão intensamente a uma classificação, a uma fragmentação dos elementos de significação do espetáculo como a semiótica.

---

75 De Marinis utiliza o termo *Theaterwissenschaft* (ciências do teatro) numa provável referência crítica aos autores, obras e instituições alemãs que se ocupam dos estudos do teatro, associando a eles um caráter conservador.

Na obra, dividida em duas partes, a primeira é dedicada à recepção, justificando o caráter interdisciplinar que a semiótica do teatro assumira desde sua fundação, nos anos de 1931 a 1941, quando Otakar Zich estudou e classificou os vários tipos de signos teatrais, iniciativa que indiretamente contou com a contribuição de vários outros estudiosos de Praga, como Piótr Bogatirióv, Jindřich Honzl, Jiří Veltruský, Jan Mukařovský e Karel Brusak. Esses autores investigaram e classificaram os signos presentes em distintas manifestações, que iam do folclore da Europa Oriental, passando pelo teatro chinês, pelos métodos de treinamento de atores, até chegar ao cinema.

Segundo De Marinis, desde os anos de 1930, a mobilidade do signo teatral era discutida, mas apenas no início da década de 1970 a semiótica teatral ganharia novo impulso, mostrando sua capacidade de expansão, quando passou a considerar a diversidade de possibilidades que acompanha o evento teatral dentro do universo cultural, não apenas como fenômeno de significação, mas também de comunicação.

Esse impulso teria consolidado a semiótica teatral enquanto disciplina e, desde então, vários outros autores deram suas contribuições, a exemplo do francês Roland Barthes, que considerava o teatro um objeto semiológico privilegiado, ou do polonês Tadeusz Kowzan, que chamou a atenção para a diversidade de signos em interação com o tempo-espaço. Esse era um aspecto inusitado, pois, desde sua consolidação enquanto disciplina, semioticistas se ocuparam prioritariamente com uma classificação, espécie de catalogação dos diferente signos do teatro.

De Marinis, na Itália; Fischer-Lichte, na Alemanha; André Helbo e Régis Durand, na Bélgica; Díez Borque, na Espanha; Patrice Pavis e Anne Ubersfeld, na França; Keir Elam, na Inglaterra; Tadeusz Kowzan, em Varsóvia; Aloysius van Kesteren, na Holanda; Fernando de Toro, na Argentina – só para citar os autores mais referidos –, apressaram-se em produzir, cada um a seu modo, suas semióticas. Alguns desses autores atuaram apenas como organizadores de obras, sem desenvolver uma teoria própria.

No Brasil, J. Guinsburg, J. Teixeira Coelho Netto e Reni Chaves Cardoso traduziram e organizaram a obra *Semiologia do Teatro,* publicada em 1988, resultado de um seminário realizado pela Escola de Comunicação e Artes (ECA-USP) em 1973, chamando a atenção, contudo, para o caráter introdutório da obra.

Ao atualizar a evolução da semiologia do teatro, De Marinis expõe as peculiaridades de vários autores, mas assinala o fato de todos eles terem em comum a abordagem dos seguintes pontos, como horizonte de investigação:

1. processos de ensaio e a respectiva encenação;
2. tipologia do signo e do código teatral, específico e não específico;
3. a hierarquia e a relação dos códigos que constituem a estrutura textual da encenação;
4. a segmentação do *continuum* espetacular;
5. o mecanismo teatral de produção e de estabilização de um determinado sentido. [76]

Na segunda metade da década de 1970, segundo De Marinis, a semiologia enfrentaria certa dificuldade diante da análise do gênero performance, a exemplo das apresentações do Living Theatre.

O tipo de apresentação que se tornava cada mais frequente nas cenas de diversos países não poderia continuar sendo ignorado pela semiótica, apesar do seu caráter singular de ocorrência. Além disso, em sua origem, as performances apresentavam dificuldades no acesso aos objetos materiais, como documentação, fotos, textos dramáticos etc.

Até então esse tipo de suporte era grande auxiliar das análises semiológicas. Somente através dela se poderia proceder à reconstituição e análise de sentidos. Ou seja, as análises eram baseadas num aporte descritivo/transcritivo/reconstrutivo, ligado ao teatro "tradicional".

Dessa dificuldade desenvolveram-se os conceitos de "texto teatral", proposto por Évelyne Ertel em 1977, de "representação como texto", proposto por Ubersfeld em 1981, de "texto espetacular", proposto por Franco Ruffini, e de "texto performance", proposto por Keir Elam. Esses conceitos se referiam às encenações que não optavam por um texto dramatúrgico pré-existente, e cujo "texto" se construía à medida que o espetáculo

---

76 *Capire il teatro*, p. 20-21.

se realizava. Esses conceitos se estenderam, posteriormente, a todo e qualquer tipo de encenação, quando se conclui que o espectador também cria o seu "próprio texto" a partir do texto encenado.

Desde então os pesquisadores dedicados à semiótica teatral teriam alargado o campo de investigação, passando a considerar o espetáculo em seu contexto comunicativo, já que não dispunham mais de um aporte dramático "literário", linear, para proceder às suas análises. Entretanto, outras disciplinas, como a antropologia cultural e a teoria da comunicação, por exemplo, já haviam despertado para esse fenômeno e já vinham tecendo considerações sobre a dinâmica da ação/recepção.

Assim, alguns semioticistas trataram de complementar suas definições para aderir à nova tendência, ao mesmo tempo que assumiam o caráter interdisciplinar, que também passou a dominar as pesquisas acadêmicas de forma mais marcante nas últimas décadas.

Ao atualizar sua obra/semiótica, De Marinis enfatiza a relação teatro/espectador, o valor semântico, estético e emotivo do teatro, referindo-se a um novo objeto teórico, qual seja, a bidimensionalidade dessa relação.

Para isso, se apoia no conceito de "manipulação" desenvolvido por Greimas e Courtés, em 1979, que se refere a uma "manipulação do espectador pelo espetáculo". De Marinis salienta, contudo, que, em tal conceito, não há a conotação negativa no sentido ideológico-político, e sim que ele carregaria um sentido de "persuasão", de uma possível sedução, feita de modo deliberado pelo emitente autor da obra teatral.

Essa emissão não seria também uma transmissão pura e simples da informação, mas tratar-se-ia de um fazer-crer, o que exigiria uma participação ativa do espectador, o transformaria – como definiu Anne Ubersfeld –, em um "coprodutor autônomo" do espetáculo, num "sujeito agente", como define Greimas, ou num "sujeito dramatúrgico", como sugere o próprio De Marinis:

Assim se pode falar, e não metaforicamente, de uma dramaturgia (ativa) do espectador, referindo-se às várias ações/operações receptivas que compõem o teatro: percepção, interpretação, apreciação estética, entre outras coisas. De fato, é apenas graças a tudo isso que o texto espetacular atinge sua plena existência dramatúrgica em nível estético, semântico e comunicativo.[77]

Ao mesmo tempo que introduz a noção de "sujeito dramatúrgico", e ao admitir a bidimensionalidade da relação espetáculo/espectador, conferindo a este último um *status* que raramente tivera lugar em sua semiótica, De Marinis retorna ao seu antigo conceito de "espectador modelo", definido em 1982, e que, por sua vez, foi inspirado na noção de "leitor modelo" proposta por Umberto Eco, em 1979. Ainda segundo o teórico, o conceito, em sua primeira versão, havia gerado uma compreensão equivocada, pois havia sido concebido e apresentado como hipótese e integrava a categoria metalinguística da teoria. Contudo, como ele próprio afirma, o "leitor modelo" de Eco é um desenvolvimento da noção de "leitor implícito/ideal/virtual", prevista na teoria de Rifaterre, Iser, Fish e Culler, entre outros, noção essa que já havia sido vítima de várias críticas – o que já foi abordado anteriormente –, por conceber o processo receptivo com base em informações pré-determinadas ou em "lacunas" deixadas pelo autor.

De Marinis prossegue em defesa do seu conceito, até admitir que, embora não tenha pretendido restringir o espectador a uma condição de passividade absoluta, a noção de "espectador modelo" não poderia, por outro lado, integrar a recepção teatral em sua completa e real dinâmica. Daí a necessidade de dedicar-se à defesa da criação de um modelo de recepção que possa ser "redefinida no objeto e no método e que possa aspirar-se como epistemologia e propedêutica da nova teatrologia"[78].

E para que isso ocorra, ele observa que a tentativa de modelização do ato receptivo no teatro não pode ignorar as três principais dimensões próprias da recepção, quais sejam:

1. os pressupostos do ato receptivo (ativação lógica, epistemológica e comportamental);
2. processos e subprocessos que compõem as operações receptivas (reação interpretativa, o que é e como se realiza a interpretação, processo cognitivo e processo emotivo,

77 Ibidem, p. 26.
78 Ibidem, p. 30.

operações de valorização e apreciação estética, funcionamento da memória e recordação);
3. seus resultados (compreensão que o espectador construiu nos níveis semântico, estético e emotivo).[79]

Os capítulos seguintes de sua obra, ainda na primeira parte, De Marinis dedica à abordagem, sob um viés semiótico, da história do teatro, da sociologia (inclusive do espectador e da recepção) e da antropologia.

No último capítulo da segunda parte, intitulado "Interpretação e Emoção na Experiência do Espectador", ele retorna ao tema da recepção ao propor uma "teoria semiótico-cognitiva da experiência teatral". Para isso, são citados vários autores ligados à psicologia, os quais, com suas teorias, o auxiliariam na criação de um modelo de "classificações das emoções".

Apesar de considerar que a recepção, especialmente a última dimensão (dos resultados), não pode ser ignorada por uma "nova teatrologia", De Marinis não propõe um procedimento, uma metodologia de investigação, para a análise e classificação das emoções desencadeadas no processo receptivo. Ele conclui que suas propostas teriam ainda um caráter embrionário, apesar de já ter abordado tais questões em outra de suas obras, quando especulou sobre os pressupostos básicos da recepção no teatro.

Como operar, então, tais investigações, tais classificações? Seria possível fazê-las sem um confronto direto com o público? Qual seria a efetiva contribuição de tal classificação para a teoria do teatro, no que se refere à sua relação com o espectador? Em que medida uma investigação como essa poderia contribuir para um melhor entendimento do lugar do teatro no mundo contemporâneo e, consequentemente, do espectador nesse teatro?

Não se pode deixar de reconhecer a contribuição das classificações dos signos teatrais para a compreensão do teatro enquanto manifestação artística. Mas será que uma classificação das emoções e demais sentimentos desencadeados na recepção ajudaria também a compreender o espectador em sua relação

[79] Ibidem, p. 28-33.

com o espetáculo? Em caso positivo, como se poderia proceder essa separação entre sentido, interpretação, compreensão? Pertenceriam tais categorias a fases distintas de um mesmo ato comunicativo? Não estaria De Marinis, dessa forma, propondo também, embora involuntariamente, o retorno a uma discussão que atravessou dois milênios e que hoje se pode tentar um entendimento, através da hermenêutica ontológica, e que ele parece ignorar? Quão frutífera seria essa divisão psicologizante da recepção, característica contra a qual autores como Husserl, Heidegger, Gadamer, Merleau-Ponty, em suas hermenêuticas e fenomenologias, sempre procuraram manter integradas?

Quando organizou sua *Semiotik des Theaters* (Semiótica do Teatro), em 1983, Erika Fischer-Lichte dividiu sua obra em três volumes: o primeiro foi dedicado a uma organização dos sistemas dos signos teatrais, com ênfase em sua mobilidade e polifuncionalidade; o segundo, à análise dos signos "artificiais" e "naturais" na representação, no período que compreende o barroco até o Iluminismo – quando se iniciou o estilo ilusionista burguês, até desaguar no movimento vanguardista; o terceiro, aos princípios e métodos para desenvolvimento das análises de encenações modernas, para a compreensão da transformação do texto dramático literário em texto dramático, assim como a uma discussão hermenêutica do texto teatral[80].

Interessante notar que, já no primeiro volume, na introdução intitulada "Teatro Como Sistema Cultural", a autora procura chamar a atenção para o fato de que o processo de produção e recepção, nas apresentações teatrais, ocorrem de forma sincrônica.

Ela defende que os espectadores formam mais que uma parte constitutiva da apresentação teatral e enfatiza o óbvio: sem espectador não há apresentação, sem apresentação não há signo. E apesar de, nos cinco capítulos de sua obra, dedicar-se longamente a uma rebuscada classificação dos inúmeros signos da engenharia teatral, ela adota o conceito de teatro definido por Eric Bentley, em 1965: o teatro é composto dos mínimos pressupostos, um sujeito A, que incorpora X, enquanto é assistido

---

80 Entenda-se por texto teatral, neste contexto, a encenação em si e não o texto literário que origina as encenações. Possui o mesmo sentido de *representação como texto*, proposto por Ubersfeld, *texto espetacular*, proposto por Ruffini, ou *texto performance*, proposto por De Marinis, anteriormente mencionado.

por s. Assim, para Fischer-Lichte, em suas considerações estariam incluídas todas as formas de atividades teatrais produzidas nas mais diversas culturas e não apenas aquelas consagradas e divulgadas dos países ocidentais e orientais.

Ainda sobre os sistemas de produção de signos culturais, outro aspecto importante é abordado na sua introdução, ao afirmar que a cultura é refletida no teatro em sentido duplo, pois este a reproduz e a apresenta associada a uma reflexão consciente.

Há, assim, uma duplicação da cultura, e os signos ali apresentados denotam o sistema cultural a que correspondem. Esses signos só podem ser entendidos e interpretados por quem os conhece, por quem participa desses sistemas culturais, o que equivale a dizer, em última análise, que são produzidos pelo receptor.

No volume três da sua *Semiotik*, no subitem intitulado "Hermeneutik des theatralischen Textes" (Hermenêutica do Texto Teatral), Fischer-Lichte reforça algumas de suas ideias que já haviam sido defendidas em um artigo escrito em 1979, "Bedeutung – Problem einer semiotische Hermeneutik und Aesthetik" (Significado – Problemas de uma Semiótica Hermenêutica e Estética), no qual ela justifica a necessidade inevitável da aplicação da teoria gadameriana da compreensão à teoria semiótica, o que – como já foi discutido–, em termos, havia sido feito por Jauss no âmbito das ciências literárias.

Assim, a autora defende que, se for considerado que produção e recepção no teatro acontecem reciprocamente, que nesse processo ocorre a constituição de sentido, então também se pode afirmar que se trata de uma teoria da compreensão, a qual, por sua vez, pressupõe um método de entendimento, o que remete à hermenêutica. Para ela, avançar nessa discussão requer ainda o entendimento da categoria da hermenêutica gadameriana denominada de "pré-conceito", já comentada.

Ao cruzar semiótica com hermenêutica, Fischer-Lichte parece ignorar a observação feita por Foucault e retomada por Beuchot, de que a semiótica e a hermenêutica seriam duas grandes inimigas, pois

uma hermenêutica que se funde à semiologia tende a crer na existência absoluta dos signos: abandona a violência, o inacabado, a infinitude das interpretações, para fazer reinar o terror do índice e o suspeitar da linguagem. Ao contrário, uma hermenêutica que se desenvolve sobre si mesma, entra no domínio das linguagens que não deixam de implicarem a si mesmas, nessa região intermediária entre a loucura e a pura linguagem. É nesse sentido que reconhecemos a Nietzsche[81].

Contudo, as asserções nietzschianas, até aqui em parte reproduzidas por Foucault, pretendem instaurar um permanente estado de vigilância diante das verdades que nos são apresentadas, lembrando que, diante delas, e especialmente no que diz respeito ao teatro, podemos indagar: como é possível conceber a compreensão de uma encenação se o receptor, por uma série de razões, concebe outro entendimento que não aquele do "emissor"? É possível ao receptor compreender o autor "mais" do que pode ele mesmo? E, no caso da encenação de uma obra dramática originalmente produzida em outra língua, em outra cultura, como o tradutor, o encenador e, por último, o espectador compreendem essa obra? Como, em casos como esses, se pode acusá-los ou louvá-los por terem procedido a uma interpretação, a uma leitura equivocada ou bem-sucedida? E quais seriam os critérios para julgar tais equívocos e sucessos? Até que ponto uma obra dramática propõe um sentido verdadeiro, constitutivo, imanente? Como alcançar esse sentido, primeiro como encenador, depois como público? Como dedicar-se à recepção, ao jogo de correlações entre estímulo e resposta, sem considerá-los como meras trocas de informações? Parafraseando Merleau-Ponty, como considerar os termos nos quais um discurso pode "retornar às coisas mesmas"?

ESTÉTICA, COMUNICAÇÃO, RECEPÇÃO E SENSIBILIDADE

Ao organizar a obra baseada em textos de diferentes autores, apresentados inicialmente como comunicações no seminário As Formas do Sentido, realizado em Salvador no ano de 2000, Monclar Valverde defende que uma "estética da comunicação" deve se pautar no "desenvolvimento de um modo de

---

81 Foucault apud M. Beuchot, El Imperio de la Hermenéutica..., op. cit., p. 17.

abordagem em que os aspectos pragmático, plástico, semântico e sociotécnico sejam igualmente considerados, segundo padrões da experiência contemporânea"[82].

O autor adverte que, "mais um campo do que uma disciplina", a "estética da comunicação" não teria fronteiras muito nítidas e, por isso, certo caráter interdisciplinar ou tráfico interdisciplinar caracterizaria esses estudos que procuram cotejar os distintos modos de expressão na contemporaneidade.

Apesar das reflexões ligadas a esse campo de estudos terem sua origem e permanecerem voltadas sobretudo à crítica da cultura de massa ou da cultura das mídias, das quais o teatro supostamente se excluiria (mas aos quais, por outro lado, sempre se associa), algumas considerações relacionadas à "Recepção e Sensibilidade" (título do seu artigo na referida obra) são de grande pertinência e valor para este trabalho, por serem passíveis de aplicação à experiência estética como um todo, o que se pode dizer da relação espetáculo de teatro/espectador.

Como Gadamer, Valverde chama a atenção para o equívoco da aplicação das "tradicionais teorias das belas artes" aos fenômenos, aos produtos culturais contemporâneos.

Além disso, critica o uso de determinados modelos de análise pautados na semiologia, na semiótica, na teoria da informação, na psicanálise ou nos estudos culturais, por ofuscarem ou mesmo ignorarem o "aspecto estético" dos referidos fenômenos. Por isso ele defende

a ideia de que o desenvolvimento da estética da comunicação deve ter em vista as contribuições de autores cuja reflexão foi elaborada em várias áreas de estudos desenvolvidas em nossa época, como a hermenêutica filosófica (Heidegger, Gadamer, Ricoeur, Vattimo), a teoria da *Gestalt* e a fenomenologia da percepção (Arnheim, Merleau-Ponty, Dufrenne), a estética da formatividade (Pareyson, Eco), a estética da recepção (Jauss, Iser), a midiologia (tanto no sentido de McLuhan quanto no de Debray) e a pragmática da comunicação (no sentido da filosofia da linguagem ordinária, desenvolvida na tradição de Wittgenstein, Austin e Searle, mas mais ainda no sentido conferido a essa expressão pela chamada escola de Palo Alto)[83].

---

82 O Campo da Estética da Comunicação, em M. Valverde (org.), *As Formas do Sentido*, p. 9.
83 Ibidem, p. 9-10.

Como se pode verificar, à exceção do que se refere à midiologia, os autores e ideias apontados por Valverde, direta ou indiretamente, foram abordados até aqui, o que se coaduna ainda à sua tese de que o efeito direto da "leitura" de um determinado produto cultural não deve ser o único aspecto a ser considerado pela recepção, o que também foi proposto por De Marinis.

Apesar da teorização da relação obra/receptor poder ser identificada desde a Grécia antiga (certamente não nos mesmos moldes de hoje), autores como Fausto Neto afirmam que o campo da recepção consiste em um fenômeno recente.

Se, no entanto, os estudos de recepção podem ser considerados estudos recentes, o mesmo não se pode dizer dos estudos sobre a experiência estética. Ao discorrer sobre conceitos como o de sensibilidade, gosto e percepção, incluindo aspectos do pensamento ocidental sobre intuição sensível e experiência estética, Valverde assinala que as questões ligadas ao cognitivo e ao afetivo, ao real e ao ideal são discutidas desde a Grécia antiga.

E descreve assim seu desenvolvimento:

1. A discussão fundante surge exatamente com o teatro, através da *Poética* aristotélica e da definição de catarse;
2. Outra importante contribuição teria surgido no Renascimento, através das artes plásticas e da técnica perspectivista, que trouxe uma nova "colaboração entre sensibilidade e pensamento, e de uma visão da arte como forma particularmente instrutiva de mediação, entre dados dos sentidos e indagação teórica;
3. Mesmo diante da constatação de que as reflexões estéticas habitariam o reino, a região das "ideias confusas", a próxima contribuição relevante teria surgido a partir de Baumgarten, que pode ser considerado o criador da estética enquanto disciplina, mesmo que ele a tenha considerado como "gnosiologia inferior";
4. Descartes e Hegel, ao abordarem a "beleza artística e a objetividade racional", e particularmente Hegel ao eleger a "poesia como arte absoluta", operarão uma valorização do discurso verbal, em que o "material sensível se nega como tal, para se tornar "o meio da 'extrinsecação' do espírito ao espírito";
5. Kant, ao aliar a sensibilidade ao entendimento, discutirá nossa "capacidade de receber representações, graças à maneira como somos afetados pelos objetos", e assim excluirá a discussão da esfera das ciências ou da organização artística à qual o "sensível" esteve sempre associado. Apesar disso, sua discussão, no que diz respeito ao plano artístico, vincula os aspectos ativo (produtivo) e

passivo (receptivo) da sensibilidade ao abordar o "conceito do que deve ser a obra e as condições socioculturais que caracterizam o gosto do público que vai recebê-la";
6. Os pensadores ingleses, tais como Hobbes, Locke e Hume, ao combinarem sensibilidade e "engenho" para caracterizarem a criatividade artística, tornarão o critério de "apreciação e julgamento mais flexível, entre a rigidez da 'vocação' medieval e o irracionalismo do 'gênio' romântico".[84]

Segundo Valverde, a partir dos pensadores ingleses teriam sido abertos os caminhos para que regras passassem a ser reconhecidas e prescritas de modo moralizante, características verificadas especialmente no movimento materialista, progressista e cientificista do século XVIII.

O século XX se caracterizaria tanto pelo anseio vanguardista – que surge como uma tendência que arroga para si um "avanço na sensibilidade" capaz de libertar quando a capacidade do artista foi considerada superior à capacidade do sujeito mediano – quanto pelo modernismo, que critica o modo perceptivo do público, baseado na emoção. E ainda o pós-modernismo, que, pautado numa suposta estética hipermoderna, oriunda das poéticas digitais, quer banir do processo de recepção a capacidade da massa "ignara" de gosto médio. E conclui:

os estudos sobre recepção afastaram-se da dinâmica significante, deixando escapar, assim, todo um campo de motivações que envolve necessariamente a compreensão do modo como somos afetados no processo comunicacional. Voltar-se para o estudo desses aspectos menosprezados será, provavelmente, um modo de fazer avançar essa área de investigação[85].

ALGUMAS REFLEXÕES SOBRE OS MODOS DE RECEPÇÃO DO TEATRO CONTEMPORANEAMENTE

Fischer-Lichte, ao dedicar-se à análise do gênero performance, ao teatro como modelo cultural, oferece algumas pistas de como tecer considerações sobre as atuais experiências

84 Recepção e Sensibilidade, em M. Valverde (org.), op. cit., p. 23-27.
85 Ibidem, p. 29.

estéticas, suscitando alguns aspectos até então menosprezados pela teoria das artes cênicas[86], como reivindica Valverde acima[87].

Para a autora, o gênero performance – embora tenha se desenvolvido nas últimas cinco décadas, especialmente através dos movimentos vanguardistas, como o dadaísmo e o futurismo, e também através dos movimentos de vanguarda americanos – só teria realçado certo "modo performativo", já que esse modo é intrínseco à produção artística de cada cultura e se reflete especialmente nessa relação obra/espectador.

Segundo Fischer-Lichte, o filósofo da linguagem John L. Austin teria dado grande contribuição para a compreensão desse fenômeno, ao articular pela primeira vez, na década de 1950, no âmbito da filosofia da linguagem e de forma revolucionária, a ideia de que uma função performativa incorpora, além da função referencial, a linguagem.

Como foi discutido anteriormente através do pensamento de De Marinis e de Ubersfeld, Fischer-Lichte também crê que a adoção crescente desse "modo performativo" nas performances, que, ao contrário das tradicionais encenações teatrais, estabeleceu seu tempo como "o tempo real da sua execução", teria redefinido o papel do espectador,

uma vez que a função referencial tinha perdido a sua prioridade, os espectadores já não precisavam procurar significados preestabelecidos, nem lutar para decifrar possíveis mensagens formuladas na performance. Em vez disso, se encontravam numa posição que lhes permitia observar as ações desempenhadas diante dos seus olhos e ouvidos como materiais, e deixar os olhos vaguear por entre as ações desempenhadas simultaneamente. Assim, contemplar viu-se redefinido como uma atividade, como um fazer, de acordo com os seus padrões particulares de percepção, com as suas associações e memórias e com os discursos dos quais tivessem participado[88].

---

86 Cf. Performance e Cultura "Performativa", *Revista de Comunicação e Linguagens*, n. 24
87 Vale lembrar, contudo, que a reivindicação de Valverde se refere especialmente às armadilhas que algumas poéticas de vanguarda criaram e que colaboraram para o estabelecimento de um abismo entre autor/receptor, pautado na ideia da impossibilidade do "ignaro" receptor alcançar o sentido proposto pelo "genial" autor.
88 Performance e Cultura "Performativa", op. cit., p. 149.

Para a pesquisadora, o Acontecimento Sem Título[89], quando se concentrou em uma função performativa, contribuiu para redefinir os demais modos de produção da arte e não apenas o teatro. O desenvolvimento do gênero performance, do "modo performativo", teria, segundo ela, trazido consigo vários elementos para a reflexão sobre o processo de comunicação teatral, por diferir do processo de recepção em outras formas de arte, por sua fugacidade, pela impossibilidade de se revisitar o artefato para se buscar/resgatar/restabelecer/checar o sentido.

No entanto, como foi mostrado por meio de Tibaji, esse seria um argumento frágil, visto que o caráter fugaz reivindicado pela autora como exclusivo do gênero performance integraria qualquer ato fruitivo. O que permanece para o fruidor, o que de fato o atinge, advém do desvelar-se da obra, da atmosfera estabelecida no contato com ela e vice-versa.

A revisitação de obras artísticas – que, segundo alguns autores, não se aplicaria à performance, por seu caráter irreprodutível – não exclui a possibilidade de que elas sejam novamente assistidas através de registro videográfico, por exemplo. Mas, certamente, não será a mesma obra, perderá sua "aura".

Essas revisitações podem ser um auxílio para pesquisas de caráter investigativo, especialmente para aqueles que puderam assistir às performances ao vivo.

Não se pode deixar de reconhecer, todavia, o quanto a adoção do "modo performativo" a que se refere a autora contribui para as conjecturas dessa relação eu/outro no âmbito das artes e, especificamente, no teatro.

Ao salientar que a performance promove de forma mais intensa as construções subjetivas tanto dos *performers* como dos espectadores, por acarretarem uma incidência maior de interpretações divergentes, Fischer-Lichte reivindica uma "potencial utopia" para o estilo e assevera que os artistas dedicados a esse gênero colocam em xeque a distanciação estética enquanto princípio e seu conceito tradicional. Ela se apoia

---

89   Evento promovido por John Cage durante o curso de verão de 1952 no Black Montain College, do qual participaram o pianista David Tudor, o compositor Jay Watts, o pintor Robert Rauschenberg, o bailarino Merce Cunningham e os poetas Mary Caroline Richards e Charles Olsen, e que contou com preparativos mínimos, sem relação causal entre o que seria mostrado por cada artista.

num exemplo radical de uma performance, na qual corpos são feridos diante do espectador, e questiona: "Quando os corpos dos espectadores são salpicados com sangue, quando o público se torna testemunha ocular de ações pelas quais os artistas expõem o seu corpo a riscos e nele inflige ferimentos graves, como poderão eles manter uma distanciação estética?"[90]

Como discernir o envolvimento do espectador numa situação como essa? Quais as barreiras entre representação e realidade? Fischer-Lichte indaga se as "estéticas do sublime" já tratariam desses aspectos de forma satisfatória. Indaga, ainda, o quanto ações desse tipo afetariam a percepção estética: o quanto a dor pode ser comunicada? O quanto o choque e o fascínio promovidos por diferentes performances operam "regras culturais" válidas? O quanto atos assim transformam os próprios espectadores em *performers*? Ou, ainda, com que intensidade, nessas situações, se habita o reino do incomunicável?

Por fim, quase profeticamente, conclui que o gênero performance promoveria uma passagem cujo ponto de chegada seria uma nova forma de conhecimento, indefinida, em relação não só ao signo-conceito concebido como aos processos de semiose, previamente estabelecidos.

De forma similar ao efeito da performance sobre o espectador, o impacto das novas tecnologias sobre o receptor é apontado por alguns autores como desencadeador de "novas sensibilidades". E como em Fischer-Lichte, essas considerações estão quase sempre associadas a um caráter revolucionário e profético.

Valverde critica essa euforia sob o argumento de que acontecimentos assim apenas se somam às "alterações de hábitos perceptivos", que vêm ocorrendo paulatinamente ao longo da evolução humana e que são determinados por padrões culturais vigentes. Tais "novidades" não interferem na nossa

---

90 Performance e Cultura "Performativa", op. cit., p. 165. Certamente a história das artes cênicas na Bahia não contém exemplos similares ao usado pela autora. Nas encenações dos dramas de língua alemã, tampouco. Mas isso não significa, no entanto, que os realizadores do teatro na Bahia ignorem certos princípios do gênero performance, nem que ele esteve ou esteja ausente da cena soteropolitana. Um bom exemplo pode ser dado através da encenação de *Macbeth*, no ano de 1970, dirigida pelo argentino Ariman, em que um bode era sacrificado em cena, o que causou muita curiosidade e uma polêmica de alcance nacional, que levou o espetáculo a ser suspenso.

possibilidade de apreender o mundo e na nossa estrutura de funcionamento, como pode parecer de antemão.

No âmbito das artes plásticas, essa reflexão também tem ocupado alguns pensadores: ao analisar a "representação sem produção", Peggy Phelan – também a partir da afirmação de que a performance ocorre em um tempo que não se repetirá mais ou de que sua prova documental funcionaria apenas como um resquício do acontecimento – toma como exemplo uma exposição intitulada Dislocations, apresentada no museu de arte moderna de Nova York pela artista francesa Sophie Calle[91].

A partir da descrição verbal feita através de depoimentos e de esboços desenhados por funcionários do museu e/ou pessoas que tiveram um contato periódico com obras do acervo permanente, mas que se encontravam temporariamente em exposição em outro local ou foram roubadas, Calle organizou sua exposição, substituindo os quadros ausentes pelas descrições e esboços solicitados.

Com isso, a expositora, segundo Phelan, quis chamar a atenção para a qualidade performativa de todo ato de ver. Tentar descrever o que foi visto e que está ausente, para ela, é alterar o evento em si mesmo. A autora descreve o projeto de Calle como ambicioso, por "envolver uma visão total da ausência do outro, uma visão que implica igualmente o reconhecimento da presença do outro (a parte modesta). Reconhecer a (sempre parcial) presença do Outro é reconhecer a nossa (sempre parcial) ausência"[92].

A extrema dificuldade em redesenhar as relações entre o "eu e o outro, entre sujeito e objeto, homem e mulher, espectador e *performer*"[93] é outro ponto para o qual a autora chama a atenção e acredita que, nesse sentido, tal característica irreprodutível do gênero tem contribuído para a distinção entre presença e representação, para que se possa aprender "a valorizar o que é perdido"[94], a valorizar não apenas o significado, mas também aquilo que não pode ser nem mais fielmente reproduzido nem mais visto.

---

91 Cf. A Ontologia da Performance, *Revista de Comunicação e Linguagens*, n. 24.
92 Ibidem, p. 175.
93 Ibidem, p. 187.
94 Ibidem.

Uma terceira discussão é proposta por José Júlio Lopes ao abordar os dramas do futuro, a coexistência do velho e do novo. Ele se refere ao teatro grego como lugar da cidade onde se "ia ver, se ia assistir ao espetáculo", mas também se ia "ser espectador, ser visto", diferentemente do que acontece hoje em dia, em especial após a consolidação da "quarta parede" e do advento da luz elétrica.

A "música invisível" de Wagner, com sua orquestra no fosso, teria sido outro episódio que evoluiu para a atual utilização e banalização do uso de novas tecnologias. Assim, Lopes defende uma tese que considera possível, a de que

os dramas do futuro não serão teatro: serão sempre necessariamente *operae* (obras compósitas, óperas não convencionais); e que a origem dessa tendência pode começar desde já a desocultar-se em consequência de um longo caminho que se inicia provável e inevitavelmente na tragédia grega, ou mais essencialmente numa mítica unidade entre a palavra e a música, ou mesmo numa remota união entre o som e o sentido[95].

Para o autor, os dramas do futuro retomarão fortemente o apelo à reunião das artes, especialmente pautado no contributo das tecnologias digitais. Mas em lugar do tom profético adotado por Fischer-Lichte, ao referir-se às "revoluções" promovidas pelo gênero performance, ele indaga simplesmente: "Os dramas do futuro serão, portanto, talvez formalmente diferentes; mas serão também diferentes ao nível do sentido e da sua função? A noção de conflito do velho teatro mantém-se ativa, ou o que muda são apenas precisamente os conflitos?"[96]

Essa indagação poderia ser respondida por Gadamer, que conclui em uma de suas últimas obras, *Die Aktualität des Schönen* (A Atualização do Sublime), que a arte será, em qualquer tempo, o que foi ontem e o que é hoje.

Valverde também oferece argumentos para essa reflexão ao preconizar a necessidade de se desenvolver padrões que contemplem os aspectos "pragmático", "plástico", "semântico" e "sociotécnico" das obras, de acordo com os padrões da experiência contemporânea.

---

95 A Origem dos Dramas do Futuro, *Revista de Comunicação e Linguagens*, p. 215.
96 Ibidem.

E assinala que, em nosso tempo, já se pode constatar uma "serenidade hermenêutica", que parece ser cada vez mais crescente e comporta cada vez menos certo estardalhaço, certo deslumbramento, como é comum acontecer diante de circunstâncias novas.

É com base nessa "serenidade" que se pretende abordar as encenações dos dramas de língua alemã na Bahia, mesmo porque o diferencial que tais montagens promovem não integram esse impacto da novidade. Ao contrário, pretende-se valorizar, como propôs Phelan, não apenas o significado trazido por essas obras, mas principalmente aquilo que pertence ao âmbito da experiência que não pode ser revista, tampouco reproduzida, em sua essência e fidelidade.

Em Cena, o Espectador

DISPOSIÇÃO DE PALCO/PLATEIA
AO LONGO DA HISTÓRIA[1]

A primeira encenação de um drama de língua alemã na Bahia ocorreu em 1960, quatro anos após a fundação da Escola de Teatro da Universidade da Bahia (Etub). A peça encenada foi *A Ópera dos Três Tostões,* de Bertolt Brecht, dirigida por Martim Gonçalves, fundador da escola.

Os comentários de alguns jornalistas da época, organizados pela escritora Aninha Franco na obra *O Teatro na Bahia Através da Imprensa,* associam o início da profissionalização do teatro baiano a esse período.

Até meados do século XVIII, enquanto era a capital do Brasil, Salvador viveu um próspero período de efervescência cultural e dispunha, entre outros, de dois teatros construídos com tecnologia importada, que infelizmente não existem mais.

Muitas companhias europeias costumavam se apresentar nesses teatros. Pouco a pouco, eles iam abrigando também

[1] Cf. H. Kindermann, *Bühne und Zuschauerraum.* As considerações que se seguem foram elaboradas a partir da leitura e tradução da obra original em língua alemã, feitas por mim.

os grupos de teatro amador da cidade e assim as posições iam sendo invertidas. Salvador importava cada vez menos espetáculos.

As produções da Etub, na medida do possível, procuravam refletir as novas tendências do teatro mundial. Cinco décadas depois, através de um empenho "quixotesco" de diletantes e amadores que iam se tornando profissionais, pode-se dizer que o teatro baiano estava em sintonia com o mundo.

As atuais condições de produção ainda não são consideradas ideais, especialmente se comparadas às dos países ditos desenvolvidos. No entanto, as possibilidades de diálogo oferecidas pelo mundo tecnológico encurtaram as distâncias, e o intercâmbio entre as diferentes culturas se torna cada vez mais frequente e mais intenso.

Para saber em que medida o teatro feito na Bahia reflete as inovações do teatro no mundo e de que forma o espectador local foi contemplado por essas inovações, será feito um retrospecto teórico com o foco nas condições de recepção, na relação palco/plateia ao longo da história.

As mudanças arquitetônicas dos espaços destinados às encenações teatrais, especialmente no que se refere aos palcos e às plateias, que tiveram início com as encenações de tragédias e comédias gregas, continuam se desenvolvendo e se modificando até hoje.

Dois mil e quinhentos anos depois – tempo aproximado em que a história do teatro ocidental teve início –, ainda se investe na criação, na reestruturação, no aperfeiçoamento, na adaptação, na incrementação, no aparelhamento de salas e espaços, para que se promova, alimente, renove, instigue, "oxigene" a relação espetáculo/espectador.

Inúmeros foram os passos dados nesse jogo entre palco e plateia. Desde a Grécia antiga, passando pelas transformações do teatro romano, pelas montagens religiosas da Idade Média, pelas irreprodutíveis reações do público do teatro elisabetano, pela opulência dos palcos no período barroco (com exceção dos palcos de Racine), pela característica intimista do período rococó, pela consolidação do palco italiano até o surgimento da luz elétrica e as revoluções trazidas por esse advento, o público tanto usufruiu como interferiu nessas modificações.

A estrutura das artes cênicas, desenvolvida pelos gregos, determinou os princípios básicos da relação espetáculo/espectador que vigoram até hoje, principalmente no que se refere à arquitetura teatral.

O Epidauros, um dos primeiros teatros do mundo – que sucedeu o teatro de pedras de Dionísio –, construído numa montanha ao ar livre no ano aproximado de 300 a.C., em Atenas, com capacidade estimada para 6.200 pessoas, já continha palco (*skene*), proscênio (*proskenio*), rampas (*rampe*), corredores de acesso (*parodoi*), orquestra (*orchestra*) e fundo de cena (*thyromata*).

Algo nesses teatros, até hoje, chama a atenção e impressiona vários arquitetos, historiadores e profissionais de teatro: sua perfeita acústica. Em locais estrategicamente construídos, que possibilitava ao espectador escutar cada palavra, mesmo que sussurrada, em qualquer lugar onde se encontrasse, esses teatros já nasceram, especialmente por esse aspecto, envoltos em grande respeito ao público. A escolha dos locais levava em conta o sentido do vento que vinha do mar em locais fora da cidade. A tecnologia ali empregada, por mais simples que fosse, estava em consonância com uma forma de atenção especial aos primeiros diletantes das artes cênicas.

Todavia, mesmo tendo iniciado sua história cercado de tamanha deferência, o público presenciaria as transformações dos espaços de representação ainda na Grécia da era helenística, aproximadamente na primeira metade do século II; o próprio Epidauros sofreria uma expansão de sua capacidade para 12.300 lugares e modificações no espaço destinado à encenação, mas nada tão significante, principalmente se comparado ao que se seguiria durante o Império Romano, em que os teatros já se incorporavam à paisagem urbana.

Concebidos de forma circular na Grécia, onde a plateia ocupava três terços desse círculo, os teatros romanos a reduziram a um semicírculo. Em publicação ilustrada dedicada ao assunto, Heinz Kindermann aponta as principais modificações operadas nos palcos romanos em comparação com os palcos gregos. São elas:

GRÉCIA	ROMA
A orquestra era circular	A orquestra era semicircular
Palco e orquestra eram separados	Palco e orquestra eram ligados
O palco era alto e sem profundidade	O palco era baixo e profundo
O proscênio tinha arcos e enfeites pintados	O proscênio tinha um frontal enfeitado com nichos e pequenas estátuas
No palco encontravam-se aberturas com cenografia pintada ao fundo	No palco havia suntuosos e arquitetônicos cenários
A passagem para a orquestra (e público) era aberta e descoberta. Os lugares para os sacerdotes se encontravam na primeira fila	A passagem para a orquestra era lateral e coberta. Sobre essa cobertura encontravam-se camarotes para os mecenas, senadores etc. e alguns espectadores privilegiados podiam ter seu lugar no espaço da orquestra
As diferentes estirpes sentavam em setores separados de uma mesma fila, porém em lugares com as mesmas características	As difrentes classes tinham lugar em diferentes filas, separadas por barreiras
A passagem para todos os espectadores se dava pela orquestra e seguia para as escadarias	Havia diferentes entradas, escadas cobertas e descobertas, abertas ou reservadas
A plateia era construída numa encosta montanhosa e não tinha fachada	Havia alguns teatros em encostas, mas a maioria era construída em níveis planos com altos muros de proteção, ricas fachadas, galerias de arcos e às vezes altares no ponto mais alto da construção[2]

A disposição palco/plateia começaria assim a perder algumas das características de sua origem em função de novas modificações: na Grécia, como dito, eram construídos apenas em locais destinados ao culto dos deuses, fora das cidades. Em Roma, os altares eram incorporados aos teatros no ponto mais alto das edificações construídas dentro das cidades.

Na Grécia, o público era considerado de um mesmo nível, quase sem privilégios. Alguns lugares frente à orquestra eram construídos para os sacerdotes. Na plateia, as diferentes "tribos" se dividiam. Nos teatros romanos, as diferentes classes sociais passam a ser separadas. Os lugares antes destinados aos sacerdotes ganham opulência e ocupam um espaço cada vez maior do palco, para abrigar espectadores privilegiados. Esses espectadores se tornavam parte das atrações, quando exercitavam sua vaidade, seu poder de eloquência e exibiam seu poder financeiro.

As apresentações teatrais gregas eram também eventos literários, nos quais as novas obras eram apresentadas, enquanto

2   Ibidem, p. 12-13.

em Roma elas ganhavam ares de *show* em que o gosto geral do público deveria ser satisfeito.

Se para o bem ou para o mal, não cabe aqui julgar essas inovações. Fato é que as transformações promovidas pelo teatro romano já vinham carregadas de progressos na relação palco/plateia e já denunciavam o grau de sedução e provocação que um exerce sobre o outro e vice-versa. Essas seriam apenas as primeiras modificações que contemplavam o público e seus desejos.

O caráter religioso que integrava o teatro na Grécia e em Roma também é identificável na Idade Média, mas, dessa vez, totalmente adaptado aos princípios ideológicos da Igreja Católica.

Para Kindermann, apesar das inúmeras diferenças que se pode apontar entre este e aquele teatro, a adoção dos fundamentos da disposição de palco e plateia do teatro antigo pelo teatro alemão da Idade Média é fato mais que evidente.

As encenações nas praças e mercados, em palcos distribuídos em círculo, sobre os quais se representavam repetidamente as paixões, retomaram a disposição circular em torno da cena, característica do teatro grego. Dessa vez o público estava aproximado e unificado pela fé, e se deslocava com as figuras divinas ou sacrílegas para diferentes espaços a elas destinados – exatamente como se supõe ter acontecido na Paixão de Cristo – andando, sofrendo, "morrendo", glorificando-se e "ressucitando-se" com a sacra representação.

A busca pelo paraíso perdido, pela remissão dos pecados, a ameaça de queimar no inferno, entre outras razões, unificavam público e plateia, através da fé e do medo. Essas características também são verificáveis nas encenações das paixões em palcos itinerantes sobre rodas e nas encenações do teatro da moralidade e do castelo da perseverança, na Inglaterra do século xv.

Na França, por outro lado, em período equivalente, a representação das paixões seguia mais a tendência romana, que dispunha o palco diante da plateia, em cadeiras enfileiradas. Também havia camarotes cobertos para a nobreza e a aristocracia. Sobre o largo palco (68m x 20m), uma sucessão de pequenos cenários, destinados a cada cena da paixão, conferia linearidade e simultaneidade às cenas.

A representação das paixões, na França, poderia durar quatro dias, mas há referências a encenações que duraram entre 25 (em Valenciennes, no ano de 1547) e quarenta dias (a Representação dos Apóstolos), ao passo que na Alemanha e na Inglaterra, apenas dois ou três dias.

Segundo registros históricos, a Alemanha adotaria mais tarde, no ano de 1581, a estrutura francesa de confrontação palco/plateia, iniciativa empreendida pelos jesuitas, exatamente na cidade de Colônia. Eles se deixam também influenciar pelo teatro característico dos Países Baixos, cujos registros se referem a palcos-romarias instalados em fundos de casas, tipo andaimes, com cortinas simples ao fundo e possibilidade de visão também pelas laterais dos palcos, sobre os quais se representava a vida em si e não apenas dramas religiosos.

Esse tipo de representação, que possuía uma gestualidade própria, é tida como muito espontânea para a época, de humor cortante e agressivo, características que envolviam e atingiam as plateias, que, por sua vez, respondiam de igual modo às provocações, num exemplo de interação cada vez maior entre espetáculo e espectador.

Atravessando-se o portal que separa a Idade Média dos novos tempos, passando pela esfera do humanismo e da Renascença, percebe-se, como aponta Kindermann, que apesar do empenho em se resgatar o conhecimento da era antiga, quase não há registros da disposição circular outrora predominante.

Uma ilustração da biblioteca de arsenais em Paris, datada do início do século xv, descreve uma disposição circular, porém diferente do modelo grego: em um púlpito coberto, Calliopius (espécie de ator da época) lia textos dramáticos, enquanto sua narração era acompanhada pela pantomima dos joculatores mascarados e por flautistas. O público, em pequeno número, se acomodava em torno do púlpito, numa atmosfera bem intimista.

Outra ilustração relacionada a Lyon Terenz, de 1493, descreve um palco na Itália, com proscênio, cabines e várias portas, com o público agrupado e distanciado em três galerias à frente.

Do século XVI, em Cambraia, na Itália, há uma ilustração que mostra um primitivo palco itinerante armado ao ar livre, que continha tochas em cada um dos cantos frontais para sugerir as cenas noturnas, mesmo sabendo-se que a representação só ocorria à luz do dia. Com apenas uma cortina simples ao fundo, esses palcos/tablados também permitiam a visão do público pelas laterais, mas guardando as características de confrontação entre público/plateia e não mais a circular.

Essa estrutura permaneceu em todo o período áureo da *Commedia dell'Arte* e estendeu-se até o séc. XVIII. Mas o período renascentista não experimentaria apenas esse tipo de construção, que poderia ser considerada "ingênua", principalmente se comparada à estrutura grega/romana de disposição palco/plateia.

De 1584, o Teatro Olímpico, em Vicenza, na Itália, reflete a estrutura dos teatros romanos, mas com auditório oval, ricos portais, *orchestra* utilizada por músicos, paredes do palco arquitetadas em três níveis, teto com nuvens pintadas para lembrar os teatros abertos e iluminação natural através das janelas de fundo.

O projeto de Serlio, datado de 1545, também mostra um palco em dois níveis com a parte frontal plana e a de trás inclinada, cenários de fundo pintados em perspectiva, e entre o palco e a *orchestra* (onde se situavam os lugares de honra e não mais os músicos como outrora), um proscênio que deveria permanecer livre para manter a distância entre o mundo real e o mundo representado.

Em 1581, em Paris, o palco construído para a representação do *Ballet Comique de la Reine*, a propósito das comemorações das núpcias do duque de Joyeuse com Margarethe von Lothringen, foi concebido de forma retangular, com capacidade para 10 mil espectadores. O meio da "sala" era destinado ao palco/carroça e aos dançarinos, e o cenário era erguido em um dos lados, de forma cúbica e ricamente ornamentado em perspectiva. Isso delegava à cena uma forma mista de disposição, sucessiva e simultânea.

Também com lugares especias destinados à nobreza, o público comum era mantido a certa distância, tendência que se pode verificar em outros palcos franceses e que permaneceu até o século XVII, como comprovam os registros históricos da Sala de Teatro do Petit-Bourbon, de 1635.

Os teatros londrinos que abrigavam as encenações de Shakespeare e de seus contemporâneos, como se pode verificar atualmente no reconstruído Globe Theatre, seguiu a tendência já estruturada pelos palcos do Castelo da Moralidade, mas substituiu a forma circular pela forma octogonal. Balaustradas nas galerias frontais próximas ao palco eram a forma de proteger os atores do público temperamental.

Os palcos ingleses eram divididos em céu, terra e inferno, localizados em diferentes níveis espaciais e em distintas galerias. Igualmente complexa era a destinação das diferentes galerias na plateia, obedecendo a certa hierarquia, com lugares específicos para jovens, mulheres, intelectuais etc. Como alguns historiadores advertem, tal estrutura permitia ao público ver e ser visto, o que consiste num importante aspecto: para os espectadores, assistir ao que se passava em cena era tão importante quanto assistir à sua própria participação, à sua própria reação.

O teatro profissional da Europa viveu, através dessa disposição polar de palco e plateia, uma ruptura e uma reestruturação de procedimentos éticos e políticos, ao mesmo tempo que influenciava fortemente o repertório e a forma de representação. Tamanha forma de ação/reação de espectadores só é identificada, na história do teatro, no período elisabetano.

Entretanto, o "palco italiano", como hoje é conhecido, não tardaria a aparecer. Sua estrutura já vinha se esboçando através da disposição de confrontação, mas só se consolida na era barroca. Os portais de cena e arcadas da maioria dos palcos refletiam toda a opulência possível, em enormes dimensões. A apresentação de *O Doente Imaginário*, de Molière, em 1674, no teatro do castelo de Versailles, já utilizava essa disposição, cuja tendência passaria a ser predominante em toda a Europa e, posteriormente, no mundo.

Dando continuidade à também predominante separação hierárquica, a participação do público na representação da vida dos heróis, da nobreza representada nas tragédias e comédias passou a ser praticamente regida pelos nobres presentes e bem acomodados em seus privilegiados camarotes à frente e nos proscênios laterais.

A manifestação da plateia formada pelos não nobres, muitas vezes deveria estar de acordo com a reação dos nobres. Se o rei risse em alto e bom tom de alguma ação mostrada em cena, o público estava autorizado, ou talvez até "obrigado", a fazê-lo também. Caso contrário, poderia-se incorrer em gafes e ferir certos princípios, certas regras de comportamento, ofensivas ao rei. Rir de algo que o rei não achava engraçado poderia trazer más consequências.

A aristocracia do período de Luís XIV impunha, assim, um conceito de disposição e comportamento muito distante dos praticados no período shakespeariano, no qual as plateias manifestavam-se com total liberdade e veemência.

Contribuindo para a consolidação do "palco italiano", a casa de ópera de Viena, de 1668, foi construída com o objetivo de se tornar o teatro imperial do mundo. O palco de grande profundidade e largura permitia a presença de até mil atores em cena e a troca de cinco cenários, como é descrito nos registros da encenação da ópera *Il pomo d'oro,* de Antonio Cesti, com decoração (cenografia) de Burnacini, que inaugurou o teatro.

Para o imperador, entusiasta do teatro, no lugar do camarote comumente construído ao lado do proscênio, ergueu-se um pódio elevado na primeira fila, que, por sua vez, estava localizado mais próximo ao palco, encurtando assim a distância física entre palco e plateia. Essa distância, que era comum em outras construções da época, foi apelidada por alguns historiadores de "terra de ninguém". O apelido se refere também à disputa quase bélica travada entre os espectadores no momento de escolha dos assentos.

No período rococó, os teatros, além de contarem com a ação dos pintores da época – seguindo a tendência decorativa do período barroco, porém amenizada – outras importantes modificações são verificadas, como o desenvolvimento de teatros em forma de ferradura ou de sinos, e a consolidação da aproximação entre palco e plateia que algumas construções do período barroco já haviam esboçado.

Além disso, a construção de teatros com menor capacidade de público imprime uma atmosfera mais intimista e, em alguns teatros, particularmente, se restabelece a proximidade entre palco e plateia, outrora praticada.

O público vai retomando, assim, a sua participação: volta a se manifestar com entusiasmo durante e após as representações; conquista preços menores para os ingressos através de reivindicações; passa a eleger determinados intérpretes, privilegiando suas apresentações; enfim, impõe, com autonomia, seus desejos.

Alguns autores associam o início da redemocratização do teatro ocidental a esse período, quando as arquiteturas teatrais passam a abrigar um público predominantemente burguês. Eles passam a exigir boa visão e boa acústica, o que até então tinha sido privilégio de poucos nas construções antigas.

Entre alguns exemplos dessa reforma, Kindermann aponta a abertura da ópera de Paris, em 1875, onde os camarotes não possuíam mais paredes de separação, as galerias laterais eram abobadadas como a boca de cena e a plateia do térreo, mesmo ao final, localizada sob os camarotes, desfrutava uma boa visão e uma boa audição do espetáculo.

Um ano após, na Alemanha, Richard Wagner, junto com o arquiteto Brueckwald, empreendeu o Festspielhaus, em Bayreuth, que possuía um duplo proscênio, incluindo-se o fosso para a orquestra e a plateia semicircular em nível elevado a cada fileira.

As encenações das obras de arte totais (*Gesamtskunstwerk*[3]), realizadas nesse novo e revolucionário espaço, pareciam atender plenamente aos anseios dos espectadores burgueses. Ainda hoje em atividade, o teatro abriga o Festival Anual de Bayreuth. Concorridíssimos, os festivais costumam juntar uma verdadeira legião de fãs para as reencenações das obras de Wagner, que disputam os ingressos com até dois anos de antecedência. O público é constituído basicamente por pessoas de alto poder aquisitivo.

Outras construções de teatro na Europa reproduziram o modelo wagneriano e, especialmente na Alemanha, as inovações se multiplicavam, alimentadas pelo entusiasmo da burguesia em ascensão, que logo mudaria de forma determinante o destino da Europa.

---

3   Em aulas ministradas para a disciplina Processos de Encenação, no Programa de Pós-Graduação em Artes Cênicas da UFBA, o professor Ewald Hackler referiu-se a um ensaio dedicado ao assunto, do escritor Thomas Mann, no qual ele esclarece que o teatrólogo alemão reintroduz o procedimento utilizado no período barroco, quando os espetáculos incluíam a poesia, a música, a dança e as artes plásticas. Esses eventos, denominados por Wagner de obra de arte total (*Gesamtskunstwerk*) tinham por finalidade envolver o espectador de forma que se assemelhava a uma hipnose. Apesar das críticas que sofre até os dias de hoje, não se pode deixar de admitir que Wagner tenha radicalizado o modelo estético--teatral de sua época, por promover de forma intensa a separação entre palco e plateia. A introdução do fosso para a orquestra, de cortinas internas, o *black-out* total da plateia que se tornara possível com a utilização da luz elétrica, de efeitos especiais, entre outros aspectos, favoreciam a encenação da "ópera como celebração". Essas inovações foram, a princípio, aclamadas por Nietzsche, que, paradoxalmente, logo desencadearia uma série de críticas ao seu contemporâneo.

A teatróloga Fischer-Lichte também se refere ao inovativo modelo de teatro construído a partir da iniciativa de Richard Wagner, que teve sua inauguração em 1876.

Georg Fuchs, um dos críticos do projeto de Wagner, desenvolveu seu próprio projeto com Max Littmann e construiu o Münchner Künstlertheater, em 1908. A reaproximação do público com o palco, no projeto de Fuchs, se dava através do proscênio anfiteatral. Além disso, o palco foi dividido em três partes: um alto e largo proscênio, um palco principal, também alto, e um palco de fundo.

O desejo de oferecer melhores condições aos espectadores foi ganhando espaço entre os vários encenadores da época. Max Reinhardt, após a Primeira Guerra Mundial, já estabelecido como um bem-sucedido encenador na Alemanha, junto com o arquiteto e proprietário de um circo em Berlim, Hans Poelzig, planejou um palco/arena com capacidade para 3.200 espectadores.

Em 1927, Walter Gropius concebeu o projeto de um teatro político proletário para Erwin Piscator, com sofisticados recursos que permitiam modificações e transformações do mesmo teatro em teatro de arena, com proscênio móvel, palco profundo e até mesmo sua utilização como cinema.

Artaud, na França, concebeu um despretensioso teatro em forma de círculo, com um palco em torno do público, que, por sua vez, teria lugar no centro da sala e se moveria em cadeiras giratórias[4].

Esses são apenas alguns exemplos dentre os mais relevantes do teatro europeu. Certamente a história do teatro mundial contém muitos outros.

Ressalte-se que muitos desses projetos não foram concretizados por falta de recursos. No entanto, os projetos arquitetônicos revelavam um espírito extremamente inquieto e a vontade de "reanimar" o espectador. Os projetos cenográficos, de realização mais plausível, se aventuravam por áreas nunca antes exploradas. Max Reinhardt e Meierhold utilizaram rampas, plataformas, encenaram em igrejas e circos, sempre privilegiando a unificação entre palco e plateia.

---

4 Cf. E. Fischer-Lichte, *Die Entdeckung des Zuschauers*, p. 18-19.

Meierhold, na montagem de *A Terra se Levanta*, em 1923, influenciado pela disposição característica do teatro kabuki, abriu espaço entre a plateia para permitir a entrada de um caminhão. Todavia, o empreendimento foi malsucedido, pois o barulho dos motores e a fumaça exalada incomodavam muito o espectador. Além disso, trazia o risco de acidentes[5].

Os encenadores do utópico movimento proletário que dominava a Europa na mesma época sempre buscaram um espaço ideal para as encenações, fossem em fábricas, praças ou terraços, propondo também, dessa forma, inovações na relação palco/plateia.

O princípio biomecânico desenvolvido por Meierhold como método de treinamento de seus atores, hoje considerado um dos métodos precursores da arte do ator no século XX, tinha, entre outros, o objetivo de apoiar e destacar as novas estruturas da arquitetura dos palcos, desenvolvidas com a clara intenção de "atingir" o espectador.

Artaud pensava a ação do ator como um hieróglifo que levasse preciosos símbolos à cena e atingisse o inconsciente do espectador. Numa tentativa de "combater" o uso ocidental da palavra característica do teatro burguês, em sua encenação de *Les Cenci* (Os Cenci), em 1935, ele instalou quatro caixas de sons nos quatro cantos da sala de apresentação e reproduziu sons incomuns, como gemidos, rangidos, gritos etc. A baixa qualidade da gravação e reprodução foi um dos argumentos utilizados pela crítica para registrar a insatisfação dos espectadores e o fracasso da encenação.

Os movimentos políticos que dominaram a Europa antes da Segunda Guerra, sejam eles fascistas ou stalinistas, interromperam os experimentos dos vários artistas da vanguarda. Porém, na retomada da investigação interrompida pela Segunda Guerra, pode-se identificar ainda a influência do movimento vanguardista.

Os experimentos outrora recebidos com estranhamento e curiosidade pelo público iam se tornando comuns e ganhando aceitação. Dessa forma, o espectador contemporâneo herdou uma gama de possibilidades que o permite manter-se em seu estado "letárgico" através da fruição de encenações consideradas tradicionais, ou ser completamente arrebatado, mobilizado, provocado, através de encenações investigativo-experimentais.

5   Ibidem, p. 20-21.

Hoje são inumeráveis os locais onde se apresentam as diferentes encenações e, consequentemente, os diferentes modos de recepção: na rua, em circos, fachadas, janelas, ruínas, quartos, montanhas, cemitérios, rios, praias, fábricas abandonadas, num vagão de trem, num bar, hospitais, ou seja, não existe de antemão um lugar onde o teatro não possa ser encenado. Assim, como destaca Fischer-Lichte, a criatividade e a atividade são muito exigidas do espectador na contemporaneidade.

Como se pode perceber, não é intenção aqui tratar de maneira minuciosa, nem com precisão de datas, os episódios que envolveram a relação palco/plateia. Esse breve agrupamento de episódios históricos pretende apenas registrar alguns acontecimentos que envolveram tal relação.

Certamente não se pode mensurar o quanto cada um dos episódios colaborou para o comportamento atual das plateias. Com algum empenho, porém, pode-se identificar nas manifestações culturais contemporâneas, especialmente no que se refere ao teatro, a repercussão de cada um deles.

Também não se pode reinvindicar para o teatro de hoje o mesmo papel que ele desempenhara outrora. Apesar disso, a relação espetáculo/espectador no teatro continua sempre repleta de inovações. E, assim como reflete os acontecimentos mais remotos, deixa-se também seduzir pelas demandas da contemporaneidade.

Atender aos desígnios do público contemporâneo não é tarefa das mais fáceis. O empreendimento de espetáculos teatrais que queiram continuar a manter algum fascínio sobre os espectadores deve considerar o rompimento de várias fronteiras, inclusive as territoriais.

Desde o *Deus ex machina,* tudo parece já ter sido experimentado. Mas os princípios básicos da representação e a simplicidade dessa estrutura, que nasceram com o teatro grego, ainda encontram lugar nessa diversidade. Ver sua vida imitada, mimetizada, ainda faz parte dos anseios humanos. A experimentação dessa fascinante fórmula parece não ter limite e continua a inebriar.

O cinema e a televisão, que inicialmente pareciam ameaçar o desenvolvimento das artes cênicas, hoje são auxiliares uns dos outros.

Se em círculo, em semicírculo ou em confrontação, sentado ou de pé, envolto, distante ou perto, em camarotes ou em tamboretes de madeira, no chão ou em confortáveis poltronas, ao ar livre, em ambientes aquecidos ou refrigerados, pagando ou como convidado, aplaudindo ou vaiando, retornando ou ignorando, sorrindo ou chorando, sob dificuldades ou com facilidades, em crise ou em ascensão, palco e plateia não se abandonam.

Fecham-se teatros aqui, inauguram-se outros acolá. Modelos antigos são reconstruídos, outros com sofisticada tecnologia são empreendidos. Assim o teatro parece comungar, como nenhuma outra arte, com o princípio fenomenológico proposto por Dilthey: manter sempre um olhar no passado, a fim de que se reconheça o outro e a si mesmo.

Além dos aspectos relacionados à disposição palco/plateia, há muitos outros a serem considerados nessa relação espetáculo/espectador. O fascínio que o teatro exerceu e continua exercendo sobre a humanidade desperta muitas curiosidades. Investigações, teorias, metodologias etc. têm sido produzidas no sentido de satisfazer essa curiosidade e até de conquistar novos "seguidores". No entanto, poucas vezes a participação do espectador, peça fundamental da engrenagem, tem sido considerada. Por essa razão, a abordagem que se segue considerará outros aspectos relacionados à recepção do teatro. De antemão, pode-se inferir que as mudanças referentes aos espaços físicos destinados às encenações teatrais repercutiram na dramaturgia que se produziu em diversos países e que hoje é encenada parcialmente na Bahia.

A ABORDAGEM DA RECEPÇÃO PELA TEORIA DO TEATRO NUM APANHADO HISTÓRICO[6]

São poucas as obras em língua portuguesa, sejam elas originalmente produzidas ou traduzidas, que abordam as artes cênicas do ponto de vista de sua recepção. Apenas a partir do final do século XX, na Europa e nos Estados Unidos, a teoria do teatro

6   Todas as gravuras reproduzidas a seguir fazem parte do acervo pessoal do orientador da tese que gerou este livro, Ewald Hackler, e foram gentilmente cedidas para esse fim. Elas foram publicadas originalmente em um dos números do *Tableau de Paris*, de 1852, e a autoria é associada a Edmund Texie.

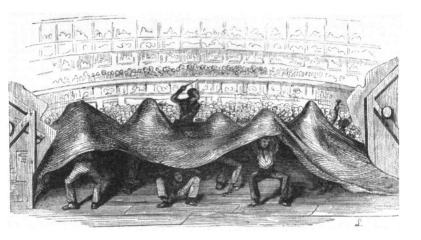

ocidental passou a enfatizar esses aspectos. Isso não significa, porém, como será mostrado por meio da discussão de obras de Fischer-Lichte[7], que o tema não desperte interesse de artistas encenadores e teóricos do teatro.

A coletânea *Texte zur Theorie des Theaters* (Textos Sobre Teoria do Teatro), organizada e comentada por Christopher Balme e Klaus Lazarowicz, faz um importante levantamento histórico de quinhentos anos da teoria do teatro, em grande parte produzida na Europa. Não se trata de uma obra exclusivamente dedicada à recepção, embora contenha inúmeras considerações sobre a relação obra/espectador.

Dividida em duas partes: teoria geral e teorias específicas do teatro, ela traz ainda a seguinte subdivisão: a arte de interpretar, a arte de dirigir, a dramaturgia, salas de espetáculos, cenografia, comunicação interteatral, teatro popular, teatro político e parateatro.

Na obra, diferentes pensadores abordam diversos temas. Já no prefácio os autores chamam a atenção para o fato de que o teatro não se restringe ao que se passa sobre o palco; ele se estende também à sala de espetáculo, incluindo-se os espectadores. Na introdução, enfatizam que as pesquisas do futuro,

---

[7] Serão abordadas as obras: *Ästhetische Erfahrung* (Experiência Estética); *Die Entdeckung des Zuschauers* (A Descoberta do Espectador); *Bedeutung: Probleme einer semiotischen Hermeneutik und Ästhetik* (Significado: Problemas de uma Semiótica Hermenêutica e Estética).

ligadas às ciências do teatro, não mais estarão restritas às bibliotecas fechadas, arquivos e museus, mas se estenderão também às salas de ensaio e às apresentações com presença de público, o que certamente já vem acontecendo.

Referem-se, ainda, à inexistência de um método de análise da reciprocidade na relação ator/espectador. E por isso incluem autores como Lessing, Gottfried von Herder, Melchior Palágyi, Adolphe Appia, Martin Buber e Ernst Cassirer, entre outros, que discutiram a questão.

Obedecendo à ordem cronológica, o primeiro autor da primeira parte da obra, intitulada Teoria Geral do Teatro, é Johann Wolfgang Goethe, que faz uma importante reflexão recheada de bom humor.

A afirmação "o palco e a sala, a cena e o espectador formam uma unidade", associada ao autor, foi adotada por vários outros teatrólogos ao longo do tempo, incluindo-se Grotowski e sua teoria do teatro pobre, para quem o teatro só pode ser definido como um jogo entre cena e espectador.

Em *Sobre Verdade e Verossimilhança da Obra de Arte: Uma Conversa*, publicação de Goethe em forma de diálogo[8] entre um advogado da arte e um espectador fictício, o autor aprofunda uma discussão sobre o caráter da representação, assunto que supostamente ocupou outros importantes pensadores alemães, como Kant e Hegel.

A reflexão de Goethe em forma de discussão é fruto da exposição de uma tela com espectadores pintados que foi colocada nos camarotes laterais de um teatro. Tratava-se de parte de um cenário para a representação de uma ópera, supostamente encenada por ele próprio, o que gerou o descontentamento de espectadores "verdadeiros" que estavam na plateia, no térreo.

O diálogo abaixo reproduzido, livremente traduzido da obra escrita por Goethe em 1798, revela facetas curiosas de uma discussão sobre verossimilhança que se repete até hoje, mas que se inicia com a *Poética* de Aristóteles.

---

8   Desde Platão, verifica-se o uso desse recurso como forma de exposição de ideias. Outros autores como Joly e Brecht também o utilizaram. O diálogo em forma de disputa facilita a exposição dos aspectos antagônicos de uma mesma discussão.

Através da disputa, Goethe pretende também denunciar um posicionamento retrógrado de alguns espectadores de sua época, que concebiam as obras de arte apenas como artigo de consumo. Desde então ele tece considerações de caráter fenomenológico, que apenas muito posteriormente dominariam as teorias estéticas, como foi mostrado no primeiro capítulo deste trabalho.

Deve-se considerar, ainda, o valor dessa discussão que pretende arrebatar o espectador de sua passividade em tempos tão remotos:

Advogado da arte: Deixe-nos ver se poderíamos nos aproximar mutuamente de um ponto em comum.
Espectador: Não vejo como o senhor possa querer argumentar e defender uma obra que mostra espectadores pintados.
A: Quando o senhor vai ao teatro, não espera que tudo o que vê lá seja verdade e realidade, não é mesmo?
E: Não! Mas espero, pelo menos, que pareça verdade e realidade.
A: Desculpe se eu penetro em sua própria alma e o desminta ao afirmar que o senhor não espera isso de modo algum.
E: Isso seria extraordinário! Senão, por que haveria o esforço dos cenógrafos em reproduzir todas as linhas de acordo com as regras da perspectiva, para expressar num cenário as diversas situações, ambientes e contextos? Por que se estuda a arte de fazer figurinos? Por que se aplica tantos recursos para se manter fiel a uma época e para nos situar nela ao representá-la? Por que se elogia a maioria dos atores que expressam os sentimentos em seu discurso, como verdade, através de sua gesticulação, de sua

representação, que me "encanta" e que eu, não como imitação, mas como o ato em si, vejo e acredito?

A: O senhor expressa corretamente seus sentimentos, mas é difícil, como talvez o senhor também pense, expressar exatamente o que se sente. Que diria se eu objetasse que ao senhor toda representação teatral de modo algum parece verdade e, mais que isso, apenas possui uma aparência da verdade?

E: Eu diria que o senhor usa de uma sutileza que bem poderia ser apenas um jogo de palavras.

A: Mas devo alertá-lo que, se nós falamos da ação de nosso espírito, nenhuma palavra é sutil ou eficiente o bastante para mostrar o tipo de necessidade que nesses casos nos assola e que não podemos expressá-la diretamente através da operação de argumentos, e, além disso, é difícil querer atender às questões oriundas de dois lados opostos e, ao mesmo tempo, permanecer no centro.

E: Bem, então, esclareça, por favor, e, se possível, com exemplos.

A: Isso poderia me trazer vantagens. Por exemplo, então: quando o senhor está na ópera, não sente uma completa e vital satisfação?

E: Isso se tudo se conjuga bem em uma perfeição da qual eu esteja consciente.

A: Mas se as pessoas que estão em cena cantando se cruzam e se cumprimentam, narram os bilhetes que recebem, seu amor, seu ódio, o sofrimento das paixões, agressões e falecimentos, diria o senhor que toda a apresentação parece verdade ou apenas parcialmente verdade? Sim, me permita dizer, nesse caso haveria somente uma aparência da verdade.

E: Certamente, se me faz refletir, significa que eu confiei no que vi. Sei, no entanto, que de tudo o que vi nada é verdade.

A: Mas mesmo assim o senhor se diverte e se satisfaz.

E: Sem dúvida. Eu me lembro bem de como certa vez uma ópera, mesmo diante de sua grosseira verossimilhança, queria representar o ridículo, e de como eu, mesmo contra tal abordagem, inadvertidamente senti grande prazer, à medida que ela acontecia.

A: E o senhor não se sente totalmente iludido na ópera?

E: Iludido!? Essa palavra eu não usaria. Talvez sim, talvez não.

A: Assim o senhor entra em contradição, o que parece ainda pior que um jogo de palavras.

E: Sim, mas estamos buscando um entendimento.

A: E assim que conseguirmos estaremos um de acordo com o outro. O senhor me permitiria, então, outra pergunta sobre esse ponto?

E: É seu dever contribuir para que se desfaça esse mal-entendido.

A: O senhor então não gostaria de denominar essa sensação que sente em uma ópera de ilusão?

E: Não exatamente, mas algo próximo disso.

A: Não é verdade que o senhor, na ópera, quase se esquece de si?
E: Eu diria totalmente, se parte da apresentação ou toda ela for envolvente.
A: E, como o senhor disse antes, se tudo se conjuga bem.
E: Sem dúvida.
A: E essa conjugação se dá a partir da apresentação consigo própria ou seria de outra natureza?
E: Sem dúvida, ela se conjuga comigo.
A: Então o que provocou essa "harmonia" poder-se-ia denominar obra de arte?
E: Certamente.
A: Estamos de acordo que a ópera contém um tipo de verdade e também que, sem dúvida, ela representa o que ela imita. Poderíamos então, como consequência, negar a verdade interna que nasce de uma obra de arte?
E: Se a ópera é boa, certamente combina um mundo para si, no qual estão presentes leis próprias, que são defendidas para que suas próprias qualidades sejam preenchidas.
A: Deveria então prosseguir, argumentando que a veracidade da arte e a veracidade da natureza seriam completamente distintas e que, de modo algum, os artistas devem ambicionar que sua obra se pareça com uma obra da natureza.
E: Mas as obras de arte frequentemente se parecem, sim, com uma obra da natureza.
A: Então eu poderia dizer que somente a um espectador pouco esclarecido uma obra de arte se pareceria com uma obra da natureza e que a obra com os espectadores pintados só agradaria e teria valor para o próprio artista, já que ela se encontraria em um nível inferior. E então, infelizmente, apenas quando o autor dessa obra renunciasse a ela estariam os espectadores satisfeitos e ele nunca seria considerado verdadeiro artista, teria que restringir sua obra a um determinado círculo.
E: Isso seria estranho. Ouça...
A: Ao senhor não agrada a ideia de que pertence a um nível elevado de admiradores da arte?
E: Deixe-me, por favor, tentar pôr uma ordem no que foi discutido e colocar as perguntas a partir de agora.
A: Quanto melhor!
E: O senhor afirmou que somente a um espectador pouco esclarecido poderia uma obra de arte ser confundida com uma obra "natural".
A: O senhor deve se lembrar dos pássaros que, por engano, voaram em direção à obra de Zeuxis (pintor grego, séc. IV ou V a.C.), na qual haviam cerejas pintadas.
E: Sim, mas vale lembrar que essas frutas foram primorosamente pintadas.

A: Sem dúvida, mas sabe-se também que os pássaros que desejavam as frutas eram pardais.

E: Por isso eu posso me defender e argumentar que a obra sobre a qual discutimos não pode ser tomada como primorosa.

A: O Senhor me permitiria então contar uma pequena história?

E: Sim, prefiro histórias a especulações.

A: Um pesquisador possuía em sua casa um pequeno macaco, num pequeno zoo, do qual ele um dia deu por falta e foi encontrá-lo em sua biblioteca. O animal estava distraído e envolvido com os tons de cobre de um volume de história natural. Admirado com o interesse do animal pelos estudos, o pesquisador se aproximou e viu, para sua surpresa e desgosto, que o guloso macaco havia comido e vomitado páginas com a reprodução de escaravelhos que se encontravam na obra.

E: A história é bastante engraçada.

A: E bem apropriada, penso eu. Mas o senhor tomaria os reluzentes escaravelhos das páginas como obra de um grande artista?

E: Não inadvertidamente.

A: Mas o macaco, sim, deixou-se seduzir pela reprodução.

E: E de modo ávido, diga-se. O senhor me provoca estranhas reflexões. Por isso um espectador comum não deveria de modo algum exigir que uma obra de arte pareça natural, nem que ele possa também desfrutar de uma naturalidade reproduzida de modo fiel e comum?

A: É exatamente o que eu penso.

E: E por isso o senhor defende que um artista faça concessões e reproduções como a que nos referimos.

A: Seguramente.

E: Ainda assim sinto aqui uma permanente contradição, porque o senhor me concedeu há pouco a honra de estar incluído entre admiradores da arte de boa formação, de um nível elevado.

A: Como admiradores da arte que seguem as novas tendências, eu diria.

[...]

A: Felizmente a ópera será reapresentada hoje e creio que o senhor não deixará de ir.

E: De modo algum.

A: E os espectadores pintados?

E: Eles não me afugentarão, pois me tenho em melhor conta que pardais.[9]

---

9   J.W. Goethe apud C. Balme; K. Lazarowicsz (Hrsg.), Über Wahrheit und Wahrscheinlichkeit der Kunstwerk: Ein Gespräch, *Texte zur Theorie des Theater*, p. 46-51. Este diálogo consiste na reprodução de trecho do citado texto de autoria de Goethe, traduzido especialmente pelo autor deste livro para esse fim.

De acordo com suposições de alguns autores, a fina ironia presente nesse diálogo seria de igual teor ao da própria exposição dos espectadores pintados. Com os painéis, Goethe quis provocar seu público, como se ele tivesse sido colocado diante de um espelho que refletia a sua passividade, sua resistência ao novo, seu papel preguiçoso de mero consumidor.

Provocações como essa são reproduzidas até hoje nos diversos segmentos artísticos e, sem dúvida, alimentam a permanente discussão sobre o caráter das obras de arte. Elas exigem iniciativas dos admiradores de arte. E por isso esse diálogo é considerado um dos precursores da "arte do espectador".

Outra importante discussão sobre o caráter da representação é feita por Georg Fuchs no artigo "Der Tanz" (A Dança), de 1906[10]. Como Goethe, esse autor também revela certa indignação, embora de outra natureza: ele reivindica que os dançarinos e atores da Alemanha promovam uma "revolução de sua corporeidade".

Fuchs opunha-se ao modo de representação presente na obra de arte total sob o argumento de que ele colaborava para a passividade do espectador. Estava provavelmente influenciado pelo pensamento de Nietzsche, que também revelava sua insatisfação com os espetáculos de Wagner, nessa mesma época. Em forma de panfleto, reivindicava o urgente investimento

10 Apud C. Balme; K. Lazarowicz (Hrsg.), op. cit.

numa nova forma de treinamento corporal, o que foi, a princípio, direta ou indiretamente compartilhado por teatrólogos como Adolphe Appia, Felix Emmel, Adolf Schuler e Ludwig Klages, entre outros.

Mais tarde o partido nazista se apropriaria das ideias de Fuchs, já que ele defendia, como Nietzsche, um retorno aos modos gregos de representação, à embriaguez dionisíaca, rejeitando o modo obsoleto da representação clássica. Sua proposta de desenvolver "princípios de beleza da moderna raça alemã", estava em consonância com os ideais políticos do partido nazista.

A proposta de Fuchs incluía ainda a necessidade da fundação de uma escola de atores que oferecesse treino, massagens, ginástica, cuidado com pele e cabelos, exercícios apoiados em técnicas de dança, acrobacia, mímica, orientação psicológica e indicação de dieta.

Dessa forma seria possível que os jovens e belos atores alemães estabelecessem uma expressão própria. E o público alemão seria beneficiado pela apresentação de espetáculos que seguiriam as novas tendências de encenação. Era um prato cheio para o orgulho nacionalista que se desenvolvia na Alemanha à época.

Até hoje se discute se a adoção desses princípios pelos defensores do nacional-socialismo teria tido ou não o apoio do próprio Fuchs.

Em período equivalente, contudo, as ambições do nacional-socialismo também eram combatidas. Uma das muitas vítimas dos campos de concentração alemães, Max Herrmann, publicou em 1914 o texto "Forschungen zur deutschen Theatergeschichte des Mittelalters und der Renaissance. Einleitung" (Pesquisas da Idade Média e da Renascença Para a História do Teatro Alemão: Introdução)[11]. O pensamento de Herrmann é apontado como um dos influenciadores da teoria estética de Adorno.

Ele defendia uma arte teatral de caráter social. Os princípios teóricos e metodológicos propostos por ele sobreviveram depois da Segunda Guerra e foram aplicados nas escolas de arte da Alemanha comunista.

Considerando que a forma original de teatro em seu desenvolvimento adquirira multiplicidade nas diferentes situações culturais, Hermann propunha a libertação do eterno "ter que" dos métodos tradicionais de encenação. Para ele, a história do teatro deveria se apoiar em leis próprias originadas da relação palco/plateia e se definir com um caráter próprio, evolutivo e mutável.

Em Leipzig, o fenomenólogo Moritz Geiger publicou o artigo "Vom Dilettantismus im künstlerischen Erleben" (Do Diletantismo na Experiência Artística), em 1928[12]. Como Fuchs e Nietzsche, era também um severo crítico da obra de Wagner e refere-se ao público de sua época, por valorizar uma prática "autoesteta" para o seu consumo.

Geiger distinguia o ato fruitivo em "concentração interna" e "concentração externa": concentração interna se refere ao modo superficial de recepção, a um prazer "pseudoestético" extraído da obra; concentração externa, em oposição, seria a forma mais plena da ação, da experiência estética.

11 Ibidem.
12 Ibidem.

Para Geiger, o estímulo, o entusiasmo, a elevação, a embriaguez, a comoção, características das montagens de Wagner, se pautavam numa arte imitativa, numa materialização/reprodução muito fiel da realidade. Ao favorecer a apreciação de dramas e novelas consagradas, explorando temas como patriotismo, mostrando cenas de batalhas, de vitórias, fazendo abordagem de cânones religiosos e morais, Wagner ofereceria ao público apenas a possibilidade de concentração interna.

Por outro viés, Geiger discutia um dos princípios hermenêuticos, que se refere à relação do Eu com o Outro. Manter-se em si, concentrar-se apenas internamente é desprezar o que o Outro tem a dizer. Concentrar-se externamente é se abrir para o diálogo com a diferença, com o Outro.

Teriam tido essas reflexões alguma influência sobre o teatro de Brecht? Nenhuma referência nesse sentido é feita por Balme e Lazarowicz, mas sem dúvida pode-se argumentar que elas "prepararam o terreno" para as mudanças que o teatro vivenciaria. A relação espetáculo/espectador se radicaliza quando surge a teoria de Bertolt Brecht.

Por volta de 1939-1940, aproximadamente doze anos após a encenação de sua primeira peça e exilado da Alemanha nazista, Brecht produziu o provocativo texto "K-Typus und P-Typus in der Dramatik" (Dramaturgos do Tipo K e do Tipo P)[13], no qual é, abordado de forma irônica, o tipo de dramaturgia então produzida e especialmente sua relação com o espectador. K (de Karussel, em alemão) designa carrossel e P, Planetarium (grafado em latim e assim também adotado pela língua alemã).

Na obra *Brecht no Brasil*, organizada por Wolfgang Bader, Fernando Peixoto tece considerações sobre o referido texto. Diversão comum àquela época, os planetários exibiam movimentos de astros celestes, a partir de instalações tecnológicas com projeções. Os carrosséis eram panoramas gigantes pintados. Em cavalos, aviões ou automóveis de madeira, o público era conduzido a um ambiente cheio de "perigos". O mecanismo permitia ao espectador a sensação de que ele próprio podia dirigir seu cavalo, avião ou automóvel.

Nos dois casos, a técnica propiciava ao público a ilusão, sendo que no planetário ele apenas apreciava, era passivo, enquanto no carrossel ele tinha a sensação de que atuava. Com base nesses sistemas de diversão, Brecht traça um paralelo com o tipo de dramaturgia então produzida. A dramaturgia do tipo K exigiria do ator que ele se mostrasse em diferentes situações, profissões, estados de alma, promovendo uma identificação do espectador com a cena, "ativando-o". Numa noite o espectador era transformado em rei, amante ideal, lutador de classe. Mas no dia seguinte o rei estava dirigindo um trem, o amante ideal estava insatisfeito com sua esposa e com seu pequeno salário e o lutador de classes voltava a ser um explorado. O espectador lograva, assim, apenas uma provisória e fictícia atividade.

A dramaturgia do tipo P exigiria do ator que ele mostrasse ao espectador algo que ele não é. Ela não dava instruções para ações futuras, para resoluções dos problemas do espectador. Consequentemente, contribuía para sua passividade. Além disso, apelava para a emoção, comovendo-o e tentando libertá-lo momentaneamente do peso e dos problemas do mundo real.

---

13 Cf. B. Brecht, Dialog über die Schauspielkunst, em C. Balme; K. Lazarowicz (Hrsg.), op. cit.

A dramaturgia do tipo p deixava o espectador ser o que ele era: um mero espectador. Apesar disso, ele conseguia distinguir seu inimigo dos seus aliados, tanto na cena como na vida real. Já a dramaturgia do tipo k despertava nele seu forte apetite, conduzindo-o a uma questionável satisfação, mostrando um objetivo que era claro e parecia próximo de ser alcançado, mas na verdade se tratava de um "caminho enganoso, escorregadio e perigoso".

Na mesma época de Brecht, Jan Mukařovský, em Praga, divulgou algumas reflexões em um texto impresso pela primeira vez por volta de 1940-1941. Em *Zum heutigen Stand einer Theorie des Theaters* (A Teoria do Teatro em Sua Atual Situação), ele defendia a reciprocidade da relação cena/espectador. Para ele, a resposta à pergunta fundamental da época – como estabelecer uma relação ativa do espectador com a cena? – estava nas mãos dos encenadores, que deveriam levar em conta o público como parte de uma sociedade heterogênea e não apenas de suas camadas distintas, o público como intermediador entre arte e sociedade.

A fronteira entre palco e plateia deveria ser estabelecida por certas características das encenações, que, por sua vez, deveriam permitir a ambos serem ativos. As convenções artísticas deveriam ser assumidas pelo espectador, e este deveria construir seu próprio espetáculo:

> Somente em situações como estas se pode esperar que a reação do público à ação própria do palco seja ativa, e que embora silenciosa ela seja atuante e levada em conta: é largamente sabido como os atores em cena reagem sutilmente ao entendimento do público, à atmosfera criada no momento da recepção, incorporando-a e elevando-a para além do silêncio da sala.[14]

E não é sem motivos que o autor destaca a relação público/ator: para ele, o ator centraliza e conduz a ação, mas o público desempenha um papel muito mais importante do que inicialmente possa parecer. Quando um ator escuta o outro em cena,

---

14 J. Mukarovsky apud C. Balme; K. Lazarowicz (Hrsg.), op. cit., p. 89.

ele estaria também, em alguma instância, desempenhando o papel de um espectador.

Os filósofos franceses Henri Gouhier e Étienne Souriau, em textos de 1953, discutiram a participação coletiva em situações dramáticas[15].

Tomando como exemplos as representações dos dramas religiosos do expressionismo e as representações concebidas para as assembleias dos partidos totalitários, eles identificavam nessas apresentações uma característica ingênua, cuja fronteira entre fé e representação se mostrava de forma ambígua, em que comunhão e participação se confundiam.

Sem entrar em juízo de valor, eles apenas chamam a atenção para os antagonismos presentes nessas situações e a elas se referem como meio de distinguir os diferentes modos de realização e objetivos da representação e sua relação com os espectadores, o que sem dúvida é reproduzido até os dias de hoje e alimenta a discussão sobre arte e não arte.

Na conclusão de *Texte zur Theorie des Theaters*, Balme e Lazarowicz retornam a essa discussão, resgatando o conceito do termo em latim, *collusio*. *Lusio* descreve o exercício do jogo, o jogo como ato, mas ganha outra conotação ao associar-se ao prefixo *co*, estabelecendo a relação simultânea entre a cena e o espectador, sob a qual o teatro se molda; a raiz *lusio*, no entanto, da qual também se origina o conceito de ilusão, não se aplicaria ao ato da recepção do teatro, devido a esse pacto que o prefixo *co* estabelece.

A ilusão, para o teatro, é de outra natureza – o que foi anteriormente discutido por meio do diálogo formulado por Goethe.

Manter a relação obra/espectador de forma íntegra e dinâmica depende, segundo os autores, apenas dos realizadores de teatro e de sua capacidade de se distanciar da obra teatral enquanto mero produto de consumo, enquanto "delicatéssen" cênica.

Corresponderiam as encenações dos dramas de língua alemã em Salvador a tais princípios? Até que ponto as encenações desses dramas refletem as modificações acima mencionadas? Seriam elas portadoras do respeito ao público a que se fez referência?

---

15   Cf. C. Balme; K. Lazarowicz (Hrsg.), op. cit.

Antes de responder a essas questões, há outros aspectos a serem considerados.

O DESENVOLVIMENTO DE MÉTODOS DE TREINAMENTO PARA ATORES E SUA RELAÇÃO COM O PÚBLICO

Quais os critérios que definiam uma separação entre mau e bom teatro nas diferentes épocas, especialmente quando as tendências, as experimentações, as descobertas, as inovações ainda não eram tão profícuas, tão numerosas como hoje?

Como se classificava este ou aquele teatro? A que critérios uma encenação deveria obedecer para se afastar do teatro acusado de "mero produto de consumo", como propuseram vários autores no item anterior deste capítulo?

Quais os princípios da arte de interpretar, dos métodos de treinamento de atores? Como e por que eles se desenvolveram, se aperfeiçoaram? Como a arte de interpretar estabelecia sua aproximação/separação com o espectador?

Talvez muitas respostas para estas questões tenham se perdido no tempo devido à característica do efêmero que integra as artes cênicas.

Ao contrário de hoje, os registros audiovisuais ainda não eram tão desenvolvidos, tão usuais. Mas certamente uma "aproximação" ainda é possível. Falar da colaboração do espectador no desenvolvimento desses métodos é assunto delicado e controverso. Mesmo tendo alcançado certo *status* na teoria do teatro, não se pode falar ainda de uma ação objetiva do espectador. Seria possível reconstruir uma saga do espectador?

A arte de interpretar é outro aspecto contemplado na obra de Balme e Lazarowicz, que continuará nos auxiliando na tarefa de responder às questões acima.

Lessing, ao refletir sobre a comédia francesa a partir da obra de Rémond de Sainte-Albine, em 1754, já discutia a ideia de ator/autor, a necessidade de uma identificação do ator com seu papel, a recriação sobre o texto original, os limites do ator comediante e do ator trágico, as questões como leveza, acentuação das palavras, expressão de sentimentos, corporeidade, mecanicidade e caráter da imitação etc.[16] Para ele, somente ao considerar esses aspectos a representação se tornaria crível, manteria o interesse do público e despertaria seus sentimentos. São argumentos análogos aos utilizados por Shakespeare no famoso monólogo de Hamlet, quando ele orienta uma trupe de atores mambembes.

De forma similar, Diderot escreveu, em 1769, o *Paradoxe sur le comédien* (Paradoxo Sobre o Ator), espécie de boletim/crítica destinado a um círculo da aristocracia, também em forma de diálogo imaginário, como o de Goethe, reproduzido neste capítulo. Ele argumentava que a capacidade de um ator deveria se equiparar à de vários instrumentos musicais e não apenas à de um ou dois. Acordes diferenciados deveriam auxiliá-lo em cada papel, de forma polissêmica. Diderot restaurou assim o dualismo razão/pensar e sensação/agir na arte de interpretar[17].

Considerado um bom conhecedor da arte de interpretar, Diderot em seu *Paradoxo*, provocou, contudo, algumas controvérsias que perduraram até o surgimento dos métodos naturalistas de interpretação no início do século XX.

16   Ibidem.
17   Ibidem.

Com base nas observações de Diderot, Friedrich Melchior Grimm referiu-se, em 1770, às nuanças de uma interpretação, que não poderiam ser definidas com palavras, mas apenas sentidas[18]. Para ele, combinar interpretações referentes à arte poderia se revelar uma atividade infinita, já que tudo é possível neste mundo. Com tais pressupostos, Grimm antecipou a liberdade e a soberania do ator sobre sua criação.

Em 1788, Goethe, por sua vez, discutiu a interpretação de papéis femininos representados por atores na comédia romana. Ele destaca o empenho e as dificuldades dos atores na busca de um gestual, na entonação da voz, o que vinha sempre acompanhado de certo sofrimento, e cujo resultado revelava-se não como uma mera imitação, mas como uma expressão de características próprias, como um duplo triunfo da arte sobre a natureza, já que os atores tinham de descobrir e apresentar uma "feminilidade" vinda de dentro de si, algo *sui generis*.

Em 1847, em sua troca de correspondências com Christian Gottfried Koerner – posteriormente organizada na obra *Das Schöne der Kunst* (A Beleza da Arte) – e em contestação ao pensamento de Kant em sua *Kritik der reinen Vernunft*, Schiller teceu várias considerações sobre modo e estilo, subjetividade e objetividade, discutindo a qualidade e dignidade das realizações artísticas, incluindo-se o teatro. Ele destaca a atuação de três atores da época – Erkhof, Madame Albrecht e Brueckl – e compara a arte de interpretar à arte da escultura, argumentando que um ator seria como um bloco de mármore, do qual a forma deveria ser extraída. Ao fim, percebe-se a plasmação, mas distingue-se também a matéria-prima original. A concepção/interpretação de uma personagem deveria conter o mesmo princípio, permitindo ao espectador perceber o modo como se opera a composição.

Também publicado em 1847, nas *Grundlinien zu einer Theorie der Schauspielkunst* (Linhas Gerais Para uma Teoria da Arte de Representar), Friedrich Hildebrand von Einsiedel faz uma análise da representação dos papéis trágicos e cômicos de Shakespeare (Hamlet e Falstaf, respectivamente)[19]. Ele defende o princípio do ator enquanto criador e não como mero declamador. Para Einsiedel, a interpretação deveria conter "alma" e corporeidade,

18 Ibidem.
19 Ibidem.

simbologia e vivacidade. Um ator deveria confrontar o espectador com toda a fantasia que a leitura do texto dramático pudesse provocar e não se encarregar apenas de reproduzir/declamar seu conteúdo literário. Por isso defendia ainda a autonomia da arte de interpretar. Ele é tido como um precursor por ter antecipado a "revolução" dos métodos de interpretação que dominariam o século XX, especialmente nas montagens de Brecht e Piscator.

Wilhelm von Humboldt não é considerado um homem de teatro, mas sua natureza polímata o impeliu a fazer comentários sobre sua experiência/contato com o teatro, sobretudo com o modo de atuação de François-Joseph Talma, do teatro francês. Tais comentários foram enviados de Paris a Goethe, em Weimar, no período de 1797 a 1799. Neles, Humboldt revela sua enorme perspicácia e sensibilidade em relação à arte dramática. Diz-se que Goethe se deixou ensinar por esses comentários e orientou-se por eles para a criação de suas *Regeln für Schauspieler* (Regras Para Atores). Alguns trechos dessa correspondência merecem ser aqui reproduzidos:

Talma faz teatro desde os onze, doze anos. Desde a Revolução [Francesa] ele atua com tanta frequência que entre as peças antigas não há papel que ele já não tenha interpretado ou, entre as novas peças, que ele não fosse capaz de interpretar. Ele dispõe de uma liberdade própria e por esta razão desenvolveu um estilo singular. Assim posso afirmar com base que a arte de representar, na França, se expandiu muito através dele. Seus movimentos são belos e harmônicos, sua postura nobre e graciosa. Ele se senta, se levanta, se ajoelha, da mesma forma como um pintor encontra valor para estas simples posições. Percebe-se que ele não aprendeu com os grandes atores que interpretam seus papéis de forma tradicional, mas sim que estudou a própria natureza, provavelmente ligados a acontecimentos oriundos da revolução e transformados em rico material. Sua fisionomia é admiravelmente impressionante, sua gestualidade é natural e comedida. Ele ousa mais do que a cena francesa permite. Ele dialoga realmente com as outras personagens e não, como geralmente acontece, com o espectador. Ele faz o que a situação propõe, anda para o fundo do palco, mostra as costas aos espectadores, nunca se mostra como uma pintura ou estático, mesmo quando é interrompido pelos aplausos. A representação de Talma aproxima-se da natureza humana sem idealizá-la. Assim, finalmente, me parece que os atores franceses pensam mais no público do que nós, alemães.[20]

20 W. von Humboldt apud C. Balme; K. Lazarowicz (Hrsg.), op. cit., p. 182-191.

No artigo "Über die Gegenwärtige Französische Tragische Bühne: Aus Briefen" (Sobre a Cena Trágica Francesa Atual: Cartas), de 1876, Humboldt discute as considerações feitas por François-Joseph Talma em "Einige Überlegungen über Lekain und über die Kunst des Theaters" (Algumas Reflexões Sobre Lekain e a Arte do Teatro), de 1825. O primeiro questiona a artificialidade da arte de declamar, confessando a influência que o ator francês Lekain, pioneiro na busca de um método mais natural de representação, exerceu sobre ele. Humboldt faz ainda reflexões que se contrapõem sutilmente ao pensamento de Diderot, referindo-se aos conceitos de inteligência e sensibilidade na construção de um papel.

Se alguns pensadores, a exemplo de Humboldt, reconheceram e contribuíram para a relação cena/espectador, defendendo a autonomia e o aprimoramento da arte de interpretar, o pensamento de Hegel no ensaio "Die äussere Exekution des dramatischen Kunstwerks" (A Execução de Obras Dramáticas), que integra a sua *Estética*, produzida por volta de 1828-1829, reflete um preconceituoso posicionamento sobre a função do ator, comparando-o a uma ferramenta, a uma esponja que deve absorver todas as "cores"/ideias do autor e pintá-las/expressá-las com a máxima fidelidade. Em sua divisão hierárquica dos artistas, atores e músicos não participariam da mesma categoria que poetas, pintores e escultores, apesar de reconhecer que, em seu tempo, atores não eram mais uma mácula moral ou social[21]. Tal postura do filósofo, tida como reacionária e polêmica já em sua época, soa bastante contraditória, principalmente quando comparada à defesa do espectador feita por ele.

Em *Zur Philosophie des Schauspielers* (Filosofia do Ator), de 1912, o filósofo e sociólogo Georg Simmel discutiu a interpretação de um mesmo papel por diferentes atores, concluindo que todas as interpretações são corretas, cada qual a seu modo[22]. No entanto, lembrava que apenas o envolvimento do espectador poderia determinar o êxito da interpretação.

Para Simmel, o ator deveria operar como um atualizador do conteúdo do drama, reafirmar sua subjetividade e conferir

---

21 Cf. C. Balme; K. Lazarowicz (Hrsg.), op. cit.
22 Ibidem.

novos sentidos a ele. De forma similar, o espectador também deveria compartilhar da liberdade de interpretação. Essa era uma concepção inovadora da arte da interpretação.

Curioso verificar que uma correspondência ao pensamento de Simmel tarda a encontrar lugar na teoria do teatro. Pode-se afirmar que o princípio de seu pensamento encontra respaldo nas considerações de Anne Ubersfeld, especialmente em sua obra *L'École du spectateur* (A Escola do Espectador). É como se fosse um eco tardio.

Meierhold criou o seu sistema de treinamento biomecânico após ter tido Stanislávski como mestre[23]. Sua participação nas Noites de Discussões organizadas pela Academia de Ciências da Arte de Moscou, em 1930, foi posteriormente publicada com o título *Die schöpferische Methode des Meyerhold-Theaters* (O Método Criativo do Teatro de Meierhold).

O teatrólogo queria encontrar outro caminho para o controle das emoções do ator, distinto do uso da memória emotiva, que consagrara seu mestre. Acreditava que o treinamento físico era também imprescindível e buscava imprimir sentido para a tríade movimento-pensamento-fala, na arte do ator.

O teatro de Meierhold trouxe um caráter de pesquisa científica para a arte de interpretar. Transformou-se num laboratório em que músculos e respiração deveriam ser treinados. O ator deveria ocupar todo o espaço de uma sala de apresentação. Cada gesto, cada reação, cada fala sobre o palco deveria conter um sentido. Ele deveria saber "diferenciar as palavras de um fascista das de um comunista" para poder representá-los. E tal consciência só poderia vir do treino. Um passeio pelas ruas com fins de investigação, como também propunha Stanislávski, já não era recurso suficiente para a composição de uma personagem.

Nesse mesmo período, Bertolt Brecht, em "Dialog über die Schauspielkunst" (Diálogo Sobre a Arte de Representar), de 1929, discute sob novas perspectivas a relação interpretação/recepção, quando o padrão realista/naturalista de representação dominava a cena europeia. Para Brecht, os atores de então conduziam eles próprios e o público a um estado de transe, que produzia sentimento em vez de reconhecimento. Os novos

---

23 Ibidem.

atores marxistas engajados deveriam manter distância do papel e distância frente ao público, como sugere o diálogo abaixo, um trecho de sua obra em tradução livre. Essa é a sua primeira tentativa de descrever o trabalho do ator na era científica:

– Seus atores conseguem sempre um grande sucesso em suas peças. Você está satisfeito com eles?
– Não
– Por quê? Eles têm má atuação?
– Não, porque eles atuam equivocadamente.
– Como eles devem atuar?
– Para um público da era científica.
– Como assim?
– Mostrando seus conhecimentos.
– Que tipo de conhecimentos?
– Das relações humanas. Das ações humanas. Da força humana. – Bem, disso é possível ter conhecimento. Mas como mostrar isso?
– Representando conscientemente. Descrevendo.
– E como eles fazem agora?
– Com o apoio da sugestão. Conduzindo eles próprios e o público a um estado de transe.
– Você poderia dar um exemplo?
– Eles representam agora uma despedida. O que eles fazem? Eles te conduzem a uma atmosfera de despedida. Eles querem que o público vivencie uma atmosfera de despedida. Ninguém percebe finalmente se a cena alcança seu objetivo e, mais que isso, ninguém aprende nada daí, na melhor das hipóteses cada um carrega uma lembrança. Em resumo: todos "sentem" simultaneamente.
– Você descreve essa relação como algo quase erótico... Como deveria acontecer então?
– Espiritualmente. Cerimonialmente. Ritualisticamente. Atores e público não devem se imbricar e sim manter distância um do outro. Do contrário, suprime-se o susto, que é tão necessário ao reconhecimento. Se eu quero ver o Ricardo III, não devo querer me sentir como o Ricardo III, mas sim mostrar este fenômeno com distância através de sua estranheza, de sua complexidade.
– Então devemos ver ciência no teatro?
– Não, apenas teatro.
– Entendo. O tipo cientista então teria seu próprio teatro, como qualquer outro tipo.
– Sim. Mas hoje o teatro não o leva em consideração. A razão é entregue a este espectador da mesma forma como seu sobretudo lhe é devolvido ao final da peça.[24]

24 Dialog..., em C. Balme; K. Lazarowicz (Hrsg.), op. cit., p. 278-279.

Em "Vierter Nachtrag zur Theorie der 'Messing-kaufs'" (Quarto Suplemento Para a Compra de Latão), Brecht esclarece o seu conceito de "estranhamento" (v-*Effekt*), ou distanciamento, como ficou mais conhecido no Brasil. Nesse artigo, os princípios da *Poética* de Aristóteles, da forma como vinham sendo superficialmente adotados pelo teatro até então, foram postos em xeque por Brecht. Ele argumentava que algumas características do teatro grego, especialmente seu poder de comunicação e instrução, deveriam ser resgatadas pelo teatro.

O espectador deveria ser conduzido pelo estranhamento a um estarrecimento, ao reforço de sua ação crítica e investigativa e não apenas a um encantamento, como vinha acontecendo. E para isso o ator deveria buscar uma completa transformação da sua forma de apresentar as personagens. Deveria romper com a secularização do culto institucional em que se transformara o teatro.

Grotowski, ao fundar o teatro laboratório, o teatro pobre, na Polônia, cujas pesquisas se iniciaram por volta de 1967, recorreu a outras áreas do conhecimento científico, como a antropologia e a física. Seu método de treinamento buscava retirar o teatro da banalidade e da reprodução de clichês a que havia se aprisionado. Ele queria oferecer novas alternativas de encenação, em que a linearidade e a previsibilidade deveriam ser evitadas.

A formulação, consolidação e adoção de métodos de treinamento de atores, entre eles os mais consagrados como o de Meiehorld, Stanislávski, Brecht e Grotowski, acima referidos, proliferaram-se no século xx, oferecendo aos atores de todo o mundo um espectro cada vez mais plural de possibilidades para a composição de personagens e, consequentemente, diferentes modos de relação com o público.

Enquanto atores se empenham em dominar este ou aquele método, em apurar esta ou aquela técnica, em negar esta ou aquela ideologia, em optar por este ou aquele estilo de interpretação, dentro de um contexto que se transforma cada vez mais, o público vai sendo brindado com novidades e consolida-se a cada dia como um "corpo autônomo", como o "carro-chefe" da engenharia teatral.

É importante lembrar que, ao lado do desenvolvimento da arte de interpretar, a função do diretor sempre exerceu um papel determinante. Pode-se afirmar que todos esses métodos de interpretação surgem do exercício cotidiano de encenação, da "práxis" teatral, que, principalmente no século XX, definiu, consagrou e tornou indispensável a função do diretor, do encenador.

A maioria dos teatrólogos até aqui citados desempenhou também esse papel e, muitas vezes, acumulavam ainda as funções de ator, cenógrafo, figurinista etc., sempre com o propósito de levar à cena o melhor possível, defender suas convicções e conquistar o interesse dos espectadores.

Alguns desses diretores se perpetuaram como dramaturgos, e em suas peças verificam-se as marcas da busca pelas mudanças que aspiravam, fossem de caráter estético, ideológico, sociológico, antropológico, psicológico etc. O maior exemplo é, sem dúvida, o de Bertolt Brecht.

Contudo, o que um dramaturgo imagina para sua cena ao (re)criar suas histórias – naturalistas, épicas, simbolistas ou expressionistas – sempre o faz com o auxílio de uma cena imaginária, na qual se inclui o espectador.

Ao remontar um texto dramático ou mesmo ao criar uma nova dramaturgia, os profissionais de teatro, sejam eles diretores, atores e demais partícipes, também o fazem dessa forma, em maior ou menor grau.

CONSIDERAÇÕES COMPLEMENTARES SOBRE A RECEPÇÃO DO TEATRO

O diálogo entre cena e público ganhou celeridade nos dias atuais. As respostas às novas questões são quase sempre imediatas e dadas por diferentes vozes. Os "idiomas" no mundo do teatro se misturam, exatamente como acontece no cotidiano dos países ditos desenvolvidos, tendência que supostamente se seguirá nos demais continentes, como pretende a tão aclamada globalização.

O encurtamento de distâncias não mais propõe, mas obriga os encenadores a comungarem da diversidade, a lançarem mão das novidades tecnológicas para continuar representando e conferindo encanto ao enfadonho cotidiano, a entender os desejos de um público que não mais se deixa fascinar apenas pela técnica em si, que foi resgatado do mundo da "ingênua retidão", que busca ser também contemplado e não apenas contemplar, que provoca além de ser provocado, que protesta ao se sentir vilipendiado, enganado, ao ser tratado como tolo.

Cada ensinamento, cada experimento dos últimos anos parece ter sido absorvido pelo espectador como se, de fato, ele tivesse se submetido a uma escola, a uma formação, como Brecht dizia ser necessário. Não se pode mais negar ou subestimar sua sabedoria.

Assim como carregamos uma herança genética em nosso desenvolvimento biológico, a primeira vez de um espectador no teatro possivelmente reflete algo similar: um conhecimento latente, uma consciência inerente, um posicionamento, uma perspicácia que parece ter atendido à "profecia" brechtiana dos anos de 1940: a de que tanto a arte do ator como a do espectador deveriam ser desenvolvidas.

Para Balme e Lazarowicz, o espectador foi por longo tempo um bode expiatório do teatro e da moral crítica. Mas acrescentam que ninguém nasce já como um espectador-artista (*Zuschauerkünstler*). Observar e ouvir são atividades que, como muitas outras, requerem dedicação. Certamente o espectador contemporâneo não dispõe de um tempo tão dilatado como outrora para dedicar-se ao teatro, especialmente devido à grande demanda de ofertas nos distintos setores artísticos/culturais.

O mundo, em sua celeridade atual, parece exigir mais dos sentidos, em maior velocidade. As informações, inclusive e especialmente na arte, são cada vez mais condensadas, "significadas".

Pequenas referências podem trazer uma gama de informações acumuladas pela longa história da humanidade, podem aludir a uma diversidade de fatos que, ao ir ao encontro deste ou daquele sujeito, deste ou daquele espectador, multiplica-se de acordo com sua posição, sua profissão, sua ascendência, sua origem, suas relações, enfim, seu universo, seu "horizonte de expectativa", como propôs Jauss.

Quem se aproxima de uma obra de arte assiste a si próprio e não mais apenas ao outro, transforma a estética ali apresentada em autoestética. Atua como um espectador/autor. Cada vez mais se reconhece o ato de fruição como um ato produtivo. A discussão e polêmica sobre arte produtiva e reprodutiva, outrora tão ruidosa, parece ter silenciado, como lembra Balme e Lazarowicz:

> A moderna teoria do teatro (numa concepção clássica) o entende como a transformação de um texto dramático em um sistema de signos que é apresentado em terceira dimensão, sob a produtiva assistência do espectador, que, por sua vez, não espera da apresentação um parecer, uma devota ou revolucionária sentença e sim um desafio à sua capacidade estética e cognitiva. E essa provocação, em caso bem-sucedido, contribui com o espectador para o atendimento de sua "vontade estética" e para um reconhecimento, que nem os atuais meios de comunicação, nem o esporte ou outros espetáculos tiveram ou têm a oferecer.[25]

Mas não teria sido sempre assim? O que mudou entre a fruição de ontem e de hoje? Talvez nada tenha, de fato, mudado tão radicalmente, se for levado em conta que o princípio da fruição permanece o mesmo, pelo menos desde alguns séculos, quando a ideia de arte que hoje se comunga passou a vigorar.

Contudo, o reconhecimento e o entendimento desse fenômeno sofreram mudanças e, para entender sua complexidade, para se alcançar a "serenidade hermenêutica" a que se refere Valverde, foi necessário percorrer um longo trajeto. Discorrer sobre fruição nunca foi considerado tão simples, como a princípio possa parecer. Exigiu e continua a exigir reflexão. O efeito da relação obra/espectador pode ser avassalador: pode confundir ou explicar o mundo. É uma experiência que ocupa um tempo cada vez maior da nossa existência e tem quebrado barreiras político-sociais.

Para chegar ao ponto de ser entendido e atendido em seus desejos, o espectador contou com diversos aliados. Na Rússia, enquanto Meierhold, em *Der Zuschauer als "vierter Schöpfer"*

25 Op. cit., p. 458.

(O Espectador Como "Quarto Criador"), de 1907, lançava o espectador à condição de quarto criador, criticando o teatro naturalista por subtrair do espectador a capacidade de ressignificar e complementar com sua fantasia aquilo que assistia – como acontecia quando ouvia a execução de uma orquestra, por exemplo – Taírov, por volta de 1920, reconhecia o importante papel do público, mas temia que o fato de ele se tornar tão ativo, como defendia Meierhold, comprometesse o futuro do teatro[26].

Para Taírov, o teatro deveria manter sua "sacralidade" e o público tinha que ser mantido afastado da cena. Atores não deveriam se aproximar do público através de rampas (inovação introduzida por Meierhold) nem vice-versa. Para ele era preciso que o lugar do público continuasse sendo o anfiteatro e a única rampa que poderia existir entre público e cena deveria ser para separá-los e não para uni-los. Caso contrário, experimentar-se-ia o caos, o absurdo, a falta de sentido das encenações. Ao público não caberia uma ativa participação no espetáculo, mas ele poderia sim ser considerado produtivo ao compartilhar do êxtase promovido pelo culto/encenação sobre o palco/altar.

Em Viena, o historiador da arte Dagobert Frey descreve, em texto de 1946, o caráter representativo do teatro e a experiência do espectador diante da representação da realidade como sendo uma "realidade estética"[27].

Nessa realidade estética, dois mundos se confrontariam ao mesmo tempo que se complementariam: o mundo real do espectador e o mundo real da representação. Ele credita toda a diversidade, pluralidade e modificações identificáveis na história do desenvolvimento do teatro a essa "esfera da realidade" que, por um lado, provoca no espectador uma separação, um distanciamento, uma oposição, um contraste e, por outro lado, uma aproximação, uma interpenetração, uma identificação.

Essa relação do espectador com a representação o faz mergulhar numa profunda reflexão sobre o sentido da vida, seja através da percepção da vida em si, seja através de uma atmosfera de sonho, como defende Frey. Dessa forma, o espectador cria para a

---

26 Cf. W. Meyerhold, Der Zuschauer als "vieter Schöpfer", em C. Balme; K. Lazarowicz (Hrsg.), op. cit.
27 Apud C. Balme; K. Lazarowicz (Hrsg.), op. cit.

realidade, para o mundo, seus próprios pressupostos, passando a interagir de forma mais complexa com esse mundo.

Embora o pensamento de Frey, na época, tenha sido considerado de grande relevância para as artes cênicas e para uma moderna teoria do teatro, dele foi cobrado um posicionamento sobre outra polêmica discussão vigente à época: o teatro deveria ser considerado um ritual, um ato sagrado ou pertenceria a outra esfera?

Uma de suas afirmações, segundo a qual somente uma nova fé poderia conduzir a uma nova forma de sociedade e a um novo teatro, até hoje é considerada dúbia e contraditória por muitos analistas de sua obra.

A DESCOBERTA DO ESPECTADOR[28]

Durante o período de pesquisa que originou este livro, em Berlim, num momento de interlocução para exercitar a língua alemã, comentava o entusiasmo diante da descoberta de material bibliográfico referente ao tema "recepção". Ao ser indagado sobre a obra que eu estava lendo naqueles dias, minha resposta foi: "A Descoberta do Espectador". Diante da resposta, outra pergunta, ingênua, mas bastante pertinente, me foi feita: "quando o espectador foi descoberto?" Por um instante passei a refletir sobre o assunto, em busca de argumentos que pudessem esclarecer o suposto mal-entendido que o título do livro causara: pode-se datar a "descoberta" do espectador? Não teria ele sido "descoberto" junto com o teatro – de acordo com a história de nossa civilização – na Grécia?

Responder a tais perguntas, no entanto, não encerraria o assunto. Diante da vasta discussão sobre estética e recepção, que ocupou influentes pensadores da história da arte, da literatura, da filosofia e da sociologia, pode-se ainda resgatar questões de caráter tão primário? Por que uma obra se dedicaria ao espectador e à sua descoberta se, de antemão, a história do teatro supostamente é feita pelos dramaturgos, encenadores,

---

28 Tradução do título cunhado por Erika Fischer-Lichte, que dá nome à sua obra *Die Entdeckung des Zuschauers*. Vale lembrar que, nesse contexto, a referência ao espectador restringe-se ao âmbito do teatro.

atores, cenógrafos, figurinistas, maquiadores e todos aqueles que se dedicam à sua plasmação? Qual o "papel" do espectador nesse contexto? Teria ele na sua condição de fruidor dado alguma contribuição relevante ao teatro em sua história? Se pensarmos, ainda ingenuamente, que sem o espectador não haveria teatro, a resposta seria sim.

Como "atua" o espectador? Que tipo de exigências faz? Como ele atesta o êxito ou fracasso deste ou daquele espetáculo? Voltando às salas de exibição e pagando novo ingresso? Aplaudindo exaustivamente? Recomendando o espetáculo a outros? Retirando-se da sala? Escrevendo uma crítica favorável? Apontando as falhas da encenação? Que mudanças de comportamento o teatro sofreu ao longo de sua história em detrimento do espectador? Que lugar e relevância ele ocupa na teoria produzida sobre o teatro?

Muitas respostas a essas questões já foram contempladas pela abordagem feita até aqui, embora não tenhamos esgotado o assunto.

A obra sinóptica de Marvin Carlson, *Teorias do Teatro*, especialmente no capítulo intitulado "O Século XX a Partir de 1980", apresenta comentários sobre o caráter da abordagem de importantes publicações da teoria do teatro em diferentes países, especialmente da Europa e dos Estados Unidos[29]. Para ele, apenas a partir dos anos de 1980 "as plateias passaram a constituir importante setor para a pesquisa teórica"[30].

Inicialmente a discussão ocupava uma pequena parte das *Semióticas do Teatro,* como já foi discutido anteriormente, mas logo adquiriria uma autonomia capaz de mobilizar influentes pensadores em diferentes áreas do pensamento. Como descreve Carlson, importantes autores, como Erika Fischer-Lichte, em sua *Semiotik des Theaters* (Semiótica do Teatro), de 1983, e Marco De Marinis, em *Semiotica del teatro: Una disciplina al bivio?* (Semiótica do Teatro: Uma Disciplina na Encruzilhada?), do mesmo ano, abandonaram a ênfase na análise estrutural do

---

29 Como se trata da sinopse da obra de Carlson, os autores referidos nas próximas páginas, com exceção do próprio organizador, não serão remetidos à bibliografia deste trabalho. O título e o ano de publicação das obras, contudo, serão contemplados no próprio corpo do texto.
30 *Teorias do Teatro*, p. 490.

texto dramático ou representado e passaram a considerar não apenas os contextos histórico e sociológico como também as implicações da recepção do ato cênico.

No entanto, um estudo anterior, de Gerald Hinkle, *Art as Event: An Aesthetic for the Performing Arts* (Arte Como Evento: Uma Estética Para as Artes Cênicas), de 1979, já afirmava que os aspectos representacionais do teatro possuem vínculos diretos com a nossa percepção da vida, que, por sua vez, reflete os demais eventos experienciados.

Também de 1979, a *Pragmasemiotik und theater* (Semiótica Pragmática e Teatro), de Achim Eschbach, já argumentava que o processo de recepção se constitui na ação básica para a compreensão do que se apresenta. Carlson chama a atenção ainda para o artigo de Ross Chambers, "La Masque et le miroir" (A Máscara e o Espelho), de 1980, que resgata a noção de *interpretante* presente na teoria semiótica de Peirce (concepção triádica do signo composta de significado-significante-interpretante) e que valoriza o signo que obteve equivalência no ato da fruição, em detrimento do modelo diádico saussuriano (significado-significante), cujo sentido se encerraria numa conotação dada. Dessa forma, para Chambers, o teatro deveria ser estudado por uma teoria que considerasse as relações entre o palco e o auditório.

Em artigo de 1981, "Performance and Perception" (Representação e Percepção), Frank Coppieters denunciou que na Inglaterra e na América do Norte existem poucas pesquisas sobre recepção, e as que existem consideram apenas métodos de massa e análises estatísticas.

O artigo de Patrice Pavis, "Pour une esthétique de la réception théâtrale" (Por uma Estética da Representação Teatral), de 1982, já propõe que recepção, leitura, hermenêutica e perspectiva sejam adotadas como critérios e estratégias para se pensar as obras de arte, alçando o espectador "a integrante final da equipe teatral". Coppieters sugere ainda a etnometodologia como estratégia alternativa para a análise dos participantes individuais da plateia, o que parece ter sido plenamente atendido pela disciplina Etnocenologia, criada na França por diversos teóricos.

Do próprio Carlson são citados três ensaios de 1990, presentes em *Theatre Semiotics: Signs of Life* (Semiótica do Teatro:

Signos de Vida). A conclusão, intitulada "Improvisação da Plateia", baseia-se na concepção de Iser, Jauss e Fischer, considerados por ele as referências mais importantes da teoria da recepção literária. Também apoiado em alguns princípios da hermenêutica, Carlson assinala que o teatro é um complexo dos mais ricos e frutíferos entre as artes e historicamente tem contribuído para antecipar mutações nos processos de recepção, possibilitando um jogo recíproco entre arte e cultura.

Uma nova questão relativa à presença de "celebridades" no palco integra as preocupações de Michael Quinn em "Celebrity and the Semiotics of Acting" (Celebridade e Semiótica da Interpretação), no qual especula que o modo como algumas produções se apoiam em nomes consagrados para atrair o público promove uma distorção no conjunto da obra, isto é, desvirtua as funções primordiais do teatro, de comunicação, provocação e educação, transformando o ato da fruição num ato de idolatria, de cunho superficial.

Carlson destaca também as considerações ligadas à psicologia, em três obras produzidas em 1982: Josette Féral, em seu ensaio "Performance and Teatricality: The Subject Demystified" (Representação e Teatralidade: O Sujeito Desmistificado), defende que os "fluxos" do sujeito encontram reverberação nos códigos do teatro, no ato da representação; André Helbo, em "Problèmes d'une rhétorique scénique" (Problemas de uma Retórica Cênica), enfatiza a relação mútua do ator e da plateia como responsável por uma "urdidura" de certos padrões, de certa energia, e que essa "urdidura" está sempre em transformação, é sempre mutável e instigante para o espectador; e Michael Kirby, em "Nonsemiotic Performance" (Representação Não Semiótica), argumenta que o público não "decodifica" a representação, uma vez que a sua experiência é de natureza sensorial, referente às relações que envolvem a visão e a audição.

Numa quarta obra, de 1983, *The Impossible Theatre: A Manifesto* (O Teatro Impossível: Um Manifesto), de Herbert Blau, baseada na teoria de Freud, Derrida e Lacan, uma importante pergunta é colocada: o que o teatro presentifica? O próprio Blau empreende uma resposta ao afirmar que no teatro o que se apresenta e se transforma em realidade torna-se apenas uma "pálida" lembrança do que foi. Mais recentemente, em 1990, em

"The Presence of Mediation" (A Presença da Mediação), Roger Copeland discute a *teoria metafísica* de Artaud e a *teoria social* de Brecht com base no conceito de "simulações", proposto pelo francês Baudrillard. Ele argumenta que já há uma superação da lógica marxista na pós-modernidade e que os jogos de representação são livres de signos, do mesmo modo que o real não pode ser reproduzido e será sempre o que foi.

Abordagens de caráter fenomenológico são também referidas por Carlson em sua obra, sobretudo por trazerem alguns aspectos que se contrapõem aos da teoria semiótica. Bert States, em *Great Reckonings in Little Rooms* (Grandes Cálculos em Pequenos Compartimentos), de 1985, sugere que o espectador converte a realidade física teatral em imagens e depois em convenções; Jean Alter, em *A Sociosemiotic Theory of Theatre* (Uma Teoria Sociossemiótica do Teatro), de 1990, argumenta que o teatro deve se aproximar de considerações mais fenomenológicas das suas funções, da sua performance, característica dos eventos ligados aos esportes e ao circo, e que deve escapar das "operações da semiose". Para o autor, o encantamento por essas "operações" tem sido responsável por resultados que enfadam o espectador e o afasta das salas de espetáculo.

Um dos exemplos de como se aproximar da função fenomenológica referida por Carlson foi dado por Walter Cohen, que em sua "Political Criticism of Shakespeare" (Crítica Política de Shakespeare), de 1987, salientou como alguns dramaturgos contemporâneos buscam material em outros discursos culturais não literários utilizando matéria-prima presente em sonhos, festivais, diários, anotações autobiográficas, modelos de roupas, reportagens distintas, certidões de nascimento e óbito, prontuários de hospícios, entre muitas outras possibilidades, o que seria uma forma contemporânea de se manter em sintonia, de atender às expectativas do público.

Não é o objetivo aqui valorar ou mensurar cada um dos aportes teóricos referidos por Carlson. Não se pode deixar de reconhecer, contudo, que cada um deles desempenha um importante papel no sentido de colaborar para a diversidade de opiniões no âmbito da teoria que se produz sobre o teatro, uma teoria que se ocupa, de forma cada vez mais crescente, com o estabelecimento de códigos culturais, que tem reunido disciplinas tradicionalmente dispersas, que tem se encarregado da valorização do sujeito e de suas diferenças, que tem procurado, enfim, atender a uma demanda latente do espectador.

E como ele próprio justifica:

Em nossos dias, uma crescente consciência da instabilidade do eu e das complexidades e inter-relações entre o eu, a cultura e a linguagem nos vêm distanciando ainda mais desse mundo de ingênua retidão. Numa época de discursos conflitantes, parece cada vez mais irrelevante (se é que isso já foi verdadeiramente relevante) perguntar qual teoria do teatro é correta, devendo-se antes perguntar para quem e para que propósitos cada teoria foi desenvolvida e para que propósitos ela foi ou poderia ser utilizada.[31]

Anne Ubersfeld, em sua obra já citada, *L'École du spectateur*, o descreve como a personagem chefe, que, embora não apareça em cena nem provoque risos, não é apenas o destinatário do discurso verbal e cênico, não é um mero rei da festa, é o eixo do processo de comunicação teatral, o artífice de uma prática que se articula e se desenvolve continuamente.

Comparando o espectador do teatro ao do cinema, a autora afirma que, no segundo caso, através do plano de decupagem, o espectador é conduzido pela mão, ao passo que, no teatro, ele mesmo faz seus enquadramentos, organiza livremente sua percepção, é o coprodutor do espetáculo em dois momentos decisivos: na partida e na chegada.

Por partida entenda-se aqui o processo de construção do espetáculo que envolve o escritor, o dramaturgo (de todas as formas em que hoje se apresenta), o diretor, o dramaturgista[32], o cenógrafo, os atores, o iluminador etc. Em todas as fases, do princípio ao fim, o espectador está presente.

Esse espectador é denominado pela autora de A. Seria o espectador que colabora para a concepção da didascália

---

31 Ibidem, p. 517.
32 Nos países da Europa e nos Estados Unidos, e isso também está se tornando comum no Brasil, a função do dramaturgista não se confunde com a de dramaturgo. O dramaturgista é um especialista que geralmente presta orientação no processo de montagem de um espetáculo, tenha ele suas bases em textos pré-existentes (escritos) ou não. Na Bahia, essa função tem sido exemplarmente exercida pela também dramaturga Cleise Mendes.

presente em cada texto, como as unidades de tempo e espaço nas quais se situam as personagens.

O espectador B é aquele que assiste à peça, portanto o espectador presente na chegada. Nesse momento é que se estabelece o contrato entre público e encenação, que muda seus códigos de acordo com o universo de percepção, com as condições socioeconômicas do espectador, por exemplo, sempre em relação com o modo de representação.

Em considerações de caráter sociológico, Ubersfeld argumenta que

> o encenador constrói seu espetáculo, conscientemente e não conscientemente, em função da pré-construção ideológica e cultural de seus contemporâneos. Uma dialética se estabelece entre o que ele pensa do seu espectador e o novo, que se fará compreender. Esta dialética delimita, sem dúvida, o enorme lugar do espectador no projeto teatral[33].

Na obra *Die Entdeckung des Zuschauers* (A Descoberta do Espectador), Fischer-Lichte descreve historicamente como o espectador passou a integrar e a influenciar determinantemente as preocupações dos encenadores, dos profissionais de teatro. Num retrospecto histórico, ela aponta o compositor Richard Wagner como um dos primeiros encenadores a combater a passividade do espectador[34], cujos registros em sua obra *Oper und Drama* (Ópera e Drama), de 1851, consideravam o espectador um necessário cocriador da obra de arte *(notwendige Mitschöpfer des Kunstwerks)*.

A autora destaca os apontamentos do encenador Meierhold, em seus escritos publicados sob o título *Zur Geschichte und Technik des Theaters* (Para a História e Técnica do Teatro), de 1907, que se preocupou em registrar quatro pilares para o seu teatro: o autor, o diretor, os atores e o espectador. Se tal concepção hoje em dia pode "soar" ingênua, deve-se advertir que em seu contexto histórico ela adquire extraordinária relevância, o que já foi abordado no item anterior deste capítulo.

Outra referência apontada por Fischer-Lichte é o Manifesto do Teatro Futurista, elaborado por Tommaso Marinetti,

---

33 *L'École du spectateur*, p. 305.
34 O que nesse contexto pode parecer contraditório, principalmente levando-se em conta as críticas às encenações de Wagner até aqui reproduzidas.

na Itália. Existem três versões, de 1909, 1911 e 1913. A última versão faz propostas radicais para pôr o espectador em "atividade", para chocá-lo e retirá-lo de sua notória letargia e passividade. São destacadas aqui algumas passagens por seu caráter lúdico:

- Passar cola numa poltrona para que o espectador, ao perceber, perca sua serenidade e promova tumulto;
- Vender o mesmo lugar para mais de uma pessoa, e assim provocar uma disputa;
- Encenar, dentro de um espetáculo, trechos do teatro clássico, de forma a ridicularizá-lo.[35]

Vale ressaltar que, apesar da jocosidade presente no trecho acima, o movimento futurista tinha sérios propósitos e buscava combater a "banalidade, a mediocridade, os espetáculos de fácil digestão" que abundavam na Itália, mais especificamente na cidade de Parma.

Mesmo que se possa afirmar que grande parte das "reivindicações" feitas há um século, descritas até aqui, foram atendidas, algumas encenações da atualidade parecem negar esse apelo, insistindo em adotar formas e métodos outrora tão combatidos, mas que ainda hoje mantêm seu lugar na pluralidade característica da cena teatral contemporânea em todo o mundo.

Na cena teatral brasileira, são muitos os exemplos aos quais se poderia recorrer para exemplificar a tentativa de romper com as convenções mais tradicionalistas, mais conservadoras.

As experiências do Teatro Oficina, em São Paulo, são exemplos relevantes. Como defende o diretor José Celso Martinez, suas encenações têm por objetivo restaurar o espírito do teatro em sua origem grega e restabelecer a atmosfera do culto ao deus grego Dionísio, que teria sido desprezado pelo teatro ao longo de sua história.

Na encenação de *As Bacantes*, de Eurípides, apresentada em Salvador no ano de 1997, num circo especialmente montado para esse fim, o espectador era envolvido na ação dramática, submetido a situações consideradas constrangedoras, "convidado" a banhar-se, a se despir ou ser despido, o que provocava

---

35   Cf. E. Fischer-Lichte, *Die Entdeckung des Zuschauers*, p. 11.

um misto de medo e atração no restante da plateia, que temia ser também abordada.

Hoje é impossível saber se o teatro de José Celso Martinez realmente se aproxima dos modos gregos de representação, se o resgate a que ele se refere corresponderia, em alguma instância, ao culto de Dionísio. Se falso ou verdadeiro, não nos cabe julgar. Isso se tornou irrelevante, na medida em que a liberdade de interpretar alcançou lugar privilegiado na história do pensamento, e especialmente no âmbito das artes cênicas isso se comprova de modo inquestionável, como foi discutido até aqui.

Por outro lado, a história do teatro registrou alguns episódios nos quais ocorre um imbricamento, uma interseção dos diferentes modos de produção. Alguns deles podem ser identificados. O intercâmbio de influências entre os diferentes países, como ocorre quando um encenador baiano encena um drama de língua alemã, é um dos aspectos mais relevantes da abordagem aqui feita, exemplificada a seguir.

A Encenação da Cultura

BREVE HISTÓRICO DO INTERCÂMBIO CULTURAL
NO TEATRO OCIDENTAL

O intercâmbio de experiências entre os diferentes países e culturas acontece desde o início de nossa civilização. Alguns historiadores atribuem o sucesso da civilização grega à tolerância ao outro. Mesmo após a decadência do império, os valores romanos ainda eram propagados, influenciando a formação de diferentes povos. A presença árabe na Península Ibérica também espalhou sua influência pelo continente europeu, deixando suas marcas seja no campo da filosofia, da ciência ou da arquitetura. Esses são os exemplos mais conhecidos.

O interesse pelo estranho, pelo outro, se reflete também no mimetismo característico das artes cênicas. Há muito tempo diferentes países compartilham suas experiências, deixando-se influenciar mutuamente.

Em sua obra dedicada a esse assunto, *Das eigene und das fremde Theater* (O Teatro Singular e o Estranho), Fischer-Lichte cita o intenso intercâmbio no Japão do período Nara (nos anos de 646 a 794), quando a dança local e a didática dança-teatro budista sofreram influência dos modelos chineses e coreanos e de suas respectivas música e dança, resultando no bugaku e no gigaku. Artistas desses países viajavam para o Japão para ensinar sua arte, assim como artistas japoneses viajavam para as aldeias de Silla e Tang para aprender com mestres chineses e coreanos.

Segundo Fischer-Lichte, o teatro europeu é rico em exemplos similares desde o século XVI, quando

trupes inglesas, holandesas e italianas atravessavam os continentes com peças, estilos, técnicas e trocas. Na França Molière conseguiu um novo teatro cômico através da ligação da farsa tradicional francesa com elementos da *Commedia dell'Arte*: durante um tempo ele adaptou projetos italianos completos (como *L´Étourdi* [1659] e o *Le Dépit amoreux* [1659] e desenvolveu sistematicamente, por outro lado, outros tipos [como *Sganarell* ou *Scapiu*] aplicando uma técnica singular, até conceber o doente imaginário [1673]). Racine, por sua vez, chegou à perfeição do clássico teatro francês através dos recursos do trágico teatro grego. Ele estudou as tragédias gregas no original e as utilizou produtivamente em suas tragédias *As Tebanas* (1664), *Ifigênia* (1674) e *Fedra* (1677)[1].

Referindo-se à Alemanha, a autora recorre ao exemplo de Goethe, que desenvolveu para sua provinciana cena em Weimar, com a colaboração de Schiller, os dramas triviais cotidianos, recorrendo ainda às tragédias produzidas por Sófocles, Shakespeare, Calderón de la Barca, Corneille, Racine, ou às comédias de Molière, Gozzi e Goldoni.

Além disso, sabe-se que Goethe, modelo de erudição universal, deixou-se contaminar não somente por autores europeus como também pela literatura mundial, o que é verificável em sua mais famosa obra, *Fausto*, em que é evidente a influência oriental advinda da literatura indiana. A crítica, em sua época, recebeu com grande entusiasmo essa influência de cultura tão distante, numa obra considerada tão "nacional". Até hoje isso é motivo de admiração.

Fischer-Lichte se refere a fatos similares, como a presença de jesuítas no Japão, por volta de 1549, quando foi encenado o martírio de um cristo japonês, inspirado em histórias dos tiranos da época. Porém, a proibição do contato com o Ocidente, no período Edo (1600-1868), interrompeu a troca cultural

1   *Das eigene und das fremde Theater*, p. 9.

que se esboçava entre Oriente e Ocidente, só restabelecida no período Meiji (1868-1912).

A partir dos anos de 1920, esse intercâmbio cultural, considerado até então episódico, se intensificará de forma radical na Europa, através de encenadores como Gordon Craig, Meierhold, Taírov, Artaud, William Yeats, Brecht e Reinhardt, como relatou Fischer-Lichte:

> As mais importantes mudanças que o teatro vanguardista europeu promoveu iam contra o teatro literário-psicológico-ilusionista-realista; elas dizem respeito à espontaneidade, ao *status* do texto literário e da língua, à exploração da expressão corporal dos atores, bem como à concepção das salas, sua perspectiva e ao modo de recepção. A discussão em torno dessas inovações recebe importantes argumentos para a introdução de exemplos do teatro oriental – através de notícias recebidas daqueles países ou da presença de alguns artistas do teatro chinês e japonês: assim, hospedou-se em Paris, Londres, Berlim, São Petersburgo, de 1900 a 1902, entre outras, a trupe Otojiro Kawakamis. A dançarina japonesa Hanako visitou Berlim, Paris e Londres em 1907 e 1908. A trupe Kabuki Ichikawas Sadanji II esteve na Rússia em 1928. A trupe Tsutsuis Tokujiro se apresentou na Europa ocidental em 1930-1931 e Mei Lanfang, em Moscou, em 1935.[2]

A presença dessas trupes e artistas estrangeiros em Berlim mereceu comentários de teatrólogos como Brecht, para quem a técnica japonesa de treinamento dos atores deveria ser assimilada e utilizada não em sua totalidade e pureza, nem tão fielmente, mas como um interessante princípio para a "reteatralização" do teatro ocidental. Prova da assimilação proposta por Brecht ainda hoje podemos identificar não só através da teoria produzida por ele como também nos seus textos dramáticos.

Como já foi dito, além de Brecht, outros autores se deixaram influenciar por esse intercâmbio. A entonação melódica do teatro kabuki foi transportada com sucesso, por Antoine, na França, em encenações que provocaram grande *frisson* e introduziram o modo realista-naturalista de interpretação, que mudou por completo os rumos do teatro ocidental.

Todavia, esse intenso intercâmbio não era um fenômeno que se restringia à Europa. Como destaca a autora, paralelamente no

---

2   Ibidem, p. 13-14. Era a época das Exposições Universais, entre 1902 e 1908, em Paris, cujo papel foi determinante na promoção desse intercâmbio.

Japão e China, textos de Ibsen eram encenados e seus descritivos dramas domésticos/sociais eram acolhidos com clamor.

Os resultados desse intercâmbio cultural foram absorvidos de maneira muito diferente pelo Leste e Oeste da Europa, então dividida em dois blocos antagônicos – capitalistas e comunistas. Os encenadores do Leste se interessavam prioritariamente pelas características de cunho estético, ao passo que os encenadores do Oeste, além dessas, se interessavam também pelo caráter político-social que as novas encenações pudessem veicular.

Dessa forma o realismo-naturalismo dos dramas burgueses, no Leste, ia sendo substituído e encenadores como Brecht e Piscator desenvolveram sistemas mais complexos de encenação. O teatro didático e o efeito de estranhamento, por exemplo, anulavam a concepção da quarta parede, típica do teatro realista-naturalista.

Em outro exemplo de interculturalidade, Fischer-Lichte destaca a presença do teatro europeu e norte-americano na África, que, apesar da forte influência colonizadora, conseguia manter sua música, sua dança e seus rituais ligados às cerimônias tradicionais em montagens que eram inspiradas no teatro de revista francês, nos *minstrel shows* norte-americanos, no *music hall* inglês, nos musicais cinematográficos hollywoodianos, entre outros.

Também foi destacado pela autora o procedimento da Escola William Ponty, em São Luiz, no Senegal, quando os alunos, durante as férias, eram estimulados a anotar situações ligadas à tradição oral, resgatar mitos, lendas, contos, histórias, costumes tradicionais e, posteriormente, a adaptá-los à forma dos musicais norte-americanos.

Similarmente, na Nigéria, os *concert parties*[3], tipo de teatro musical ambulante de natureza litúrgica, se mesclava à música e às danças tradicionais locais mantendo também a língua iorubá.

---

3 Sequências de números musicais comparáveis às cantatas do período barroco, que agregavam solistas e madrigais.

O ESPECTADOR E AS INOVAÇÕES
NO TEATRO DO SÉCULO XX

Em *A Descoberta do Espectador*, Fischer-Lichte comenta algumas resenhas sobre teatro, publicadas no início do século XX. As resenhas descreviam com minúcias as experiências de algumas encenações que exploravam as mudanças de comportamento entre a cena e o espectador.

Como já foi dito, alguns encenadores desse período inspiraram-se nos princípios do teatro oriental com o objetivo de despertar no público um estado letárgico, misto de embriaguez e transe, de deixar a imaginação criativa se desenvolver livremente ou simplesmente chocar o espectador.

Para isso os tradicionais locais de encenação, isto é, os teatros com palco italiano e sua "quarta parede", eram substituídos por plataformas, rampas à frente e detrás dos espectadores, palcos nus, escadarias, arenas e semiarenas, portas giratórias, engrenagens ou qualquer outra forma que envolvesse a plateia em uma atmosfera diferente da que estava até então acostumada. A ajuda de arquitetos foi decisiva para a realização dessas novas ideias. Max Reinhardt, por exemplo, contou com a colaboração do cenógrafo Emil Orlik, que estudara no Japão os procedimentos da arte com madeira.

Desde 1900, com a presença das primeiras companhias japonesas na Alemanha, críticos e teatrólogos demonstraram entusiasmo pela nova forma de concepção da cena: louvavam o desempenho de atores e sua nova forma de linguagem corporal; o modo de usar os elementos de cena; a riqueza material e sígnica dos figurinos; as convenções de entradas e saídas de cena; o poder de síntese da linguagem e seus símbolos; a nova forma de concepção das salas de apresentação; e a forma de dispor palco e plateia.

Para Fuchs, a dança e as encenações do teatro kabuki revelavam novas possibilidades de restabelecer o poder expressivo da cena teatral alemã e de libertar a cultura da crise em que vivia. Na encenação de *Sumurun,* em 1910, Reinhardt dava um importante passo para retirar o teatro do impasse, da crise a que se referia Fuchs. A subjetividade explorada na encenação provocou curiosidade, movimentou as opiniões e despertou o entusiasmo da crítica e do público, como se pode verificar na seguinte observação:

Em *Sumurun,* Reinhardt encenou a condição sob a qual recepção e constituição de sentido foram postas como processo subjetivo e definiu como fundamentalmente novo o papel do espectador. Ao espectador não bastava apenas ter uma compreensão externa da realidade posta, mas também conquistar uma nova e vindoura realidade. Isso partiu de uma atividade predominantemente hermenêutica, redefinida em uma produtiva, criativa e experimental atividade. O espectador foi concebido e postulado como parte da ação, e a recepção, concebida como produção. Nesse sentido *Sumurun* pode ser entendida como uma das primeiras formulações teatrais com uma radical recepção estética.[4]

Num palco inspirado no teatro kabuki denominado *hanamichi*, Reinhardt fez os atores, em sua pantomima, "desfilarem" em caminhos de flores. Tal ação promoveu uma interação harmoniosa entre atores, figurinos e luzes coloridas; conduziu o espectador a uma atmosfera onírica; redimensionou as possibilidades de significação da cena; solicitou do espectador sua própria leitura; e inaugurou um método que combatia a linearidade, a casualidade, a lógica da ação, a predominância do discurso e o logocentrismo da escrita.

Outro exemplo que se destaca dessa época é a montagem de *Die gelbe Jacke* (A Jaqueta Amarela) no período anterior à Primeira Guerra Mundial. Apresentada em várias cidades, tendo à frente diferentes diretores, a encenação de trechos de textos chineses da Ópera Canton, adaptados por George C. Hanzelton e Berino, obteve invulgar êxito em cidades como Nova York, Londres, Madri, Dusseldorf, Berlim, Viena, Budapeste, São Petersburgo e Moscou. Dirigida por Reinhardt, na Alemanha, em 1914; Gustav Lindemann, em Dusseldorf, em 1914; Alexander Taírov, em Moscou, em 1913; e pelo grupo do Teatro Duque de York, em Londres, em 1913, o acolhimento do público e da crítica demonstrava o quanto as afinidades dos espectadores haviam se reorientado.

Nesse espetáculo, numa concepção formada por um coro e um mestre de cenas, ao espectador era apresentado inicialmente, através de falas do coro dirigidas a ele, o modo como se

---

4 Op. cit., p. 56.

passaria o espetáculo, prevenindo-o de que ele era parte integrante da encenação, o que estabeleceria assim um processo metacomunicativo.

Desde o início da apresentação, o espectador era convidado a aceitar que se encontrava num teatro chinês e o mesmo coro descrevia as regras da cena, tais como o sentido do uso de diferentes cores, os locais onde se passavam as cenas e o desenrolar de determinadas ações e seu sentido. O palco vazio seria assim preenchido pela imaginação e fantasia de cada espectador, a partir de propostas singulares. Os poucos objetos de cena, como cadeiras, mesas etc., transformavam-se em outros objetos, de acordo com a necessidade de cada ação. Eram objetos virtuais que mudavam de sentido, explorando a mobilidade do signo teatral, até então pouco comum no teatro ocidental.

Certamente essas mudanças preenchiam os anseios dos espectadores, premiados com as novas formas de encenação. A resposta ao apelo de resgatar o teatro da crise cultural que experimentava parecia ter sido dada. Outras mudanças, porém, estavam por vir. O movimento político que dominava a Europa se manifestara também através do teatro. E para isso haviam encenadores engajados, como Erwin Piscator, que acusava o "teatro da sociedade burguesa" e o movimento cultural como um todo de descomprometimento com a cultura proletária. O espectador precisaria ser "ativo" politicamente.

Assim, foi fundado o Teatro Proletário, inicialmente concebido como um instrumento da luta de classes. Visto, a princípio, com descaso pelo partido comunista, o teatro precisava atender às exigências partidárias. Nos anos de 1920-1921, então, o conceito do Teatro Proletário se radicalizou: o elenco era formado apenas por trabalhadores; os locais de apresentação deveriam ser salas sem decoração; as encenações deveriam ir ao encontro da massa, onde ela estivesse. Em seus escritos, Piscator descrevia os resultados de forma entusiástica. Jogo e realidade se misturavam, e as apresentações eram um misto de "teatro" e manifestação. O público gritava junto, sentia que não estava numa peça de teatro, mas numa peça da vida, na qual ele estava incluído.

Ainda a serviço do partido comunista, a partir de 1924, Piscator já encenava num teatro tradicional, o Berliner Volksbühne, com o comprometimento de conceber espetáculos para um público proletário. Entretanto, as inovações estéticas, como as projeções de cenas filmadas, já atraíam parte do público burguês. Entre 1927 e 1929, seus espetáculos já contavam com um público heterogêneo, composto pela alta burguesia, juventude radical, artistas e intelectuais.

Dessa forma o teatro proletário transformava-se no teatro épico. Após desentendimentos com intendentes do Volksbühne e parte de seu elenco, Piscator decidiu construir seu próprio teatro. Para isso contou com a colaboração do arquiteto da Bauhaus, Walter Gropius. O sofisticado projeto do teatro total incluía radicais modificações na concepção física do prédio e privilegiava um sistema de projeção de filmes, em semiarena, com capacidade para 2 mil espectadores.

Assim, ele pretendia resgatar o público de sua apatia intelectual. As encenações deveriam ser compostas de um caráter histórico, político e científico ao mesmo tempo que privilegiariam não mais o indivíduo e sua privacidade, mas o destino das massas. A falta de apoio financeiro, contudo, levou-o a continuar encenando em teatros tradicionais com palcos italianos[5].

Seguramente pode-se encontrar na história do teatro – principalmente nesse período, quando sua relevância no contexto sociocultural pode ser considerada ímpar – vários outros importantes exemplos.

Os encenadores, apoiados em referências de diferentes culturas, contribuíram para o surgimento de novos modos de encenação e, consequentemente, novos modos de recepção.

As possibilidades de troca cultural no mundo contemporâneo são inumeráveis. A presença estrangeira, sobretudo em países como Alemanha, França, Inglaterra, Itália, Espanha, Portugal, Estados Unidos, hoje é discutida não apenas no âmbito político-social como também no plano cultural.

O imbricamento de diferentes culturas, principalmente nesse mundo denominado globalizado, é algo irreversível. Diferentes povos em busca de melhores condições de vida instalam-se nos países de primeiro mundo, levando consigo suas tradições, sua língua, suas comidas típicas, sua religião, sua música, sua dança, seu esporte, seu teatro ou sua teatralidade.

5   Ibidem, p. 151-158.

A dramaturgia contemporânea produzida nessas cidades, assim como as reencenações de textos antigos, continuam incorporando esses costumes, os problemas e as modificações advindos desse cruzamento cultural.

O teatro e os demais setores artísticos há muito se alimentam da novidade. O estranho exerce uma fascinação sem limites sobre o outro e a oferta cultural nos grandes centros do mundo é quase sempre estonteante. A diferença tem papel preponderante na atração dos "consumidores" dessa oferta.

O fato de oferecer ao público um tema "diferente", algo estranho a si, garantiria aos encenadores, às suas obras, um maior êxito? E onde teria lugar a reivindicada universalidade da obra de arte nesse contexto? Que acontece quando um encenador do Brasil – um país que é marcado desde sua origem pela diversidade cultural advinda da colonização – toma em suas mãos um texto de autor estrangeiro, como Shakespeare, Brecht, Goldoni, Molière, Goethe, Racine, entre tantos, para realizar seu espetáculo? Parafraseando questões de Fischer-Lichte, o que é próprio e o que é estranho na encenação dos dramas de outra cultura? Como se pode distinguir esses traços culturais? O que caracteriza esta ou aquela cultura? O que é cultura?

OS DIFERENTES USOS E SENTIDOS DO TERMO "CULTURA"

O primeiro título pensado para este livro foi *Diálogo de Culturas*. Embora tenha sido reformulado, a discussão sobre a palavra "cultura" se torna necessária por ser um termo de uso muito frequente, carregado de complexidade e paradoxismo.

Durante o período de elaboração do trabalho que originou este livro, o título, ao ser mencionado, remetia à pergunta se, de fato, a encenação de textos de língua alemã na Bahia refletia um diálogo ou simulária uma relação colonizadora entre Alemanha e Brasil, de acordo com uma concepção eurocentrista que já foi mais predominante do que hoje e que se pauta nas noções de cultura superior e cultura inferior. Alguns interlocutores chegaram mesmo a sugerir a forma interrogativa para o título, devido a questões como essas.

O uso recorrente e frequente do termo "cultura", que se empresta às diferentes áreas do conhecimento, mas que está especialmente relacionado à educação, à sociologia, à antropologia, às artes, à filosofia, à psicologia e, atualmente, às teorias da comunicação, também reflete aqui essa multiplicidade. O teatro é uma produção artístico-cultural que reflete certas características do grupo social que a produziu. No caso abordado por esta pesquisa, especificamente, da sociedade alemã.

A natureza paradoxal do termo nos leva a uma pergunta que pode soar como chavão, mas que é pertinente neste contexto: o teatro produz cultura ou a cultura produz o teatro? Para responder a essa questão, é necessário verificar alguns dos diferentes sentidos do termo "cultura". Note-se que aqui optou-se por "sentidos" e não por conceitos, o que será esclarecido mais adiante.

Hoje convivemos com "versões de cultura", tal como defende Terry Eagleton no primeiro capítulo da obra *Was ist Kultur?* (O Que É Cultura?). Segundo ele, a associação entre cultura e natureza, também presente na etimologia do termo, tornou-se um modismo nos dias de hoje.

Como apontam as investigações no âmbito da linguística histórica, a raiz latina de cultura, do verbo *colere*, já guarda grande margem de possibilidades de aplicação e, retornando-se a ela, o termo "cultura" poderia ser traduzido por: cuidar de, guardar, criar (no sentido de domesticar), cultivar, colher, habitar, adorar, proteger, amparar, defender.

Outros autores associam ao mesmo verbo, *colere*, apenas o significado de cultivar. *Cultus*, também oriundo de *colere*, corresponde a costume e, posteriormente, originou o termo religioso "culto". Dessa forma, recorrendo-se à raiz latina, pode-se dizer que certas expressões consistiriam em tautologias.

Monclar Valverde esclarece que o emprego do termo "cultura" requer certa cautela, especialmente no que tange ao caráter lógico e terminológico do termo, no qual teria origem sua natureza paradoxal:

A cultura é um desses termos guarda-chuva em que cabem várias coisas. Falamos de cultura nacional, cultura planetária, cultura baiana, cultura de empresa, cultura de clube de futebol etc. etc. Está sendo usada em diversas acepções. E é muito arriscado quando fazemos usos abstratos e orais sem levar em conta o trânsito que este termo tem no nosso universo mental. Então a primeira coisa é saber de que estamos falando quando falamos de cultura. Isso acontece muito facilmente sem causar nenhuma crise em nossa linguagem cotidiana. Mas quando tentamos pensar numa forma mais detalhada e sistemática sobre o assunto, isso pode nos atrapalhar profundamente. O paradoxo de Husserl advém do paradoxo de Creta e recebeu seu nome porque ele conseguiu estabelecer um critério de separação, dizendo o seguinte: quando nós temos classes de tipológicos distintos, qualquer formulação que migre de uma classe para outra é paradoxal. Quando um cretense diz a um estrangeiro: "todos os cretenses são mentirosos", essa frase é pronunciada por um cretense, portanto ela também é mentirosa. Então estamos numa situação no regime do paradoxo. Se eu faço uso de um termo que se aplica a um contexto restrito, como falar da cultura de minha empresa, que, por sua vez, integra a cultura nacional, estou fazendo uma afirmação de caráter arriscado, de caráter paradoxal. Ocorre uma migração de níveis lógicos diferentes.[6]

Assim, seria difícil optar por uma resposta para a questão acima colocada: o teatro produz cultura ou a cultura produz o teatro? A seguinte afirmação relacionada a Shakespeare oferece pistas para a discussão: "A natureza produz a cultura, que muda a natureza". Para Eagleton, esse foi um mote explorado pelo dramaturgo inglês em suas últimas comédias, nas quais cultura aparece como um meio de reiteração própria e permanente da natureza. Trata-se de uma acepção que opera um jogo dialético em que a natureza cria seus próprios mecanismos de transcendência.

Outra concepção de cultura teria surgido com a discussão sobre a evolução humana. Com a isenção das interpretações de cunho religioso, a discussão sobre cultura passou a integrar a máxima: "tudo que é cultural é humano, tudo que é humano é cultural".

Contudo, essa noção de cultura relacionada à natureza, assim como as demais noções, evolui para outro sentido, que passa a ocupar lugar na antropologia e na filosofia, e supõe cultura como uma segunda natureza. Para Valverde, "falar da naturalização da

---

6   A citação que se segue, assim como as demais constantes nos próximas páginas, foram obtidas através da transcrição das palestras que integraram o evento Noites Culturais, gravadas e depois transcritas por funcionários do Instituto Goethe de Salvador. O objetivo do evento era apresentar as acepções do termo "cultura" sob o enfoque das diferentes áreas do conhecimento.

cultura é falar em morte da cultura". Ele defende que a partir do momento em que a cultura é entendida como algo natural, como um dom, como "algo que vem dos meus genes ou do meu nascimento", ou da minha comunidade, isso nos colocaria numa situação de passividade, na qual a cultura é apenas recebida e exercida sem que haja um questionamento, sem que se coloque em dúvida essa herança e então "ela passa a ser apenas uma reiteração, uma repetição".

Cultura se tornou também, por longo período, a própria marca de civilização. Essa concepção reintroduziu, contraditoriamente, o uso do vocábulo "aculturados", como se diz hoje, por exemplo, dos remanescentes de algumas tribos indígenas que se distanciaram, em alguma medida, dos seus costumes, de suas línguas e de sua religião.

Algumas dicotomias, como cultura e relativismo, cultura e nação, cultura superior e cultura inferior, cultura popular e cultura erudita, se estabeleceram e sobre elas muito já foi escrito.

O antropólogo norte-americano Clifford Geertz – autor de *The Interpretation of Cultures* (A Interpretação das Culturas), célebre obra que influenciou uma geração de pensadores, publicada no Brasil em 1973 – ao passar a limpo seu percurso teórico e acadêmico, produziu a obra *Available Light: Anthropological Reflections on Philosophical Topics* (Nova Luz Sobre a Antropologia), em forma de *Bildungsroman* (romance de formação). Ele narra como foi, paulatinamente, sendo escolhido por esta ou aquela "disciplina" ou "especialidade", a exemplo das ciências da literatura e da filosofia, até chegar à antropologia. E admite:

Todo mundo sabe de que trata a antropologia cultural: da cultura. O problema é que ninguém sabe muito bem o que é cultura. Não apenas é um conceito fundamentalmente contestado, como os de democracia, religião, simplicidade e justiça social, como é também definido de várias maneiras, empregado de formas múltiplas e irremediavelmente impreciso. É fugidio, instável, enciclopédico e normativamente carregado. E há aqueles, especialmente aqueles para quem só o realmente real é realmente real, que o consideram inteiramente vazio ou até perigoso, e que gostariam de eliminá-lo do discurso sério das pessoas sérias. Em suma, um conceito improvável sobre o qual se tenta construir uma ciência.[7]

---

7   *Nova Luz Sobre a Antropologia*, p. 22.

Ainda sobre a questão do conceito, Geertz relata um episódio bastante ilustrativo: ao chegar a Harvard na década de 1960, onde se dedicaria aos estudos antropológicos depois de ter se dedicado a uma formação literária e filosófica, foi recrutado por Kluckhohn e Alfred Kroeber, entre outros responsáveis pela disciplina, a fazer uma revisão, sugerir mudanças, esclarecimentos, reconsiderações etc., de uma importante obra que relacionava 173 definições de cultura, subdivididas em treze categorias. O exercício, no entanto, teve um efeito inesperado em sua formação, principalmente após verificar que as discussões sobre a aplicação dos sentidos de cultura cresciam vertiginosamente e que, mais grave que isso, estavam apenas começando. Desde então, confessa, assumiu involuntária e inconscientemente como tarefa reduzir a concepção, o conceito de cultura a um tamanho adequado, e passou a entender a cultura por um viés menos "vasto", pelo menos da palavra, não da *coisa*, pois, segundo ele, a *coisa* não existe. Todavia, ao que parece, sua tarefa não podia ser cumprida, uma vez que o mundo já estava impregnado, já compartilhava de uma ideia segundo a qual todos tinham uma cultura e ninguém tinha mais de uma:

> Os Kwakiutl eram megalomaníacos, os Dobu, paranoicos, os Zuni, equilibrados, os alemães, autoritários, os russos, violentos, os americanos, práticos e otimistas, os samoanos, descansados, os Navajo, prudentes, os Tepotzlano, inabalavelmente unidos ou irremediavelmente divididos, os japoneses, envergonhados – e todo mundo sabia que [estes povos] eram assim por causa de sua cultura.[8]

Assim sendo, poder-se-ia arriscar uma definição de cultura brasileira?

CULTURA, ARTE E POLÍTICA

Teixeira Coelho, professor da Escola de Comunicações e Artes da Universidade de São Paulo, há anos tem se dedicado às questões que envolvem arte, cultura e política, e produzido algumas obras sobre o assunto. Em uma atualização do seu pensamento,

[8] Ibidem, p. 23.

ele faz uma abordagem que inclui os novos paradigmas e as discussões sobre globalização, que se tornaram tão recorrentes e, para muitos, tão inevitáveis. A movimentação eletrônica de capitais entre os países, que da noite para o dia faz com que um país "desapareça" economicamente, causando uma devastação material e moral, além das invasões militares que se apropriam de riquezas brutas ou promovem bloqueios econômicos, seria um exemplo[9].

Ele alerta, no entanto, que seu livro não pretende se ocupar dessas grandes guerras culturais e sim das guerras culturais moleculares, cotidianas, que seriam mais difíceis de enfrentar por sua característica difusa.

Uma das faces mais hediondas da guerra cultural na atualidade, segundo Coelho, se apresenta mascarada, envolta numa aura glamorosa e irresistivelmente sedutora: é aquela sustentada pela publicidade e que serve, entre outras coisas, aos interesses de uma geração de *yuppies* que elegeu como objetivo o ganho de dinheiro imediato, de modo a ignorar as implicações da arte.

Coelho acredita que uma das formas de reverter os danosos efeitos dessas guerras culturais é se amparar no pensamento de Artaud, uma vez que ele revela um desejo de confluência entre a vida e a arte, algo que a cultura industrial esquece e termina por ocultar.

A concepção de cultura postulada por Artaud em sua obra publicada por volta de 1936, *Le Théâtre et son double* (O Teatro e Seu Duplo), especialmente no prefácio, intitulado "Le Théâtre et la culture" (O Teatro e a Cultura), não perdeu sua atualidade e parece mesmo se aplicar à situação brasileira a que se referira Valverde. Por isso não seria incongruente "improperar" com as palavras do teatrólogo francês, quando brada:

Protesto contra o estreitamento insensato que se impõe à ideia da cultura ao se reduzi-la a uma espécie de inconcebível Panteão – o que provoca uma idolatria da cultura, assim como as religiões idólatras põem os deuses em seus Panteões.

Protesto contra a ideia separada que se faz da cultura, como se de um lado estivesse a cultura e, de outro, a vida; e como se a verdadeira cultura não fosse um meio apurado de compreender e de exercer a vida.[10]

---

9   Cf. *Guerras Culturais: Arte e Política no Novecentos Tardio*.
10 *O Teatro e Seu Duplo*, p. 18.

"Ao teatro cabe o papel de renovar a vida", pensava Artaud, em um momento e em um contexto bem diferentes do que vivemos na Bahia que encena a cultura de língua alemã. Ressalte-se, ainda, que para ele a função do teatro está relacionada aos atos inúteis e sem proveito para o momento presente e que graças a essa "gratuidade frenética", a esse "flagelo", é que o teatro pode ser chamado de peste. E pelo fato de o jogo teatral ser "um delírio, que é comunicativo", pode-se conjeturar que tal concepção de teatro não pode ser datada.

Como ressalta Teixeira Coelho, além dos problemas oriundos do modo como se concebe e se conduz a cultura no Brasil, ainda há nesse momento uma questão central a ser enfrentada: a da identidade cultural. E lembra que, assim como existe o entusiasmo pelo sentido antropológico de cultura, existe também uma perseguição por uma identidade brasileira.

CULTURA E IDENTIDADE

Ao analisar *o mundo em pedaços,* pós-queda do muro de Berlim, pós-dissolução da União Soviética, o "mundo das potências compactas e blocos antagônicos, de arranjos e rearranjos de macroalianças", Geertz salienta que vivemos um esgarçamento generalizado, o que torna difícil relacionar as realidades locais com as globais. Por isso é partidário da opinião de que esses estilhaços devam ser analisados aos poucos, caso a caso.

O autor investiga qual o atual lugar dos conceitos integradores e totalizantes, como os de tradição, identidade, religião, ideologia, valores, nação, diante do despedaçamento ou desmontagem do mundo. E indaga: como situar esses conceitos aos quais estávamos acostumados a usar para organizar as ideias sobre a política mundial e, em especial, sobre a semelhança e diferença entre povos, sociedades, estados e culturas? Ele mesmo propõe uma resposta:

Não existem, segundo se afirma, narrativas mestras sobre a "identidade", a "tradição", a "cultura" ou qualquer outra coisa. Há apenas acontecimentos, pessoas e fórmulas passageiras, e, mesmo assim, incoerentes. Devemos contentar-nos com histórias divergentes em idiomas irreconciliáveis, e não tentar abarcá-las em visões sinópticas. Tais visões são impossíveis de se obter. Tentar obtê-las leva apenas à ilusão – ao estereótipo, ao preconceito, ao ressentimento e ao conflito.[11]

Valverde lembra que a afirmação da identidade que atualmente se reivindica no Brasil e todo esse discurso em torno da necessidade de cada um, de cada cidadão, de cada sujeito se ater ao seu horizonte de origem, à sua raiz, e desenvolver as potencialidades de sua raiz em última instância só reforçaria certo caráter consumista da cultura identitária e, assim como Geertz, afirma que agir assim seria, de certa forma, matar a cultura,

pois se a cultura for uma coleção de tradições nós não estaremos mais diante da cultura e sim diante de uma taxidermia da cultura, vamos empalhar a cultura em suas formas mais autênticas, vamos passar a nossa vida defendendo a sobrevivência destas formas e destas manifestações e deixamos de fazer cultura nós mesmos, deixamos de nos colocar a obrigação de produzir, de ampliar o horizonte simbólico de nossa sociedade e simplesmente cultivar as balizas que herdamos do passado que nem sempre foram construídas de maneira "cultural".

Por que tendemos a associar cultura com identidade? Por que a cultura só é legítima quando ela expressa a identidade de uma comunidade? Valverde argumenta que sociólogos, antropólogos, músicos, filósofos, psicólogos etc. não falam da mesma coisa quando falam da cultura ou quando falam da identidade. Recorrendo à sua formação em filosofia, ele ressalta que quando um filósofo ouve falar de identidade, lembra, em primeiro lugar, da lógica formal de Aristóteles, e nessa lógica, como se sabe, "A é igual a A e não pode ser outra coisa. Uma proposição só pode ser verdadeira ou falsa". E Valverde faz a pergunta "O que é idêntico?", para responder em seguida:

Aquilo que permanece idêntico a si mesmo, que se mantém, que não se transforma, que tem um núcleo substancial perene, que não se degenera nem em contato com os outros nem com as vicissitudes do destino. Do ponto de vista da lógica, eu arriscaria dizer, a ideia de identidade é uma ideia nefasta para a cultura porque: 1. é a imposição de um critério lógico formal à vida. O que é que isso tem de mal? O fato de que a vida não obedece à lógica pelo simples fato de ela ser essa exuberância, essa criação que ainda não foi totalmente decodificada e

[11] C. Geertz, op. cit., p. 194.

que vai nos surpreender sempre – ainda bem – e a lógica está pouco aparelhada para tratar desse turbilhão, dessa efervescência criativa. A lógica é muito eficaz para dar conta do estabelecido, das determinações, mas talvez seja pouco adequado submeter a vitalidade da cultura a um viés lógico-formal; 2. a identidade alimenta o estereótipo cultural. Não há como não reconhecer que a identidade é sempre a identidade dos outros. Nós nunca nos pensamos como parte de um grupo, estritamente falando, não tematizamos a nossa inserção num grupo determinado, nós a praticamos, vivemos essa inserção. Não precisamos pensar sobre ela. Só pensamos sobre isso quando essa inserção falha ou quando nos deparamos com outro tipo de perfil simbólico e aí nos damos conta de que temos alguma distinção, temos alguma singularidade e procuramos então entender e afirmar essa singularidade, mas precisamos admitir que a cultura na sua vida espontânea vive de mecanismos que não são científicos, que são culturais na medida em que são espontâneos e que não seguem as leis da lógica e que não obedecem às regras epistemológicas da ciência, entre as quais está exatamente essa ideia do estereótipo. Cada um de nós, enquanto membro de um grupo, olha os membros de outro grupo através do estereótipo. Isso não é necessariamente negativo, é assim que se dá.

Para esclarecer a concepção de que "somos um pouco cegos em relação a essa inserção e nesse sentido nós vemos o outro através dessa nossa cegueira, nossa miopia", Valverde recorre a Michel Foucault, por ter causado celeuma ao dizer que a identidade vem do poder, e que a identidade tem servido, antes de tudo, a esse mecanismo da identificação, da localização e da segregação, e que essa localização favorece a identificação. Reivindicar a identidade seria, portanto, reivindicar certa permanência, certa substancialidade do nosso modo de ser. "E o nosso modo de ser pode ser associado a essa ideia de permanência?" E indaga, ainda:

Por que alguém é chamado de criminoso? O que diz que, pelo fato de ele ter cometido um crime, ele tenha a propensão de cometer outros? Aí vem o discurso jurídico, psiquiátrico e diz que esse sujeito é criminoso. Então toda a sociedade se arma contra ele no sentido de esperar que ele cometa outros atos criminosos. Para o nosso sistema, então, podemos dizer que um criminoso jamais se recuperará. Uma vez que a pecha da criminalidade tenha caído sobre alguém, ele jamais vai se livrar dela, porque há uma pressuposição de que há algo de genético sustentando aquele crime e outros mais que virão. O mesmo se pode dizer em relação à loucura. Quem de nós já não cometeu um ato de desvario? E esse fato seria suficiente para segregar e afastar este indivíduo do convívio social? E quanto ao homossexualismo, também exemplo dado por Foucault? Por que alguém que pratique atos sexuais com pessoas do mesmo gênero possa ser designado como alguém que só possa ser isso, desde sempre e para sempre, e que a minha experiência sexual esteja incluída nesta compreensão cultural de gene, e que eu tenha que ser submetido a toda segregação que advém daí?

O fato é que precisamos "estabelecer" estabilidades, regimes estáveis de relacionamento e, para isso, a identidade é útil. Isso não significa, contudo, que não haja nada a fazer senão nos colocar passivamente, receber essa cultura, essa identidade e exercê-la como natural. Não se deve extrair delas o caráter da dúvida, do questionamento. Valverde lembrou ainda que,

em alguma instância, os gregos deram início ao modo como pensamos a cultura hoje. A Alemanha dos séculos XVIII e XIX tentou recuperar essa visão grega, ao ponto de duas palavras se manterem como referência: Paideia e *Bildung*. Ambas dizem respeito à formação, à cultura como formação do caráter, como formação do indivíduo, como capacitação do sujeito social, político, como sujeito de criação, artista, cientista etc. Com base nessa relação, sempre associamos cultura e educação. Mas hoje está na moda associar cultura e turismo, o que é algo bem diferente.

E, sem dúvida, essa associação entre cultura e turismo tem recebido especial atenção na construção de uma identidade baiana. É a isso que, ironicamente, se refere Valverde. Porém, ao contrário de certos autores que defendem essa baianidade, eles alertam para os perigos que daí advêm, como veremos a seguir.

A citação que se segue[12] esclarece que, apesar da modificação do título que possuía este livro – *Diálogo de Culturas* –, como foi mencionado acima, a relação entre os encenadores e os dramas de língua alemã não pode ser por outra via senão pelo diálogo, ideia reforçada com este depoimento. Assim, afirma Valverde:

Nenhuma discussão sobre a cultura tem sentido se não tivermos em vista a vida humana, a vida a que ela serve, que ela transforma, que ela favorece, que ela potencializa. A cultura é indissociável da condição humana e sua definição unilateral será sempre paradoxal. É inaceitável

---

12 Embora seja uma citação relativamente longa, ela foi mantida por resumir de forma muito eficiente questões importantes abordadas neste livro.

tematizar a cultura sem vinculá-la à vida. Mas que vida? Não é a vida dos animais, das bactérias, mas essa vida que reconhecemos como nossa, a vida humana, o que também é difícil de definir.

Qual o sentido forte dessa palavra, da existência? Nosso modo de existir é intrinsecamente temporal, não estamos aí no espaço e no tempo como as coisas estão. Estamos aí numa circunstância de caráter cultural, histórico e simbólico. Eu só sou o eu que sou na medida em que me relaciono com o outro. Na medida em que o outro me diz que eu sou esse eu, que respeita esse eu, que legitima esse eu, que me torna sujeito.

Dito de outra maneira, não nascemos sujeito. Tornamo-nos sujeitos na medida em que nos impomos aos outros sujeitos, em que somos reconhecidos por eles enquanto sujeitos, o que significa dizer que nossa identidade não é um dado natural, não a recebo como uma herança genética, é algo que preciso construir, impor, levar aos outros. Na medida em que o outro me reconhece é que eu vou me imbuir da minha condição identitária subjetiva, da minha condição de pessoa.

Precisamos construir nosso futuro, nossa identidade, nosso passado (retrospectivamente). Os valores que nós elegemos é que são importantes para a construção da identidade. A existência, esse nosso modo de ser humano, carnal, finito, relacional se caracteriza por essa transcendência, por esta abertura. O homem não é uma coisa dada para sempre, ele está sendo.

Nietzsche criticava a ideia de busca ética remetendo a uma máxima de Píndaro que dizia: "Não devemos nos conhecer a nós mesmos, o homem não deve conhecer a si mesmo, deve vir a ser o que é. Venha ser o que tu és". O que eu sou é um problema, não é uma fórmula, não tenho isso dado nem no meu código genético nem na minha carteira de identidade. Isso cabe a mim construir. Essa é minha tarefa, meu desafio. Eu não posso delegá-la ao estado, à ciência, à universidade.

Eu tenho que me lançar no risco de produzir essa identidade, por mais fugidia, paradoxal que ela pareça e enquanto identidade em curso, em processo. Ao me afirmar culturalmente, não posso negar o que existiu. Se assim o fizer estou destruindo qualquer herança e me colocando numa condição amorfa, e o que me resta é começar do nada. E começar do nada é coisa para Deus, o maior, o único, o sublime.

No caso do mundo globalizado onde as culturas se comunicam mais do que em qualquer outra época, acho que o grande desafio não é tanto de afirmar a nossa cultura, mas o de desenvolver uma capacidade de dialogar com as outras culturas em nosso benefício e em benefício dos outros. Então a palavra mais importante aqui seria exatamente essa: diálogo. Sentir-me concernido pela cultura do outro, pelas práticas da minha cultura e responder a todos estes estímulos, a todas estas interpelações de forma criativa, apresentando uma contribuição, algo que faça com que a cultura não seja apenas a repetição de padrões estabelecidos.

E, sem dúvida, essa função tem sido cumprida, de forma ampla, pela política de atuação do Instituto Goethe de Salvador e, de forma mais específica, pelos encenadores dos dramas.

CULTURA E BAIANIDADE

Armindo Bião define como "ambiciosa intenção" o empenho em definir as características fundamentais que sustentariam as artes do espetáculo na Bahia contemporânea, que ele denomina de baianidade[13]. Segundo ele, o conjunto de matrizes estéticas na Bahia se define dos "contatos de transculturação entre si" sejam eles baseados na oralidade ou na comunicação escrita. A matriz da oralidade presente nas línguas africanas e ameríndias, associadas ao português, seria possibilitadora do envolvimento multissensorial necessário à comunicação que tem valorizado "a olfação, a audição e o tato", em detrimento do sentido da visão, que caracterizaria a Bahia. Isso seria, entre outros motivos, o que colabora para uma definição do baiano que tem sido reforçada e reproduzida, especialmente na contemporaneidade, tal como ele esclarece:

Por isso, e de acordo com o imaginário brasileiro expresso em piadas, programas de televisão e canções, por exemplo, os baianos seriam um povo dengoso (faceiro, afetado, enfeitado, requebrado, jovial, feiticeiro, efeminado, manhoso, birrento), que fala alto e cantando, que adora ver e ser visto, que se pega muito, que reconhece os lugares pelo cheiro de azeite, de sujeira e de maresia, que cultua: o aqui e o agora; o passado mas sobretudo o presente; a preguiça e a festa; as praias e as ladeiras; as pimentas (que atiçam o paladar), as figas e os balangandãs (que enfeitam e protegem); a dança, a música e todos os espetáculos; além de, naturalmente, todos os santos.[14]

As matrizes religiosas teriam sido responsáveis, sobretudo por meio da matriz católica barroca, pela teatralidade e pela espetacularidade do Brasil. Todavia, as matrizes africanas (banto e sudanesa) e seu cruzamento com a ameríndia, com

---

13 Cf. Matrizes Estéticas: O Espetáculo da Baianidade, em A. Bião et al. (orgs.), *Temas em Contemporaneidade, Imaginário e Teatralidade*.
14 Ibidem, p. 19.

a portuguesa (que traz, por sua vez, uma influência judaica ibérica), com a norte-americana que chega através do rádio e do cinema, entre outras possíveis, caracterizariam essa forma claramente mestiça, a baianidade que associa tradição, novidade tecnológica e comércio. Assim, a baianidade configura-se como uma cultura "novidadeira", criadora de novidade. Essa fusão não havia se refletido no teatro até então da forma como ocorrera na música e na dança que se produzem na Bahia. Contudo, os fenômenos recentes já refletiriam essa dinâmica cultural típica da baianidade:

> É fato que, hoje em dia, companhias teatrais baianas de grande sucesso, local e nacional, como a Companhia Baiana de Patifaria, ou o grupo do espetáculo *Os Cafajestes,* ou ainda o grupo Los Catedrásticos, com ênfase no humor e na musicalidade, se aproximariam mais claramente de um teatro que poderia ser considerado tipicamente baiano. O Bando de Teatro Olodum, o primeiro, desde os elencos profissionais mestiços com predominância negra do século XIX que proliferaram no Brasil, a reunir um elenco e – apenas no seu caso – temáticas marcantes negras, contribuiria para a formação de um teatro com a cara, o espírito e o corpo mais tipicamente baianos.[15]

Essas características do teatro baiano, como a jocosidade, a licenciosidade, o envolvimento do público, a musicalidade a que se refere Bião, traz também certa polêmica. Fruto dela, algumas manifestações vão em direção contrária, explorando expressões como "besteirol" ou "teatro axé", usadas pejorativamente, com o intuito de detratar esse teatro que alcançou projeção.

Em que medida essas características se refletem nas encenações dos dramas de língua alemã, que, pode-se objetar, é uma matriz estética distinta daquelas que mais teriam contribuído para a formação da baianidade? Respostas para perguntas como essas poderiam ser dadas pelos próprios encenadores dos dramas em questão, os quais serão perfilados a seguir.

15   Ibidem, p. 22-23.

PERFIL DE ALGUNS ENCENADORES DOS DRAMAS DE LÍNGUA ALEMÃ NA BAHIA

Ewald Hackler[16]

> *Sou um estrangeiro que ficou.*

Natural da cidade alemã de Oberndorf, Ewald Hackler iniciou sua trajetória como homem de teatro na cidade de Colônia, onde, na universidade, estudou letras germânicas e ciências do teatro (*Theaterwissenschaft*[17]). Também havia estudado piano desde criança, pintura e artes gráficas na Werkkunstschule, escola que foi a sucessora da Bauhaus, "muito voltada para a práxis". Hackler descreveu como se deu sua aproximação com a arte de encenar:

O meu caminho para o teatro não foi em linha reta. Foi em ziguezague. O convite veio do ator e diretor Leonard Stecke, que montou o primeiro *Puntila*, de Brecht, em Berlim, e depois fugiu pra Suíça, na época do nazismo, e lá fundou um teatro, em Zurique. Depois, em Colônia, ele fez uma série de peças pequenas, peças didáticas de Brecht, e me convidou para a parte do piano. Foi no Theater am Dom, que hoje em dia é um Boullevard Theater. Naquela época era um teatro muito pra frentex. Começou com o Zadek vindo da Inglaterra e a primeira encenação dele na Alemanha foi feita no Theater am Dom. Isso foi praticamente a minha entrada no teatro. Não muito direto como se faz aqui, através do diploma.

Tocando as músicas de Weill e Dessau para as encenações de Brecht, ao piano, foi uma das poucas vezes que esteve em cena. Já tinha experiência como músico profissional. Antes tocava cravo na ópera de Colônia, cantatas de Bach. "Tinha contrato e tudo", mas lembra que era complicado, por morar em Siegen, cidade que ficava a duas horas de Colônia. E as viagens de trem tornavam tudo muito cansativo.

Sabia que não queria continuar como músico e "após algum tempo tocando piano eu pedi a ele [Leonard Stecke] pra fazer

---

16   Depoimento ao autor, out. 2004.
17   Pode ser traduzido também por teoria do teatro. Diferentemente do Brasil, nos Institutos de Ciências do Teatro das universidades alemãs se ensina apenas teoria. A prática, em geral, é oferecida apenas por conservatórios ou feita como extensão.

um cenário e ele, como era muito leviano, deixou", diverte-se. Fez então o cenário para duas peças em um ato, *A Invasora* e *Os Cegos,* e se tornava assim um dos colaboradores para a primeira montagem de textos de Maurice Maeterlinck na Alemanha.

Ele descreveu a atmosfera no Theater am Dom, onde, a partir do final da década de 1950, atuou por dez anos:

Esse teatro fazia no mínimo uma dúzia de peças por ano. Muitos Ionescos, que naquela época começavam a ser traduzidos pro alemão. Ele pegava o trem, chegava de noite, assistia a estreia e tomava novamente o trem pra Paris. O teatro tinha esse ritmo. Ionesco era a coisa mais nova daquela época.

Mas se montava realmente tudo: irlandeses, Beckett, Brecht, óperas de câmera com influência da *Commedia dell´Arte*... Era um teatro muito misto, que por um lado encenava as peças mais modernas e por outro lado fazia também uma revisão dos clássicos. Então era possível assistir numa noite a uma peça como um Fausto, de Goethe; na noite seguinte, a um Ionesco. Sempre muito misturado.

Para um cabaré satírico-literário, existente até hoje em Colônia, fez também figurinos, cenários, cartazes e chegou até mesmo a escrever alguns *sketches,* confessa. Mas defende-se logo depois: "Era a fase em que o jovem vai experimentar tudo pra saber o que ele quer fazer".

Mesmo fixado em Colônia, fazia trabalhos em Munique, Berlim e Londres, a convite de amigos, até vir para a Bahia, em 1969. Indagado sobre o motivo de sua vinda, adianta-se:

Por certo não foi por causa do teatro. Eu conheci uma moça da Bahia que fazia uma viagem pela Europa. Era costume da classe média alta mandar os filhos pra Europa, antigamente, como você deve saber. E eu resolvi então fazer uma visita e aqui fiquei. Sou um estrangeiro que ficou. Bem, aqui nos casamos e então eu percebi que a ligação da minha mulher com a família dela era bem forte e eu nunca consegui imaginá-la vivendo na Alemanha.

Embora não tenha vindo para a Bahia devido ao teatro, não demorou a se envolver com as artes cênicas na Soterópolis.

Foi através de um convite de Carlos Petrovich. O cunhado dele era secretário de cultura do estado da Bahia, acho, e administrava o Teatro Castro Alves também. Era uma fundação, naquela época. E então ele me convidou para organizar oficinas no teatro. O teatro não tinha nada, não tinha uma carpintaria... não era um teatro como é hoje, não tinha cenotécnico, iluminador... é difícil de imaginar. O teatro tinha uma equipe de limpeza. As coxias do teatro e por trás do ciclorama eram cheias de lixo, de cupim... Até hoje tem funcionários do teatro que não olham pra mim porque eu mandei tirar a camisa e jogar o lixo fora. E hoje tem lá uma serra elétrica que foi comprada na [extinta] Mesbla, na parte de máquinas, com o dinheiro que nós ganhamos fazendo cartazes, cenários...

Através do grupo fundado pela administração do Instituto Cultural Brasil Alemanha, o Teatro de Cooperativa ou TCOOP, Hackler começa sua carreira como encenador na Bahia, em 1972. Sua primeira montagem foi do texto *O Servente Mudo*, do dramaturgo Harold Pinter. Na época, o Instituto Cultural Brasil Alemanha ainda não dispunha de um teatro próprio, que só viria a ser inaugurado em 1974. Pagava pelas pautas no Teatro Vila Velha. Um convite para conceber o cenário de *Marilyn Miranda*, dirigida por José Possi Neto, o aproximou da Escola de Teatro da UFBA, "que comparada ao Teatro Castro Alves era excelentemente bem equipada". Possi também era o diretor da escola na época, onde Hackler logo se tornaria professor.

Ao ser referido como o único encenador dos dramas de língua alemã na Bahia que detém uma experiência mais profunda das duas culturas, onde o texto foi produzido e onde ele é encenado, ele acrescenta:

E tem outro ponto. Eu sou o único que vem de um teatro profissional, o que não quer dizer que isso seja uma questão de qualidade. Aqui se usa o termo "profissional" de outra forma. Quando se diz que um diretor é profissional significa que ele é competente. Mas esse termo circunscreve exatamente a estrutura do teatro.

Um teatro que tem gente que só faz teatro. O teatro como organismo, com cenógrafos, pintores, ferreiros que fazem armaduras, que fazem armas, outras pessoas que fazem perucas, luvas, chapéus.

Um teatro que integra muitas técnicas que se poderiam perder, cair em desuso.

Esses teatros estabelecidos têm ainda algo muito importante. Um elenco fixo. Eles trabalham o ano inteiro com aquele elenco, convidando um ou outro ator, mas a maioria é fixa.

Mas o trabalho no teatro profissional, com tudo estabelecido, é algo muito chato de fazer, porque a casa poderia fazer um trabalho revolucionário, mas entra numa rotina, algo que deve ser feito daquela forma porque há trezentos anos se fazia assim. Você é só o último elo da corrente. E essa corrente te prende.

Indagado até que ponto sua experiência, seu aprendizado como encenador na Alemanha se refletia em seu modo de trabalhar em Salvador, Hackler diz que ela se somou a um espírito de gozação, a certo cinismo, apreendido aqui, e "sem o qual ninguém aguentaria trabalhar". Além disso, lembra que o fato de ter começado num teatro pequeno sem muito dinheiro – "onde muitas vezes o teatro pagava muito mais dinheiro pelo direito das peças do que pela montagem, com os cachês" – o ajudou muito. Recorda que gostava mais de trabalhar nesse teatro do que para teatros nacionais, que tinham bastante dinheiro, que tinham em cada lado do palco um técnico e um engenheiro para resolver as coisas. E especula que "dinheiro demais afeta o trabalho artístico".

Como lidar com as diferenças de condições de trabalho no Brasil e na Alemanha?

É difícil raciocinar desta maneira. Quando você faz teatro, você entra num processo em que você trabalha e não raciocina sobre o que você iria conseguir. Você consegue o que você consegue. A peça que você monta é uma coisa viva. Então você não pode julgar isso na hipótese, pensar no que você teria feito com mais mil reais. Isso é um raciocínio para um arquiteto: "Ah, eu teria construído mais um andar".

Mesmo as adversidades, como não ter dinheiro, força você a tomar um caminho e você se aloja nesse caminho. E a montagem é isso. Então não consigo pensar se isso fosse diferente, se o ator fosse diferente. Só poderia responder se fizesse com outro ator pra saber. A arte não é um trabalho no qual você acredita numa coisa que você não vê. Você não opera com hipóteses.

Existe, porém, uma diferença. Quando você encena na Europa, sua posição não é didática. O ator não quer aprender com o diretor, porque os atores são muito bons, eles trabalham muito, fazem teatro todos os dias, de manhã, de tarde e de noite. Então eles não têm essa carreira fragmentada como os daqui, onde o ator durante um mês ou mais não faz nada. As carreiras lá correm de maneira muito lógica. Ele geralmente faz a peça que ele tem que fazer, necessária, no degrau aonde ele quer chegar, no nível técnico, na idade dele. Isso realmente funciona muito bem.

O paradoxo é que o diretor na Europa sabe menos sobre teatro, pois ele confia de maneira cega no ator, como o ator pode resolver um problema. E aqui não. O diretor precisa ensinar.

E quanto à diferença entre encenar Brecht, Mazohl ou Nelson Rodrigues? Imporia o texto oriundo de outra cultura alguma dificuldade para os profissionais brasileiros que o encena? Ele acredita que esse tipo de choque não existe: "Se você tira um texto do contexto cultural dele, e o coloca aqui na mesa, o ator, ao ler, o contextualiza automaticamente." E afirma não ser partidário de um tipo de raciocínio que vê diferenças entre as culturas no caso da encenação de uma peça: "Eu acho que o texto não importa tanto. É apenas um material que se transforma. Isso dependeria se você monta um texto aqui, com um ator que vive aqui, neste local, com estas regras e circunstâncias ou com outro ator. Mas isso é outra história."

Para Hackler, no Brasil existem questões mais graves do que o fato de um texto se adaptar ou não a uma cultura local. Seria o fato de o teatro brasileiro não investir num exercício contínuo. "Aqui não se formulam linhas estéticas e estilísticas. Não se explora de forma sistemática pra saber como montar esse ou aquele autor." E isso não ocorreria apenas com os textos estrangeiros. "Se você pensa num dramaturgo daqui, como um Nelson Rodrigues, percebe que mesmo ele não tem uma tradição contínua de montagem."

E salienta que os textos escritos na Europa, na Áustria, na Alemanha, na Inglaterra, surgiram desse exercício teatral contínuo, de uma tradição teatral.

Apesar de sua origem alemã, o que supostamente poderia contribuir para a escolha e encenação de textos produzidos em seu país de origem, ele diz ter preferido se concentrar nos textos austríacos, por acreditar que tais textos – tanto do período pós-guerra como os anteriores à guerra – sejam melhores e o provoquem mais.

Na Alemanha, diz ter participado da encenação de, aproximadamente, vinte peças de autoria de Brecht. Aqui, fez uma única montagem: a de *A Exceção e a Regra,* em 1972. Foi sua segunda montagem na Bahia, três anos após sua chegada. Antes havia concebido vários cenários. Por que a escolha do texto na época? Hackler esclarece fazendo um paralelo com o próprio título da peça, tecendo considerações sobre a forma de se encenar Brecht no Brasil e comentando a recepção de sua montagem:

Eu achava que o texto tratava de uma maneira muito contundente de um problema social que existe aqui: da exploração de uma elite a uma massa que não consegue se liberar.

Mas eu acho que eles pensaram na época que aquilo não era Brecht, pela maneira como eles montavam Brecht. Era a diferença do ponto de partida. O meu ponto de partida era de uma cultura com uma tradição relativamente longa de montagem de textos de Brecht. Lá existe um trabalho muito sólido que, até certo ponto, respeita o que Brecht estabeleceu. Brecht não era apenas dramaturgo e diretor. Ele escreveu muito durante a vida dele. Então sua dramaturgia – os textos em si – era a parte menos importante. O texto, no fundo, era relativo pra ele. Você pode ver que muitos textos ele reescrevia durante os ensaios, ele mudava. Isso se pode dizer que era a regra. A exceção seria que, sem mudar o texto, ele mudava a forma em muitas montagens. Você tem isso desde a estreia dele, em *Homem é Homem*, que defende o coletivo. E nas montagens subsequentes, do mesmo texto, se atacava o coletivo como um problema essencial. O que a prática do seu teatro prova é que o texto se torna relativo. Em outras palavras, a ideologia do texto não é imutável. Esse era um ponto que não foi bem compreendido aqui. Para os espanhóis que montaram Brecht, ele era o dramaturgo que protestava, era o libertador que chamava por liberdade. Mas a minha visão sobre a prática teatral de Brecht era mais sutil.

Um ponto nas montagens daqui eu não era capaz de aceitar porque tocava num valor da qualidade de Brecht. Ele não dava um desenho negativo das figuras, das personagens. As figuras se expressavam de uma maneira objetiva. Aqui os caracteres negativos das personagens se sobressaíam no palco. E não eram compreendidas porque o público simplesmente tinha ódio delas.

E eu achava que processar o problema Brecht dessa forma não o melhorava. Isso não era um progresso, ao contrário, era um retrocesso. Era uma posição que o teatro já tinha superado há muito tempo.

Hackler só voltou a se envolver com a encenação de um texto de Brecht ao conceber cenários e figurinos para várias montagens locais. Mas continuou contribuindo para a disseminação do pensamento desse teatrólogo que é, sem dúvida, um dos teatrólogos mais influentes do mundo.

De 1979 a 1983, Hackler realizou seu doutorado na Universidade de Berkeley, na Califórnia, sobre o código visual do teatro brechtiano. Como professor da Escola de Teatro da UFBA, ao longo de quase três décadas, sempre esteve responsável pela aproximação das ideias e das teorias de Brecht. E até hoje se empenha em desmistificar a forma como Brecht foi assimilado no Brasil, especialmente na década de 1970, durante o regime militar, quando o caráter político de suas obras foi transformado num forte instrumento para a militância dos movimentos estudantis e afins.

E sobre o fato de a Escola de Teatro da UFBA mesclar teoria e prática, diferentemente das universidades da Alemanha, que se encarregam da teoria, deixando a prática a cargo dos conservatórios, se posiciona:

O que eu defendo para a Escola de Teatro é exatamente a posição que ela tem. Ela tem alunos que querem fazer teatro e tem docentes que sabem fazer, que ensinam teatro. Então se deve ensinar teatro fazendo teatro. Deve-se lembrar sempre que o espaço da escola é um espaço especial, específico. Ela não tem se submetido ao mercado e por isso se pode dar ao luxo de montar peças que, fora da escola, não teriam chance de acontecer, porque não seriam interessantes em termos de público, ou o elenco da peça seria grande demais, ou a peça precisaria de seis meses de ensaio, ou porque é muito complexa, coisas que não seriam possíveis fora da escola, mas dentro da escola é possível.

E foi exatamente nesse ambiente acadêmico que Hackler pôde dar prosseguimento ao seu trabalho como encenador. Além disso, como cenógrafo, figurinista, artista plástico ou artista gráfico, tem influenciado gerações, disseminando um conhecimento que, pode-se dizer, deu novos contornos para as artes cênicas em Salvador. Apesar disso, pondera com a ironia e o bom humor que lhe é muito peculiar:

Eu acho que se a pessoa não sofre de um ego muito grande sempre pensa que não sabe fazer aquilo que faz. Eu acho que no teatro, como também em outros lugares, existem pessoas com um ego muito grande e outras com o ego muito fraco. E acho que pertenço ao segundo grupo. Eu acredito, mesmo hoje em dia, que eu não saiba dirigir peças, que a qualquer momento eles vão descobrir isso, vão me flagrar... Então cada vez que a coisa sai bem eu penso que, na minha estatística, foi um acaso (risos).

É por meio desses "acasos" que, há anos, ele tem promovido o encontro da dramaturgia austríaca com o público baiano.

Márcio Meirelles[18]

Eu precisava fazer um teatro com sotaque baiano...

Márcio Meirelles relata que seu primeiro contato com o teatro se deu através de uma amiga de sua mãe, Jurema Penna, atriz que sempre frequentava sua casa. Tinha nove anos de idade, e o fato de sua mãe ajudar na produção do espetáculo da amiga fazia com que ele acompanhasse os ensaios e se relacionasse com o universo interno dos palcos. "Isso me fascinou muito, então eu escrevi uma peça e encenei em casa."

No entanto, considera que "isso é uma coisa que toda criança faz". Seu interesse maior, confessa, era pelas artes plásticas: "Eu desenhava e pintava muito." Além disso, aos dezessete anos já nutria um fascínio pelo gênero performance, que no início da década de 1970 mobilizava muitos artistas brasileiros. "Foi quando eu comecei a pesquisar um pouco sobre as vanguardas europeias." A programação do ICBA, através da exibição de filmes expressionistas, teria contribuído para atender a seus novos interesses. E conta como chegou ao teatro.

Eu tinha dezessete anos quando entrei para o curso de arquitetura da Universidade Federal da Bahia, em 1972. Através do Diretório Central dos Estudantes (DCE), tava se formando o CUCA (Centro Universitário de Cultura e Arte) e o João Augusto[19] ajudava muito. A gente ia pro Vila Velha, fazia reuniões, fazia eventos. Aí a gente formou um grupo de teatro misto. Sérgio Farias era desse grupo, Aninha Franco, eu, Rogério Menezes – Ângela Andrade e Luiz Marfuz, que eram de administração – e aí foram surgindo grupos nas faculdades, muito organizados em torno do CUCA, do DCE... A gente fez quatro peças, mas duas foram proibidas. Eram criações coletivas. Daí começou meu interesse pelo teatro como uma coisa real, como uma arma política, não foi um interesse estético a princípio.

Um convite de Jurema Penna para participar como ator de uma peça para crianças, nesse meio tempo, o aproximou do teatro "mais profissional". Logo depois "fui cuidar desse lado

---

18 Depoimento ao autor, out. 2004.
19 João Augusto foi professor da Escola de Teatro da UFBA. No ano de 1959, liderou um grupo de alunos que rompeu com a Escola e fundou a Sociedade Teatro dos Novos. Através dessa iniciativa, em 1964 foi fundado o Teatro Vila Velha, que comemorou quarenta anos de fundação em 2004.

do artista plástico. Fiz uma exposição que era quase uma instalação, no *foyer* do Teatro Castro Alves".

Após cursar três semestres de arquitetura, transferiu-se para a Escola de Belas Artes, onde deu início ao curso de artes plásticas, que também não chegou a concluir. Em 1975, mudou-se para o Rio de Janeiro, onde voltou a trabalhar como ator, fez desfiles de moda, cenários e figurinos. Um ano depois, retornou a Salvador para fundar, junto com Maria Eugênia Millet e Jorge Santori, o grupo Avelãs y Avestruz.

E foi especificamente pra isso que eu voltei. Eu e Maria Eugênia já tínhamos o projeto de adaptar *Rapunzel* para o público adulto e, depois de feita a adaptação, eu voltei pra dirigir. A gente formou um grupo com Hebe Alves, Jorge Santori, Vilma Florentino... Aí começa a minha experiência como diretor mesmo. Mas eu tive que atuar também porque o cara que fazia o príncipe acabou indo embora e eu tive que assumir o papel.

Através do grupo Avelãs y Avestruz, começa então sua relação com a dramaturgia de língua alemã. O grupo desempenha um importante papel na cena teatral soteropolitana, de 1976 a 1983. Meirelles exerceu, entre outras, as funções de coordenador, diretor, figurinista, adaptador e cenógrafo. E reconstituiu assim sua aventura coletiva:

Ficou uma experiência muito profunda, foi a escola de todos nós. Hebe Alves estava entrando pra Escola de Teatro, na época, mas nenhum de nós tinha um histórico forte, sólido com o teatro. Uns tinham feito alguma coisa, outros não tinham feito nada e assim a gente foi se juntando, agregando pessoas, algumas se fixaram, outros desistiram de fazer teatro. Era uma época muito legal; na época da montagem de *Salomé* tinha muita gente que estava começando, como Luiz Marfuz, Fernando Guerreiro, Rita Assemany...

Eu fazia figurinos para o curso livre do Teatro Castro Alves (TCA). A gente tinha muito trânsito. Quando chegou a época de *Macbeth*, que foi no TCA também, a gente se juntou a Matilde Matos, que gostava do trabalho da gente, alugamos uma casa na rua da Paciência, no Rio Vermelho, que se chamava Fábrica, e nessa época a gente fez contato com o ICBA, adaptou e montou *Alta Áustria*. Depois a gente fundou a charanga lítero-musical Amigos de Pagú, quando fizemos versões anárquicas; era uma loucura. Juntava-se um bocado de gente que se fantasiava, se pintava e ia pra rua fazer performance. Era uma loucura e era muito divertido. Isso gerou os dois espetáculos infantis do grupo.

Após a dispersão do grupo, em 1984, Meirelles recebeu o convite para trabalhar na TV Educativa, emissora estatal que iniciava suas atividades. "Entrei como cenógrafo e era diretor do núcleo de cenografia e figurino." Depois de ter organizado esse setor, atuou também como diretor de elenco de um programa que se chamava TV Eclipse. "Eram *clips* feitos a partir de poemas. E era bacana. Foi uma experiência muito legal porque nós não tínhamos experiência de televisão, mas criamos algumas coisas muito legais."

Enquanto trabalhava na TVE, recebeu uma bolsa para trabalhar com um grupo de teatro, em Nova York, para se aperfeiçoar. Ele resume assim essa experiência:

Eu fui trabalhar com esse grupo e era pra ficar nove meses, mas eu só fiquei um mês. E voltei por razões pessoais, por causa dos meus filhos que estavam muito pequenos. Eu vi que era impraticável levar os dois pra lá, mas também, principalmente, porque eu via que aquele teatro que se estava fazendo lá não era o que eu queria fazer na vida.

E o que foi mais importante foi o fato de perceber isso. Que eu precisava fazer um teatro que só pudesse ser feito aqui. Que não adiantava ficar aprendendo a fazer teatro como norte-americano ou como europeu. Descobri que o teatro norte-americano e o teatro europeu são fortes porque eles são fruto de uma cultura que reflete e alimenta essa cultura. E eu precisava fazer um teatro com sotaque baiano, com o sotaque daqui.

Ao retornar dos Estados Unidos, Meirelles se juntou novamente a antigos aliados, como Ângela Andrade, Isa Trigo, Chica Carelli, Maria Eugênia Millet, entre outros, e criou o Projeto Teatro.

Era um projeto pra fazer um teatro que fosse baiano. A gente foi até à Fundação Gregório de Matos e eles compraram a ideia. Fizemos então o espetáculo *Gregório de Mattos de Guerras,* num circo, em 1986. Esse Projeto Teatro foi o trampolim pra chegar ao Bando de Teatro Olodum. Porque como *Gregório* era sobre a construção da cidade da Bahia, uma metáfora sobre a construção da identidade brasileira, eu me aproximei, pela primeira vez, no palco, dessa cultura afro-baiana, das manifestações culturais negras, da história dos negros na Bahia. E aí era uma coisa estranha pra mim, com a minha formação – que como a de todo brasileiro da classe média era de influência greco-romana – ,entrar em contato com aquelas coisas do candomblé, do carnaval, que até então era uma coisa exótica. E eu não queria entrar nesse universo como gringo. Então me aproximei de muitas pessoas, de Valdina Pinto, o que foi muito importante. Ela chegava nos ensaios e dizia: "Está tudo errado, muda tudo." E eu mudava, ia seguindo o conselho dos mais velhos. Aprendi muito com isso e a comunidade negra ficou satisfeita com o que viu no espetáculo. E a minha relação com o Ilê Ayê, com o Olodum também foi se iniciando.

Após a realização desse espetáculo, Meirelles foi convidado para ser diretor do Teatro Castro Alves, onde considera ter aprendido muito sobre administração. Foi uma época em que se distanciou um pouco mais dos seus processos criativos. Mas tinha o compromisso consigo próprio de realizar ao menos uma encenação por ano. Em 1989, os principais integrantes do Avelãs y Avestruz e o grupo carioca Lanavevá se encontram para realizar a montagem de *Lulu*, de Frank Wedekind.

Desimpedido da administração do Teatro Castro Alves, em 1990, voltou a perseguir seu sonho de realizar um teatro com a "cor local". O Olodum, bloco carnavalesco de afrodescendentes e grupo musical, vivia a época de sua consagração musical e queria também investir em dança e teatro. João Jorge, diretor do grupo, já era conhecedor do desejo de Meirelles. "Aí juntou a vontade do Olodum com a minha vontade."

Junto com Chica Carelli e Maria Eugênia, companheiras inseparáveis, fizeram uma audição pública para atores. Dava-se início, assim, a uma história ímpar do teatro baiano, a do Bando de Teatro Olodum, registrada com detalhes em *O Teatro do Bando: Negro, Baiano e Popular*, uma publicação comemorativa dos dez anos, organizada pelo jornalista Marcos Uzel. "Com o Bando tive que desconstruir tudo que eu tinha construído e construir de outra forma. Tive que usar muito do que eu tinha aprendido antes do Avelãs, com o teatro universitário. Tive que voltar a fazer um teatro mais político", pondera Meirelles.

Ainda no ano de 1990, foi convidado pelo diretor do Instituto Goethe em Salvador para participar do Colóquio de Teatro Brasil-Alemanha, realizado na Casa de Culturas do Mundo, na cidade de Berlim. Esse era apenas mais um episódio de sua relação com a cultura alemã, que tivera início na década de 1970 e que viria promover outros encontros culturais memoráveis: em 1992, fez a codireção da montagem empreendida por Lucélia Santos para *Sonhos de uma Noite de Verão*, na primeira incursão do cineasta Werner Herzog no teatro; com Heiner Goebbels, no mesmo ano, também fez a codireção para a versão brasileira de *Prometeu*, da qual Heiner Müller, autor da peça radiofônica adaptada para o teatro, participaria como ator. "Mas ficou doente e não veio"; ainda com Goebbels, voltou a trabalhar em 1993 na montagem de outro texto de Heiner Müller, *Medeamaterial*. Esteve na Alemanha para discutir os rumos da encenação com o próprio autor; em 1999, novamente na Alemanha, encontra-se com Peter Palitzsch, a quem propõe parceria na montagem de *Fatzer,* texto inacabado de Brecht e organizado por Heiner Müller, que foi encenado sob o título *Material Fatzer*. Palitzsch veio a Salvador, onde ministrou uma oficina de preparação para a montagem.

A relação com esses encenadores transformou-se numa "via de mão dupla" e nos últimos anos o Teatro Vila Velha tem recebido estudantes alemães de teatro, indicados por Goebbels, para realizar estágios e pesquisas.

A alemã Christine Roehrig, radicada no Brasil, tem sido outra parceira de Meirelles nos processos de tradução dos textos de língua alemã para o português.

Paralelamente à consolidação do Bando de Teatro Olodum, nos primeiros anos da década de 1900, Meirelles e Ângela Andrade tornaram-se membros da Sociedade Teatros dos Novos e, com o apoio de vários outros companheiros de percurso, ele promove o projeto de revitalização do Teatro Vila Velha, que atravessara a década de 1980 com muitas dificuldades financeiras e estruturais. A reforma do Teatro foi concluída em 1998.

Atualmente, junto com Chica Carelli, dirige o Vila, "um verdadeiro teatro popular", como ele descreve, que abriga mais de setenta artistas divididos em cinco grupos. É no âmbito desse teatro que tem desenvolvido não só suas encenações como também "projetos de experimentação, pesquisa, reflexão e discussão".

Meirelles é, sem dúvida, um dos encenadores baianos que conduz essa relação entre o teatro alemão e o teatro baiano de forma muito contundente e frequente. E ressalta a importância do apoio institucional dado pelo Instituto Goethe para esse diálogo cultural:

Eu acho que o papel do Instituto Goethe é determinante, porque ao mesmo tempo que eles apresentam coisas, eles apoiam também as produções, as iniciativas locais. E numa terra onde você quase não tem patrocínio, não tem apoio de nada, se tem alguém que apoia caso você monte um texto alemão – e tem muita coisa boa – por que não fazê-lo?

Quando montamos *Dom Quixote*, por exemplo, fomos ao consulado da Espanha e de nada adiantou. Montamos do mesmo jeito, mas...

Os alemães têm uma dramaturgia poderosa com uma tradição de séculos. E o ICBA foi fundamental pra eu conhecer essa dramaturgia.

Paulo Dourado[20]

Paulo Dourado cursou direção teatral na Escola de Teatro da UFBA, na qual ingressou em 1974. Paralelamente, estudou música na Universidade Católica. Diz ter hesitado entre o teatro e a música. "Hoje eu poderia ser um violonista clássico." Mas não conseguia se imaginar solitário, cinco ou seis horas por dia treinando violão e acabou por abandonar o curso de música. Ele diz não saber exatamente por que estudou teatro, mas contou como – de forma aventureira – se envolveu com as artes cênicas:

Eu era muito menino e fui passar férias em Juazeiro, onde minha família, meu pai, tinha fazenda. Eu morava aqui em Salvador. Com dezesseis anos achei que já podia ir pra lá sozinho. Lá encontrei meus amigos juazeirenses, todo mundo metido a artista, se queixando que não tinha nada pra fazer.

Numa madrugada nós estávamos sentados, conversando, aquelas conversas de adolescentes, madrugada adentro, pra mudar o mundo etc. E um dos malucos lá de Juazeiro disse: "vamos fazer uma peça de teatro?" Nós dissemos: "Vamos, como não!?"

E assim começa meu envolvimento com o teatro. Nós achávamos que podíamos fazer tudo melhor que qualquer um, em qualquer momento da humanidade. E assim fizemos uma peça que foi um sucesso retumbante, o que pra nós era muito natural já que nós éramos gênios extraordinários.

O texto foi criado, interpretado e dirigido por nós. Eu fazia um dos personagens principais e meio que dirigi mais que os outros.

Apresentamo-nos em Santo Amaro também.

---

20 Depoimento ao autor, out. 2004.

Antes disso, afirma não ter tido relação com o teatro, nem mesmo como espectador. No entanto, lembra que, em casa, sua irmã, Regina Dourado, "já era meio que atriz, já andava descalça pela rua Chile, com flor no pé, com flor no cabelo". Seu outro irmão também já havia se envolvido com uns experimentos no Teatro Castro Alves, promovidos por um diretor argentino, Ariman, "que fez uma montagem de *Macbeth*, matando um bode no palco. E eu acompanhava isso de longe", em 1970.

Paulo Dourado não tem uma lembrança muito produtiva dos seus tempos de aluno na universidade: "Eu era muito estranho, era meio menino, não tinha uma vida teatral." Para ele, a escola de teatro, na época sob a direção de José Possi Neto, especialmente se comparada aos dias de hoje, era meio confusa em termos acadêmicos. "A escola, desse ponto de vista de formação, de organização, em termos de seriedade, melhorou muito. Não que Possi não fosse sério. Ele era seríssimo como artista, mas o que ele fazia muito bem eram os espetáculos."

Considera que não foi muito atuante nesse período. Participou como ator da montagem de graduação de Gildásio Leite, como diretor e instrumentista na montagem para crianças *Histórias de Lenços e Ventos,* do argentino naturalizado brasileiro Ilo Krugli, que conquistou o prêmio SNT (Serviço Nacional de Teatro). Também foi assistente de direção da montagem *O Meio do Mundo,* de Sírio Bocanera Jr., dirigida por Roberto Wagner Leite (Ticão, como era mais conhecido).

E esse trabalho com Ticão me valeu o convite para trabalhar no curso livre do Teatro Castro Alves. E no primeiro curso eu já comecei como diretor. Eu tinha 24 anos e metade dos alunos eram mais velhos que eu. E eu nunca tinha feito nenhuma grande peça. Aí foi então que eu comecei, de fato, minha carreira profissional. A primeira montagem foi *Apesar de Tudo a Terra se Move* (1979), que era uma coletânea de textos de Brecht. Foi meu primeiro contato com a dramaturgia de língua alemã. Foi uma coletânea organizada por mim e por Cleise Mendes. Nossa parceria já tinha começado na minha montagem de graduação chamada *Labirinto*, quando ela fez uma adaptação de três contos de Jorge Luis Borges.

Como espectador, Dourado lembra que algumas montagens de textos de língua alemã o marcaram profundamente.

Em uma de suas primeiras idas ao teatro, assistiu *A Exceção e a Regra*, dirigida por Ewald Hackler:

Eu conhecia um dos atores, Beto, que me convidou. Tinha uma música impressionante. Lindenberg fazia com instrumentos de brinquedo. Isso me impressionou muitíssimo na época. Eu era adolescente. Era surpreendente. Tinha uma bateria, percussão, pratos. Era uma montagem muito estranha, mas muito interessante.

Outra montagem extremamente interessante que eu vi foi a de Maria Padilha. Ela era a atriz principal e fizeram no ICBA uma montagem que se chamava *Happy End*. Mas não era a montagem integral de *Happy End*, de Brecht. Eles misturaram trechos de *Três Vinténs* e outras peças. Essa montagem era brilhante. Maria Padilha era de um grupo de teatro paulista que, se não me engano, se chamava Pessoal do Victor. Eles fizeram a peça *Victor e as Crianças*, que era uma peça estranha, estrambólica, alemã, que fez um sucesso danado. E foi com o Pessoal do Victor que eles vieram aqui e fizeram duas peças alemãs. Uma era Wedekind, *O Despertar da Primavera*, uma versão extraordinária, muito boa, e esse Brecht, que pra mim foi o Brecht definitivo, que me marcou. E vi também o *Homem é Homem*. Aqui botaram esse título, mas a tradução deveria ser *Um Homem é um Homem*.

Era uma produção do ICBA, que viajou pra São Paulo, foi bem, fez sucesso, era muito impressionante. Porém, tanto em *A Exceção* quanto em *O Homem*, acho, tinha essa coisa da forma distorcida de Brecht. Porque Brecht distorce tudo, deforma tudo, diz tudo enviezadamente, ele nunca diz as coisas com clareza. Então o diretor tem que ter muito cuidado senão fica parecendo uma maluquice sem pé nem cabeça. E essas duas montagens tinham um pouco isso. Por isso que eu gostei do *Happy End*, porque era uma coisa jovem, com espírito jazzístico.

Dourado conheceu Heiner Müller quando ele esteve na Bahia. "Tive essa honra." E o considera um grande autor: "Era o maior dramaturgo vivo entre Eugenio Barba e outros." Assistiu ao *Quartet* de sua autoria, montagem dirigida por Gerald Thomas, com Sérgio Brito e Tônia Carreiro. "Eu gostei muito, me impressionou muito. Foi a única coisa do Heiner Müller que eu gostei." Assistiu também a uma encenação do Peter Palitzsch que considera muito boa[21]. "Ele montou no Rio, com atores brasileiros. É inesquecível. Foi muito impressionante."

21 Provavelmente Dourado se refere à montagem intitulada *A Verdadeira Vida de Jonas Wenka*, realizada com o grupo Tapa, em 1986, a partir dos fragmentos de *Geherda*, texto inacabado de Brecht, que até então nunca havia sido montado.

Entre os textos de língua alemã que encenou, além de *Senhor Puntila e Seu Criado Matti* e *O Círculo de Giz Caucasiano*, de Bertolt Brecht, inclui *A Caverna*, de Walter Smetak[22], um suíço alemão que fez várias peças, poesias, "com uma estrutura estranha, não convencional. Embora ele escrevesse em português, aquilo não era português".

Sobre seu interesse por outros dramaturgos, respondeu: "Eu sou meio ignorante e tenho certo desprezo pela literatura dramática. Eu nunca montei nenhum grande autor, nunca estudei muito isso, nem me interessa essas coisas de antigamente."

E esclarece as razões do seu interesse por Brecht:

Eu tenho compromisso com o Brecht, meu amigo, que está comigo há mil anos, meu mestre. E do mesmo modo que eu o amo, que eu aprendi a vê-lo, quero que o público também o veja. Por isso eu tenho que traduzi-lo. Fazer a tradução dele o mais atraente, o mais bela possível, pra chegar a ele, sem deixar de ser ele.

Pra mim o teatro sempre foi um veículo, um instrumento de ação. Eu me sinto mais um homem de cultura, fazedor de eventos, que um homem de teatro.

Eu gosto dessa mentalidade da festa, do evento, do ritual, do velho ritual de Dionísio. Mais disso do que de um teatro de virtuosismo. Eu gosto de teatro simples, objetivo, com conteúdo claro, com ideias muito claras, de um teatro brechtiano.

Eu faço um esforço danado pra ser um encenador com o espírito artaudiano, no sentido da peste, e brechtiano, no sentido de que o espetáculo tem que trazer algo pra cabeça. Não termina ali no momento em que acaba. Que você leve algo pra casa, alguma inquietação, alguma questão. Não apenas essa questão emocional, mas que você leve um incômodo, um desconforto qualquer, que você vá resolver lá adiante.

E Brecht é sempre aquele cara que vai levar a inquietude, que vai fazer o teatro, que é drama, é conflito de ideias. Ele vai sempre trazer o desconforto. É um artista que quer construir, quer semear o desconforto, quer ofender, quer provocar o público.

Dourado considera que esse "espírito" brechtiano esteja presente nas encenações baianas como *A Bofetada*, *Os Cafajestes* e *Recital da Novíssima Poesia Baiana*, que conseguiram

---

22 Walter Smetak foi um músico que chegou ao Brasil em 1937, vindo de Zurique. Viveu por muitos anos em Porto Alegre e, em 1957, veio para a Bahia e foi um dos responsáveis pela fundação da Escola de Música da UFBA. Artista inquieto, passeava pelos diferentes setores da arte.

atrair um grande número de espectadores em todo o Brasil, a partir do início da década de 1990. E, como a maioria dos encenadores baianos aqui perfilados, acha determinante o papel do ICBA no contexto cultural de Salvador, por promover "um movimento realmente muito bacana em torno do cinema, teatro e música".

Deolindo Checcucci[23]

Para Checcucci, suas experiências da infância, como a participação nas dramatizações em datas comemorativas do colégio onde estudou na cidade de Jequié, foram determinantes para sua opção pelo teatro. Mudou-se para a cidade de Feira de Santana aos dezesseis anos de idade e continuou a fazer teatro, só que dessa vez "já era um teatro mais comprometido politicamente". Era a época da ditadura militar e o teatro era uma forma de resistência. "Nós montávamos textos de Dias Gomes, Albert Camus, Maria Clara Machado..."

As apresentações eram feitas em cinemas, no palco do colégio Santanópolis ou na sociedade Euterpe – num salão que era transformado em arena, já que a cidade não dispunha de teatros.

Em 1968, mudou-se novamente, dessa vez para Salvador, com o objetivo de fazer o curso clássico, de formação secundária. "Não queria fazer o científico, pois eu não tinha nada a ver com química, física e me dava bem melhor com inglês, francês, sociologia, enfim, com a área de humanas."

Em Salvador, recebeu o convite de Carlos Petrovich e Lia Robatto para trabalhar como ator e dançarino. Ambos já o tinham dirigido em Feira de Santana. Em 1969, montou seu primeiro espetáculo para crianças, que "teve uma ótima repercussão". Era *A Bela Adormecida*, com texto adaptado por Raimundo Blumetti, inspirado no movimento tropicalista e trilha sonora de Gilberto Gil e Caetano Veloso. No mesmo ano encenou *O Futuro Está nos Ovos*, com texto de Fernando Arrabal. Ambas as montagens ganharam o prêmio oferecido na época pelo jornal *Diário de Notícias*, de melhor diretor e melhor espetáculo.

23 Depoimento ao autor, out. 2004.

Também nessa época lembra-se especialmente de uma montagem de *Woizeck,* de Georg Büchner, encenado por um grupo argentino e apresentado no Teatro Vila Velha. "Não só a montagem, mas também o Büchner, enquanto autor, me impressionou muito. Tanto que anos mais tarde nós fizemos uma adaptação do *Leonce e Lena* para crianças, quando eu fiz a cenografia e o figurino e Yumara Rodrigues dirigiu."

Explorando o estilo teatro de revista, seguiram-se algumas experiências, como a encenação de *Nosso Céu Tem Mais Estrelas* e muitos espetáculos para crianças e adolescentes. No repertório, textos de Silvia Ortoff, Cleise Mendes, Chico Buarque, Maria Idalina, Haydil Linhares, Aninha Franco e alguns de autoria própria.

Ingressa como aluno na Escola de Teatro da UFBA em 1976, com uma experiência já acumulada como ator, diretor, autor e encenador. Fora incentivado pela professora Dulce Aquino, que acreditava também em seu potencial como professor. Em 1981, já como professor da escola, foi para os Estados Unidos realizar seu mestrado em direção teatral, na Universidade de Lawrence, onde ficou por três anos.

A relação inevitável com Bertolt Brecht perpassa sua experiência nos anos de 1970, por motivos que ele esclareceu:

Era um teatro muito discutido e muito valorizado na medida em que ele era um marxista, tinha toda essa teoria do teatro dialético, com tese, síntese e antítese. E era um teatro que falava das questões que envolviam o homem e suas questões sociais e políticas. Como teórico, foi muito importante para nós todos que emergimos nessa época.

Era uma época em que se fazia teatro por ideologia, mas também na qual se percebeu que a ideologia pura e simplesmente não era o bastante. Era importante adicionar uma perspectiva profissional a essa ideologia. "Nós queríamos viver disso. E aí vieram várias questões relacionadas à produção", argumenta o encenador.

A partir de então, as pessoas passaram a buscar a profissionalização do teatro. Checcucci acredita que esse tenha sido um dos motivos que contribuíram para que o humor retornasse aos palcos baianos, o que colaborou para uma presença maior do público. E cita como exemplo a montagem que dirigiu em 1979,

Bocas do Inferno, baseada em textos de Gregório de Mattos organizados por ele e Cleise Mendes. O encenador relata que esse era um espetáculo extremamente crítico, mas ao mesmo tempo com muito bom humor, no formato de teatro de revista: "Dentro de uma linha mais popular. Não era um espetáculo hermético feito apenas para os amigos que tinham a mesma ideologia." Foi um espetáculo apresentado num circo especialmente armado para esse fim, com capacidade para 2 mil pessoas, que permaneceu dois meses em cartaz.

Checcucci recorda que, nesses anos, havia um preconceito contra o teatro comercial, contra o teatro que quisesse trazer público: "O que fazia sucesso era sinônimo de alienação."

Quando ministrava um curso livre promovido pela Escola de Teatro, no início da década de 1990, à procura de um texto para montar o espetáculo de conclusão, escolheu *Na Selva das Cidades,* de Bertolt Brecht. Encomendou uma adaptação do texto ao também encenador Paulo Atto. A montagem, contudo, por motivos diversos, não foi realizada com os alunos do curso.

Em 1995, porém, retomou o projeto. Numa oficina de cenografia promovida pelo Instituto Goethe, com um cenógrafo alemão especialmente convidado, o artista plástico Euro Pires concebeu o cenário para a montagem, tendo o teatro do ICBA como referência, onde o espetáculo viria a ser encenado.

Com inspiração nas palafitas da antiga favela dos alagados na Bahia de Todos os Santos, o cenário fazia uma alusão à iminência, à possibilidade de afundarmos na lama a qualquer instante. Checcucci acredita que o cenário tenha sido uma das grandes realizações do espetáculo, especialmente por sua disposição que misturava atores e público. "Isso foi muito bom para que o espetáculo respirasse junto com a plateia."

A encenação, que contou com um grande e experiente elenco, foi bem recebida por público e crítica, tendo recebido os prêmios de melhor direção e de melhor espetáculo daquele ano. Entretanto, apesar disso, e de ter cumprido duas temporadas bem frequentadas, o encenador lamenta que projetos como esse tenham que ser interrompidos prematuramente e que não exista uma política cultural mais eficiente para a cidade. Por outro lado, comenta os benefícios de sua relação com a dramaturgia e com a teoria de Brecht:

Tem alguns espetáculos que se a gente pudesse teria sempre no repertório, estaria sempre em cartaz. Entre as minhas montagens, *Eu, Brecht* e *Na Selva das Cidades* seriam dois deles. Mas infelizmente a questão financeira, a dificuldade de produção impede.

A maior contribuição que Brecht me deu foi a ideia de simplificar. A ideia de concentrar o trabalho de interpretação no ator, fugir de um estilo realista e jogar a máscara imaginária da plateia, sugerir ambientações, manter esse compromisso com a reprodução exata da realidade, quebrar essa quarta parede. Essa é a coisa mais forte que fica para mim e hoje em dia independentemente de ser uma encenação de texto de Brecht ou não, eu tenho isso para as minhas encenações.

Em 1997, a convite do Instituto Goethe, viaja para as cidades de Berlim, Hamburgo, Leipzig e Munique, quando visitou alguns teatros dessas cidades e assistiu a algumas encenações. São estas as suas impressões:

Com a minha ida à Alemanha eu fiquei muito surpreso, posso dizer, porque eles têm uma estrutura tão bem organizada e as pessoas produzindo com condições tão ideais que não tem nada a ver com o Brasil, onde a produção artístico-cultural não tem a mesma importância.

As pessoas têm o teatro lá como prioridade, como ir ao supermercado, como fazer algo importante. Têm um respeito maior. Comparando ao modo como fazemos teatro aqui, podemos nos considerar heróis.

Alguns espetáculos me agradaram, outros me incomodaram pelo excesso de experimentação. Eu gostei muito do trabalho do Grip's Theater e das montagens deles.

Estou certo de que se tivesse ficado lá por mais tempo teria descoberto outras coisas interessantes.

Ao retornar da Alemanha, propõe ao diretor do Instituto Goethe a comemoração do centenário de nascimento de Bertolt Brecht. Checcucci era o diretor da Escola de Teatro da UFBA nessa época e mobilizou vários outros encenadores. A parceria resultou em três montagens: *O Círculo de Giz Caucasiano*, dirigida por Paulo Dourado, *Mãe Coragem*, dirigida por Luiz Marfuz e *Eu, Brecht*, dirigida por ele próprio. E justificou sua escolha por uma colagem de textos organizada por Cleise Mendes em lugar de um texto dramatúrgico já existente:

Como era a comemoração dos cem anos de seu nascimento, achei que ele deveria falar na primeira pessoa sobre a vida dele, as ideias dele, os trabalhos que ele fez, as peças que ele escreveu, sobre o que ele pensava do mundo. Daí surgiu a ideia da colagem. Eu e Cleise trabalhamos nesse sentido, de pegar Brecht desde sua primeira obra, *Baal*, um texto mais expressionista, até o Brecht mais atual, passando pelo Brecht engajado politicamente, o Brecht do teatro épico... Enfim, mostrar não só suas peças como também nos aproximar mais dele, fazer um perfil.

Foi uma montagem realizada ao ar livre numa atmosfera acolhedora e despojada.

Checcucci recorda, ainda, que a única dificuldade advinda de seus empreendimentos com textos estrangeiros, especialmente no caso de Bertolt Brecht, residiu na liberação dos direitos autorais. Diz estar consciente e crê que sejam justos os valores praticados para obtenção desses direitos. Segundo ele, no caso do Brasil, que não dispõe da mesma infraestrutura onde os textos foram produzidos, cujas condições de produção são quase sempre precárias, isso se torna praticamente inviável.

Além disso, no caso de Brecht, vê como contradição ao que ele próprio desejava para o seu teatro o fato de ser exigida fidelidade aos textos e às músicas originais. Apesar disso, diz não ter se prendido a essas limitações: "Eu tive muita liberdade nas encenações dos textos de Brecht", comemora.

Checcucci associa a motivos como esses o fato de encenar com muito mais frequência os textos de sua própria autoria. Além disso, acha importante que o teatro se encarregue de apresentar as personagens históricas brasileiras ao seu público, o que ele tem feito com alguma frequência. Gregório de Mattos, Castro Alves, Luiz Gonzaga e Maria Quitéria já foram personagens encenadas por ele, como autor e/ou diretor. Checcucci se refere à qualidade dos textos dramatúrgicos de língua alemã e lembra que chegou a promover um ciclo de leituras dramáticas como forma de divulgá-los, de incentivar suas montagens.

Foi também, direta ou indiretamente, responsável pela montagem de dois textos para crianças, enquanto era diretor da escola: *Beto e Teca*, de Volker Ludwig, dirigido por Eduardo Woitizick, e *Puxa Vida!* de Volker Ludwig e Reiner Lücker, dirigido por Teresa Costa Lima, Cláudio Simões e Celso Jr.

O encenador destaca, ainda, o importante papel da Escola de Teatro e da Cia. de Teatro da UFBA no contexto das montagens de textos dramáticos estrangeiros, exatamente por não estarem preocupados com resultados comerciais, por não se submeterem às regras do mercado. Ele afirma não investir mais nesse tipo de montagem por questões de ordem financeira, especialmente relacionadas aos direitos autorais. E destaca que, nesse sentido, a colaboração do Instituto Goethe tem sido determinante.

Checcucci estima que, dentre as peças encenadas atualmente em Salvador, 70% sejam de autores locais. Por isso é partidário da ideia de se promover um intercâmbio dramatúrgico: "Seria ótimo se pudéssemos levar nossos textos para fora como trazemos os textos de fora pra cá", conclui.

Luiz Marfuz[24]

A exemplo de outros encenadores e atores de sua geração, a experiência de Luiz Marfuz com o teatro se inicia no âmbito acadêmico, mas não da Escola de Teatro. Ele salienta que, excluindo a experiência com as dramatizações no colégio, na cidade do interior onde estudou, o que "detonou" mesmo sua vontade de fazer teatro foi a experiência na universidade, quando ingressou para o curso de administração na UFBA, em 1972.

Como militante do movimento estudantil, através do DCE, "fundamos um grupo de teatro e a gente montou a primeira peça chamada *Cartão de Ponto*".

O contato com a dramaturgia e as ideias de Bertolt Brecht não demoraria a acontecer. "Começa com o meu primeiro trabalho como ator, em *Aquele Que Diz Sim, Aquele Que Diz Não*." Foi uma iniciativa de Rogério Menezes e não era uma montagem do grupo de administração e sim do grupo misto ligado ao grupo de psicologia.

Naquela época havia uma apropriação exagerada de Brecht, embora eu ache também que ele foi a grande referência teórica para o teatro universitário. Todos os trabalhos tinham essa estética com o narrador, com o distanciamento, falar pra plateia, o despojamento... Coisas que depois a gente foi estudar com mais profundidade, mas que lá apareciam de

---

24 Depoimento ao autor, out. 2004.

forma embrionária, com as cenas feitas por quadros. Tudo isso era muito presente no teatro universitário.

Era uma apropriação de Brecht para um contexto, para aquela conjuntura política, do teatro político, que a gente assumiu como um teatro de mensagem mesmo. Lembro-me que havia uma preocupação grande em citar a mensagem, de explicitar a mensagem do texto.

A gente lia coisas de Brecht, principalmente o que se referia aos conteúdos políticos – claro que em Brecht é difícil separar o político do estético – mas o que nos interessava eram suas posturas políticas. Havia grande apropriação dos textos de Brecht no Brasil, naquela época, e uma preocupação em contextualizá-los.

No caso do teatro universitário, isso era pra lá de exagerado. Era como se pegasse uma peça didática de Brecht e traduzisse o didatismo ainda mais.

Hoje, Marfuz considera que essa era uma atitude "muito pobre". Argumenta que atualmente ninguém mais encena uma peça apenas devido ao conteúdo político-ideológico. Todavia, pondera que numa época quando não se podia dizer nada, não se podia fazer uma assembleia porque era proibido, o teatro ocupava, sim, o lugar de palco ideológico. "E era muito aclamado", enfatiza. O êxito de uma montagem para aquele público dependia do que ela dizia. Tinha que estar na mão ou na contramão das correntes que lutavam contra a ditadura, contra o regime. "A legitimidade do teatro no meio universitário dependia disso". Marfuz acredita que, desde então, "o público baiano começou a ver outras formas, a buscar uma melhor qualidade cênica".

E talvez para atender a essa busca, já fora da universidade, fundou o Teatro Carranca, grupo de teatro amador composto de pessoas que saíam da universidade, em sua maioria, profissionais liberais. A partir de então, assume a função de diretor e estreia também como dramaturgo:

Por volta de 1976-1977, fiz *Bodas de Prata*, que era um texto meu, que eu mesmo dirigi. Depois encenamos uma criação coletiva chamada *Solta Minha Orelha*. Aí segui com *Língua de Fogo*, em 1980-1981, que tinha um elenco quase 100% negro. Talvez uma das primeiras peças com um elenco assim, aqui na Bahia. A peça se passava na África. Seguiram-se alguns trabalhos para o curso livre, no Teatro Castro Alves, logo depois de Paulo Dourado. Era o quarto ou quinto curso livre. Cleise Mendes fez a adaptação de *Decamerão* e eu dirigi. Depois teve *Cabaré das Ilusões*, que foram três textos de Nelson Rodrigues – *Doroteia, Álbum de Família* e *Viúva, Porém Honesta*. A partir daí eu tive certo interregno e novamente com o curso livre montei *Sim, o Universo de Arrabal*, já na Escola de Teatro da UFBA, em 1988.

Com *Solta Minha Orelha,* o encenador procurava aproximar-se da corrente expressionista, inquietação especialmente provocada pela montagem de *Macunaíma,* de Antunes Filho, que o havia influenciado fortemente.

Após a montagem de *Sim,* em 1988, diz ter se encontrado com a música, "uma antiga paixão". E apesar de não ser músico, passou a dirigir vários shows musicais.

Em 1993, retorna às encenações teatrais para reencontrar-se com Brecht através da montagem de *O Casamento do Pequeno Burguês*. Era um desejo que nutria há quase vinte anos, reflexo de um de seus contatos como espectador com as encenações de textos de língua alemã. Recorda que *As Lágrimas Amargas de Petra von Kant*, de Fassbinder, com as atrizes Fernanda Montenegro e Renata Sorah, o tinha impressionado positivamente, mas

com a montagem de Luiz Antonio Martinez Correa para *O Casamento,* eu fiquei alucinado. Gostei muito daquela estética rasgada, anárquica. Quando eu vi a peça, era num contexto político muito forte. O Correa a recontextualiza. Esta é uma das primeiras peças escritas por Brecht e você não pode falar ainda de um suporte ideológico redondo. É uma peça quase experimental dele. Mas eu me lembro de uma fala da discussão da madrinha com a noiva: "Ah! Mas você se casou grávida." E a outra respondia: "E você, que é comunista." Tinha umas coisas assim que pertenciam àquela época.

Eu vim montar *O Casamento* vinte anos depois e num formato diferente. Era um Brecht que me interessava muito por outra via. Pela via da farsa. Foi uma época em que eu estava sofrendo muito a influência de cineastas como Almodóvar, com suas cores fortes, berrantes... E eu trabalhei no casamento com a coisa do *Kitsch,* do mau gosto, de trazer a peça pra região do subúrbio. Fiz a adaptação pra Bahia. Fui pra outra leitura.

Em 1998, já como professor da Escola de Teatro da UFBA, e em função da comemoração do centenário de nascimento de Brecht, surge nova proposta de encontro com o dramaturgo. *A Alma Boa de Setsuan* foi o texto proposto, mas preferiu lançar-se num desafio maior e optou por *Mãe Coragem*, que considera um texto muito difícil, montado apenas uma vez no Brasil. Com o tratamento dramatúrgico de Cleise Mendes, foi feita uma compactação do texto, mas, ao contrário de *O Casamento,* não se objetivava uma transposição local.

A gente manteve o distanciamento histórico da Guerra dos trinta anos. Era bem claro que a gente estava tratando daquele episódio entre católicos e protestantes. A gente não mexeu nisso. Tinha até como fazer uma adaptação. Mas foi uma escolha. Eu quis fazer um Brecht mais radical, com todo o procedimento de distanciamento de cena. Eu acho que usei ao máximo as possibilidades que Brecht apontava para a cena. Cortina meio-pau, ator falando ao microfone, som, projeção de *slides.* Tudo foi usado à exaustão. Busquei uma fidelidade pela radicalidade. O *Mãe Coragem* foi mantido no seu contexto histórico, não foi transposto.

Marfuz crê que sua *Mãe Coragem* não tenha sido bem recebida. Diz ter ouvido vários comentários sobre certa "frieza" da encenação, algo que ele próprio teria buscado. Hoje, distanciado, acredita ter havido "um excesso nos procedimentos dos recursos brechtianos. Se eu fosse remontar hoje, eu retiraria esse excesso. Eu quis ser mais brechtiano que ele próprio".

Ele considera positiva certa "irresponsabilidade" que os encenadores baianos têm em relação aos textos de Brecht e acredita que isso tenha promovido resultados felizes. "Eu acho que, no geral, os encenadores baianos têm uma liberdade muito grande diante dos textos de Brecht. E acho que isso é um valor." Cita como exemplo as montagens *O Círculo de Giz Caucasiano,* dirigida por Paulo Dourado, que "era uma versão bastante livre", e *Eu, Brecht,* dirigida por Deolindo Checcucci, que "era uma colagem de textos mais livre ainda".

Marfuz sente-se atraído também pela dramaturgia de Heiner Müller e diz ter gostado da encenação de *Merlim,* de Tankred Dorst, dirigida por Carmen Paternostro. No entanto, atualmente sua "paixão mais recente" é o universo do dramaturgo Samuel Beckett. Além de sua recente encenação com diferentes textos de um dos maiores representantes do gênero absurdo, Beckett é também o tema de sua tese de doutorado.

"Às vezes acho o Beckett mais alemão do que Brecht. Talvez pelo fato de ter encenado tanto tempo no Schiller Theater", especula e se diverte. Os motivos seriam certa frieza que ele detecta especialmente em *Fragmentos do Teatro*, que integra sua mais recente montagem. Refere-se a um episódio no qual uma das atrizes que representa um dos papéis, cujo pai é alemão, se deixou comover. A atmosfera da cena fez com que ela se reportasse às recordações paternas do período pós-guerra na Alemanha.

Já em Brecht, o encenador vê uma universalidade estupenda e acredita que isso aconteça pelo fato de o autor "beber nas fontes do teatro elisabetano, do teatro nô, do coro grego, do teatro chinês, da *Bíblia*, do teatro popular".

Segundo Marfuz, essa visão universal é o que faz com que a visão da cultura alemã não se imponha em sua obra. Esses seriam os ingredientes que contribuem para que ele se torne o autor mais abraçado do mundo inteiro.

E salienta que, mesmo um texto como *O Terceiro Reich*, sobre uma realidade tão alemã, faz com que você pense que isso poderia estar aqui. "Ele tem a capacidade de fazer essa transposição. De manter um caldo dessa cultura alemã e ao mesmo tempo dialogar com o mundo."

O encenador acredita que o "namoro" do teatro alemão com a Bahia, embora frequentemente reportado à década de 1970, continua muito forte:

Se você pegar, por exemplo, as montagens no Núcleo do Teatro Castro Alves, você vai perceber quantos autores e quantos diretores passaram por lá. Você tem a Nehle Frank, a *Medeia* do Hans Ulrich Becker, o Harald Weiss. O Hackler, que está aí há muito mais tempo. Pessoas que saem daqui pra estudar teatro lá. Tem o Márcio Meirelles, que tem uma ligação forte, trouxe *Medeamaterial*, do Heiner Müller, está sempre montando coisas de autores alemães. Enfim, tem uma troca muito boa.

Carmen Paternostro[25]

Sua relação com as artes cênicas começa "com o fascínio pelo movimento", resume a encenadora. Em 1964, ao fazer o teste para ingressar no curso pré-universitário da Escola de Dança da UFBA, escolheu como tema de sua apresentação "uma chama

---

25 Depoimento ao autor, out. 2004.

de fogo em evolução". Começou a dançar, mas não havia combinado o momento de parar, pois achava que o pianista o definiria. Ele não parava e ela continuou até "perder o fôlego, perder o controle", relembra Paternostro. Após o teste, pensou: "encontrei o que quero fazer da minha vida". Nunca havia assistido a uma apresentação de dança, "nem balé da Ebateca". Também não tinha televisão em casa. "O que eu conhecia de dança era quadrilha de São João."

Após concluir o preparatório, ingressou no curso superior de dança profissional e passou a integrar o grupo de dança da universidade. Desde então diz ter recebido muitas chances dos coreógrafos e foi solista várias vezes. Era a época em que a Escola de Dança tinha como diretor o alemão Rolf Gelewski, que sucedera Yanka Rudzka, polonesa que estudara na Alemanha e que participou da fundação da escola em 1956. Além dele, havia duas outras alemãs como professoras: Gertrude Monika e Armengard von Bardeleben. Foi também aluna do professor norte-americano Clyde Morgan e da dupla Angel e Klauss Vianna.

Estreou com o espetáculo *O Triunfo do Grifon*, dirigido pelo professor suíço-alemão Roger Georg, com figurinos e cenários do artista plástico Juarez Paraíso.

Após seu afastamento da universidade, em 1976, fundou o grupo Intercena e iniciou sua experiência como coordenadora de processo, como prefere definir sua função na época, em lugar da usual definição de coreógrafa. E explica por que:

A gente trabalhava muito *Work in Progress*, com experimentos. Cada um trazia um material, começava a trabalhar, ia trazendo mais coisas e aí a gente ia fazendo os trabalhos. Eu gosto muito desse sistema. O Intercena foi um momento muito especial. Era uma época, na década de 1970, de muita soma. As pessoas se procuravam. Uma linguagem procurava a outra.

Recebeu, então, o convite de Djalma Correa para se unir ao grupo de percussão Bahiafro, que já desenvolvia uma pesquisa de temática voltada para a música do candomblé. A proposta era desenvolver um trabalho misturando "essa raiz da percussão" com a dança contemporânea. "Aqui nasceu o Intercena. Exatamente onde a gente está sentado, conversando."[26] Através

---

26 Refere-se ao pátio do ICBA, onde a entrevista foi realizada.

de Djalma Correa, foi apresentada a Roland Schaffner, na época diretor do Instituto Cultural Brasil Alemanha, com quem, um ano após, daria início também a uma relação conjugal que permanece até hoje.

Outras parcerias surgiram logo depois, com o grupo Sangueraça, de Raimundo Sodré e Roberto Mendes, com a Banda do Companheiro Mágico e com o Ação Instrumental, de Buenos Aires. Paternostro salienta que sua formação em coreografia promovia a aproximação com a música.

Sua relação com a carpintaria teatral só aconteceria na Índia. Todavia, desde essa primeira fase do Intercena-música-dança, sempre se apoiava "em um fio condutor para a composição dos espetáculos, como uma história, uma carta, uma notícia de jornal… sempre trabalhava com uma referência literária". Era seu empenho em quebrar com a tendência de coreografar experiências pessoais, pois queria ocupar-se com o outro, com o social, "algo que tivesse uma mensagem mais fortemente engajada", o que acreditava ser uma influência "um pouco brechtiana".

Em 1978, acompanhou Schaffner, transferido como diretor para a cidade de Calcutá, na Índia, onde se casaram. Sua integração com os dançarinos se iniciou na base da troca de aulas de dança moderna (de Martha Graham) por Bharatanatyam e dança clássica: "Era uma troca maravilhosa, fizemos um grupo bonito que esteve junto durante todo o tempo em que permaneci em Calcutá." E pouco a pouco sua relação com o teatro vai se estreitando:

O primeiro trabalho que eu fiz em Calcutá foi baseado em poemas de Brecht. Eu misturei com outro poeta indiano, e o espetáculo se chamava *O Mapa Frio*. Eu mesma selecionei os textos. O outro poeta era um indiano que tinha estudado em Ulm, falava alemão. Usamos os poemas dele, que tinham a ver com Calcutá, com as perguntas sobre a cidade… Foi um espetáculo muito urbano, com dançarinos que queriam aprender a linguagem de dança moderna ocidental.

Numa segunda etapa nós fizemos uma pesquisa sobre mitologia.

A última montagem foi baseada em um texto do Peter Weiss. Aí foi a primeira peça teatral que eu enfrentei e gostei muito de ter feito. *Como Sr. Mokin Pott se Libertou dos Seus Martírios* seria a tradução do título em português. Eu gostava muito dessa peça porque ela tinha muitas indicações de movimento. Era uma peça muito marcada, o que o ator deveria fazer, tinha um roteiro que era muito coreográfico pra mim.

No grupo, dois dos integrantes haviam sido atores antes de serem dançarinos. E chama a atenção para o fato de que os atores estão sempre mais abertos às experiências corporais, enquanto os dançarinos resistem mais ao trabalho com texto. "Eu sempre me senti muito bem entre os atores", confessa Paternostro.

A experiência da encenação em Calcutá levou-a a ser convidada para ministrar aulas de corpo e coreografar para grupos de teatro. Dessa forma, assumia também a assistência de direção dos espetáculos e ia criando intimidade com as "artimanhas" do teatro: "Fiz assistência de direção para um *Woizeck*, pra um *Danton* e pra um *Mahasad*."

Na Índia, percebeu que, independentemente da presença do Instituto Goethe, eram montadas muitas peças de autores de língua alemã. De Franz Kroetz e de seu teatro operário diz ter assistido pelo menos três montagens. Viu, ainda, encenações de textos de autoria de Peter Weiss e Brecht.

Sua experiência como *actortraining* a colocou em contato com um indiano que trabalhara com Grotowski, e com quem dirigiu *O Círculo de Giz Caucasiano*. Logo após, houve nova parceria com Hans Gunter Heim, diretor de teatro em Stuttgart que tinha ido para Calcutá montar a *Antígona* de Sófocles. Durante a montagem, conheceu o cenógrafo alemão Wolf Munzner, cuja ousadia, poder de desafio e capacidade de quebrar os padrões a impressionaram positivamente. Atitude similar só reencontraria anos depois, no cenógrafo Moacir Gramacho, que atua na Bahia.

Foi na Índia que viveu um dos episódios que marcou seu encontro com Pina Bausch:

Quando a Pina foi se apresentar em Calcutá, o partido comunista de lá preparou uma represália. Eles foram assistir no primeiro dia e perceberam que a alça de uma menina caía e o peito aparecia. No segundo dia, eles organizaram uma vaia e interromperam o espetáculo. Os dançarinos choravam, foi um horror. Eu subi ao palco com um ramo de flores e comecei a aplaudir. Comecei a brigar com os comunistas. Uma parte do público me seguiu e eu, corajosamente, com meu inglês furreca, chamei a Pina Bausch no palco e fiz um pequeno discurso, muito emocionada. Daí nasceu a amizade. Depois disso eu improvisei comida na nossa casa. Os bailarinos estavam arrasados, tristes. Nunca esperavam que fossem ser tão malhados. Depois eles entenderam que era uma manobra política, que não tinha a ver com a arte deles... E quando eu fui visitar a Pina, ela dizia: "Olhem a Carmen aus Calcuta". Era uma maneira de ela me agradecer.

Carmen Paternostro considera que seu reencontro com Pina Bausch "foi algo muito raro". Queria conhecê-la, ter essa experiência, "saber como ela trabalhava". Esteve uma semana hospedada com a coreógrafa e conviveu com seu grupo em Wuppertal, quando conheceu os bailarinos mais antigos, "o pessoal da pesada".

O Pagu Teatro Dança, grupo que fundou em Belo Horizonte, tinha certa influência de Wuppertal: "Como esposa de um diretor de Goethe Institut, nunca deixei de tirar proveito disso", revela.

Depois da temporada da Índia, retornou ao Brasil. Em Belo Horizonte, teve "um encontro muito importante" com Rufo Herrera, "músico argentino que tinha trabalhado muitos anos na Bahia com Ernest Widmer. Ele me convidou pra fazer uma encenação inspirada nos sete pecados capitais, de Bertolt Brecht. Se chamava *Sete Mais Sete*".

Voltariam a se encontrar em 2001 para encenar *Sertão, Sertões*, inspirada em *O Grande Sertão: Veredas*, de Guimarães Rosa, que se transformou em cantata cênica. "Esses encontros pra mim são soberbos", enfatiza a encenadora.

Um seminário promovido pelo Freies Theater München (Teatro Livre de Munique), também em Belo Horizonte, colocou-a em contato com o grupo Galpão. A oficina de perna-de-pau e de técnicas de teatro de rua culminou na montagem de *A Alma Boa de Setsuan*, de Bertolt Brecht, processo que apenas acompanhou com curiosidade e proximidade. Fruto dessa aproximação, em 1986 monta *O Triunfo Barroco*, com o grupo Galpão e a Cia. de Dança do Palácio das Artes. Depois montou *Lulu, a Caixa de Pandora*, de Frank Wedekind, com Bete Coelho, "que é mineira e nessa época morava lá". A montagem, em excursão, revelaria a atriz para o público paulista.

A temporada em Munique, após o período de Belo Horizonte, foi de intensa convivência com o teatro alemão. Carmen aproveitou para se reciclar, para frequentar e ministrar oficinas. Ela credita sua capacidade de fazer bem "suas coisas brasileiras" ao esteio, à força, e à organização adquirida com a experiência do teatro alemão. Através dele, diz ter aprendido a perguntar e a duvidar. E define sua "peregrinação" e suas diferentes experiências como "abrir uma porta e em seguida outra e outra, abrir portas na gente e no outro". Transculturar-se, no modo grotowskiano, diz ter sido a grande lição aprendida nesse vai-e-vem, nesse constate diálogo com a produção artística em diferentes cidades e países.

Seu retorno a Salvador, no início da década de 1990, foi bastante comemorado, especialmente pelo sucesso da montagem *Dendê e Dengo*, com texto de Aninha Franco. Desde então já acalentava um de seus maiores sonhos: encenar o texto *Merlim, ou a Terra Deserta*, de Tankred Dorst. Reconstituindo os primeiros passos desse empreendimento, Paternostro relata:

Eu conheci o Dorst na Índia, quando ele falou do projeto do *Merlim*, que ele estava escrevendo na época, e o Peter Zadek queria montar na íntegra. Aquilo ficou na minha cabeça, eu pensava: "Que coisa maravilhosa esse projeto."

Anos depois, eu encontrei o *Merlim* na estante, em casa, já traduzido para o português. Comentei com o Schaffner: "Você recebeu o livro do Dorst e não me disse nada!! Eu estou lendo e estou achando maravilhoso, acho que quero montar essa peça." E ele disse: "Eu estou aqui na Alemanha e se você escrever um projeto eu inscrevo aqui na central, pra ver como é que rola."

Aí ele começou a escrever o projeto de montagem aqui na Bahia, já com a previsão de trazer o Dorst e a Ursuhla, de passarem um tempo e o projeto deu certo. Foi um sonho que deu certo. Eu me lembro que saía com aquele projeto grande, bonito, que a Sonia Rangel ilustrou. Levei na Fundação Cultural do Estado – não era a época de edital – e então eles disseram: "Ah! O projeto é muito grande." "É o meu sonho. E sonho é grande", respondi.

Hoje, a encenadora lembra de *Merlim* como um projeto bem nascido, "que teve um processo maravilhoso", com as "távolas" de discussão, a presença de diferentes pessoas dissertando sobre o assunto, o fato de ter tido um mesmo lugar para ensaios, para se conceber a cenografia, o figurino – o que não é tão comum em se tratando das produções locais. "Como num sonho". Ressalta também que havia uma harmonia, uma unidade no grupo, que dificilmente se experimenta no convívio artístico: "O contato com os autores, Tankred Dorst e Ursula Ehler, foi muito rico, muito interessante."[27]

Depois do *Merlim,* Paternostro encenou *Os Negros,* de Jean Genet, *Otelo,* de Shakespeare e *Don Juan,* versão de Brecht inspirada na obra de Molière. Ela escolheu a versão brechtiana por considerá-la "mais enxuta, mais precisa, com grande capacidade de síntese, argumentações contundentes, ironia... Da forma como eu queria tratar o mito".

Carmen revela que algumas pessoas mais próximas ponderaram que ela não havia acertado, que havia alguns desacertos na montagem de *D. Juan.* No entanto, acredita que isso se deve ao fato de as pessoas compactuarem ainda com a ideia de um D. Juan másculo e viril, de se prenderem a um rótulo. "E eu quis ousar, romper com isso", desabafa.

Entre as produções que se realizam através da parceria Alemanha-Brasil, que se apresentam na cidade, diz ter gostado da versão de *Medeia* do diretor convidado de Stuttgart, Ulrich Becker. Gosta também do *Adé-Até* e do teatro de imagens desenvolvido na Bahia pelo músico e encenador Harald Weiss.

Elisa Mendes[28]

Uma das mais jovens encenadoras da cidade, Elisa Mendes, ao ser indagada sobre sua iniciação nas artes cênicas, respondeu prontamente: "Posso dizer que eu já nasci dentro do teatro. Meu pai era diretor de teatro amador no Rio de Janeiro, trabalhou com cenografia pra TV Tupi e minha mãe é atriz, dramaturga e professora da Escola de Teatro da UFBA." Toda a sua vida esteve ligada ao teatro e, mesmo quando ainda não atuava, acompanhava sua mãe nos ensaios, um universo do qual sempre gostou.

---

27 A recíproca parece ter sido verdadeira. Participei como ator da montagem baiana e, quando morava na cidade de Berlim, realizando a pesquisa para este trabalho, fui atraído como espectador para uma nova encenação do *Merlim,* realizada pelo teatro Schaubühne. A peça, apesar de ter sido escrita em 1979, já ultrapassava a sexagésima montagem no mundo. Grande também foi a minha surpresa ao ler no programa que os autores, em entrevista, destacavam a encenação baiana como um ótimo exemplo de transposição cênico-cultural, como "uma belíssima e quase dançada encenação".

28 Depoimento ao autor, out. de 2004.

Estreou em 1977, ainda criança, como atriz, na montagem de *Os Saltimbancos*, do grupo Tato, coordenado pelo encenador Deolindo Checcucci. Logo depois, através da Cia. de Teatro da UFBA, atuou em *Seis Personagens à Procura de um Autor*, de Luigi Pirandello, com direção de Harildo Deda. Possui um longo currículo até sua última atuação na montagem *Marmelada*, do texto de autoria de Cleise Mendes, sob direção de Paulo Dourado.

Em 1990, ingressou no curso de interpretação da Escola de Teatro da UFBA e, nesse mesmo ano, fez a assistência de direção de Carmen Paternostro na montagem de *Dendê e Dengo*, texto da dramaturga baiana Aninha Franco.

Desde então se seguiram várias experiências como assistente de direção e, após se graduar, descobriu que gostava mais da função de diretora. Diz sentir-se mais "confortável" como encenadora do que como atriz. Elisa Mendes enumera sua experiência como assistente de direção, e descreve como aconteceu sua "formação paralela":

Trabalhei praticamente com todos os diretores da cidade: com Carmen Paternostro em *Dendê e Dengo*; com Fernando Guerreiro, em *Beijo no Asfalto* e *Oficina Condensada*; com Paulo Dourado na *Conspiração dos Alfaiates* e *Rei Brasil* – uma ópera; com Paulo Cunha em *Valsa n. 6*, quando fiz também uma participação como atriz; com Luiz Marfuz em vários eventos de premiação; com José Possi Neto em *Lábaro Estrelado*; com Nehle Frank em *Roberto Zuco* e agora em *Murmúrios*. Essa gama de diretores tão distintos foi a minha formação em direção.

Elisa salienta, entretanto, que sua experiência como atriz foi determinante para seu desempenho como encenadora.

Dos seus primeiros contatos com o universo do teatro alemão, diz se lembrar especialmente das montagens didáticas de cenas de textos de Brecht, apresentadas na Escola de Teatro, no final da década de 1980. Outro episódio está relacionado à encenação de textos para crianças, também em fins da década de 1980, estimulada pela distribuição de uma coleção de cadernos de teatro com a produção recente da dramaturgia de língua alemã, feita pelo ICBA. O I Seminário de Teatro Para Crianças e Adolescentes, organizado por Deolindo Checcucci, também colaborou indiretamente para incentivar a montagem desses textos.

Sua experiência como diretora se iniciou com a encenação de um espetáculo de mímica corporal dramática, *O Banquete de Alice*, em meados da década de 1990. Dirigiu também *A Flor do Lodo*, de autor baiano, com os atores Marcelo Praddo e Harildo Deda.

No ano de comemoração do centenário de nascimento de Brecht, em 1998, ao assistir as montagens do *Círculo de Giz Caucasiano* e de *Mãe Coragem,* não imaginava que dois anos depois estaria encenando um texto de Bertolt Brecht, dos quais achava muito difícil se aproximar. Confessa que compartilhava certo temor em encenar um autor que está ligado a uma época tão determinante, que é um marco na forma de se fazer e se observar o teatro: "Eu sempre achava que, como encenadora, só me aproximaria de um autor como Brecht muito mais tarde do que aconteceu."

Entretanto, sua dupla experiência como assistente de direção junto às montagens do Núcleo do Teatro Castro Alves (de Possi Neto e Nehle Frank) já havia despertado a confiança do seu administrador, que a convidou para assumir a direção da montagem anual em 2001:

Ele me perguntou exatamente sobre o meu sonho. E um dos textos da dramaturgia mundial que eu achava mais forte era exatamente *A Vida de Galileu*, de Bertolt Brecht, assim como *Calígula*, de Albert Camus.

O fato de ser um texto de língua alemã nunca foi meu ponto de partida e continua não sendo. Eu procuro o que pra mim é de caráter universal, o que naquele momento eu estou precisando falar e o que determinado texto oferece. Quando eu era aluna da Escola de Teatro e li *Galileu* eu pensei: "Em algum momento vou viver isso." E *Galileu* trazia pra mim uma vontade muito grande de falar dos problemas de um artista através da metáfora do universo de um cientista, falar de todos nós que estamos entre o pão e o sonho, entre ter tempo pra pensar e manter sua subsistência. Então pra mim foi maravilhoso trazer essa discussão.

As condições de produção oferecidas pelo Teatro Castro Alves, segundo Mendes, são desejadas por qualquer encenador na Bahia: remuneração fixa; espaço para ensaios com uma boa estrutura; equipe técnica capacitada, muito próxima e presente na construção do espetáculo; a possibilidade de escolher um elenco através de audição; pauta assegurada para temporada; bom serviço de divulgação etc.

A tranquilidade oferecida pelas condições de trabalho, contudo, não impedia outros questionamentos, tais como: por que trazer *Galileu* para a Bahia? Que associações fazer?

Pra mim se tratava de uma discussão das condições do mercado de trabalho para os artistas locais na metáfora daquele cientista tentando ter tempo de fazer o que ele julgava importante. Da necessidade e da dificuldade de ter tempo e condições para pensar, o que continua acontecendo. O fato de a gente não ter a tranquilidade de fazer os projetos, que na maioria das vezes são nossos sonhos, de termos que caminhar dialogando com o mercado e suas condições nocivas. Você precisa produzir e não tem estrutura de produção. Você não consegue ficar em cena com o que você produz. E tudo isso me dava vontade clara de falar, de deixar aquela angústia ali através da metáfora de Galileu.

Elisa acredita que o público em geral não estava muito atento a essas sutilezas, limitando-se a acompanhar o desenrolar dos acontecimentos e da urdidura da peça. "Mas acho que as pessoas de teatro devem ter entendido isso." E defende que a grande riqueza de uma encenação consiste em fazer com que cada espectador faça sua leitura, o que considera um objetivo a ser perseguido em cada nova encenação.

A encenadora diz ter ficado satisfeita com "o acabamento técnico e artístico", com a qualidade da encenação, o que já era uma marca das montagens do núcleo. Acredita também que isso tenha sido reconhecido.

Uma crítica publicada em jornal local, contudo, fez algumas retaliações, acusando-a de ter respeitado demasiadamente o texto original, "o que pra mim foi um grande elogio, pois isso fazia parte do meu objetivo inicial; respeitar essa dramaturgia e sua força", argumenta ela.

A adaptação feita por Cleise Mendes foi de grande contribuição: "Ela fez cortes, mudanças, enxugou a natureza dos diálogos pra que tivesse uma fluência maior da narrativa, para dinamizá-la."

A mistura de atores experientes com atores da nova geração teria contribuído para reforçar o caráter da discussão veiculada pelo texto e seu valor na atualidade. Alguns atores que participavam da montagem eram de uma geração que tinha encenado Brecht movida basicamente pelo conteúdo político de sua obra, mas isso não teria se reproduzido na nova montagem.

A encenação impôs a Mendes a necessidade de conhecer mais profundamente a obra de Bertolt Brecht, o que acabou por despertar um interesse de caráter mais teórico pelo autor. Daí surgiu o projeto que passou a desenvolver como aluna de mestrado em Artes Cênicas da UFBA, como ela própria esclarece:

> Através da montagem do *Galileu* e da necessidade de me aprofundar mais na dramaturgia de Brecht, eu resolvi criar um roteiro cênico que se chama *Fragmentos de um Homem*. É uma peça dividida em três episódios: a cidade, a guerra e o homem. Esses episódios podem ser encenados separadamente e também se pode fazer uma grande encenação juntando os três episódios. Se montado, deve durar entre uma hora e quarenta minutos e duas horas. Esse material é uma compilação de toda a dramaturgia, 52 peças, mais os diários (as notações biográficas) e os poemas.
>
> Eu não uso uma ordem cronológica. Ponho um pensamento do diário dele ainda muito jovem com um trecho de uma peça da última fase... Mostro como ele questiona o valor da própria dramaturgia, quais são as inquietações na sua construção artística.
>
> Creio que seja interessante, especialmente para aqueles que nada conhecem sobre ele.

Dois anos após a montagem de *Galileu,* um novo convite a colocaria novamente em contato com outro autor de língua alemã. Dessa vez o desafio era com *As Lágrimas Amargas de Petra von Kant,* de Rainer-Werner Fassbinder. Ela conhecia o autor apenas através de seus filmes e gostava especialmente de sua versão para o *Querelle*, de Jean Genet. Já conhecia o texto na tradução de Millôr Fernandes desde 1987, movida pela curiosidade decorrente da repercussão que a montagem com as atrizes Fernanda Montenegro e Renata Sorah tinha alcançado em todo o Brasil. E diz ter ficado impressionada "com a forma de corte quase cinematográfica" de sua dramaturgia. Recorda que, na época, jamais ousaria pensar em encenar um texto "com aquele peso, com tantas especificidades".

O convite do Teatro XVIII, através da atriz Rita Assemany, também lhe pareceu irrecusável. Um novo contato com o texto a fez perceber "o quanto era bom pensar naquilo, naquele momento. As relações de amor, o jogo de sentimento das pessoas como exercício de poder, tudo era muito novo". Queria experimentar a repercussão daquele drama "nessa cultura tão consumidora de novela". E confessa que sua grande dificuldade foi realizar a transição das cenas de corte abrupto, cuja emoção era deixada no ar.

Mendes acredita ter sido novamente beneficiada pela boa infraestrutura oferecida pelo Teatro XVIII, cercada de profissionais de qualidade com os quais nunca havia trabalhado. A possibilidade de escolher a maior parte do elenco através de audição teria sido outro fator positivo.

A adaptação feita pela dramaturga Aninha Franco, a partir de traduções existentes que se juntaram a uma nova tradução encomendada para a nova encenação, contribuíram para aproximar aquele universo do público soteropolitano. Além disso, a tradutora Nehle Frank unia dois trunfos: o fato de ser uma alemã que domina muito bem a língua portuguesa e de ser também uma diretora de teatro.

Ela acredita que esse conjunto de vantagens tenha contribuído para a boa recepção do espetáculo, especialmente junto a um público como o do Teatro XVIII, que tem uma proposta democrática de acesso à arte, incentivando a participação de pessoas de diferentes classes sociais através da cobrança de ingressos a preços bem acessíveis.

Ao contrário dos encenadores até aqui perfilados, Elisa Mendes é a única encenadora que não contou com o apoio do Instituto Goethe, mesmo tendo tentado uma aproximação durante a primeira montagem. E, apesar de reconhecer o importante papel do ICBA para a produção da cultura local, não se refere a isso com a mesma ênfase e entusiasmo que compartilham as pessoas das gerações anteriores.

A CHEGADA DA DRAMATURGIA DE LÍNGUA ALEMÃ NA BAHIA

Na obra *O Teatro na Bahia Através da Imprensa: Século XX*, a escritora e dramaturga Aninha Franco faz um extraordinário passeio pelos acontecimentos ligados especialmente às artes cênicas em Salvador. Era a época do Polytheama Bahiano e do Teatro São João. Até os anos de 1930 a pesquisa registra a presença de companhias da França, da Itália, de Portugal e da Espanha. Da Alemanha, apenas uma referência como país fabricante dos projetores dos filmes falados, grande sensação em 1930.

Em 1932, Lafayette Silva fez comentários no *Diário de Notícias* sobre a reação de teatrólogos europeus, como Gordon Craig, Meierhold e Reinhardt ao "despotismo milenar da poética aristotélica"[29]. E opinou que os textos produzidos por dramaturgos contemporâneos, como *O Tambor da Noite,* de Bertolt Brecht, não poderiam integrar a mesma categoria que os de Shakespeare, Marlowe, Lope de Vega, entre outros.

Em 1957, o dramaturgo alemão emprestou seu nome a um grupo amador de "teatro para o povo". A fundação do grupo foi noticiada pela imprensa, mas não existem registros de suas apresentações.

A inauguração da Escola de Teatro da Universidade da Bahia (Etub), em 1956, através de seu fundador, Eros Martim Gonçalves, começou a aquecer as relações entre o Brasil e a Alemanha, no âmbito das artes cênicas[30]. Em 1958, a realização do I Seminário Internacional de Teatro, promovido pela Etub, contou com a presença de Karl Erns Hedepohl, do Instituto Goethe.

Em 1960, Brecht foi encenado pela primeira vez na Bahia. Era a segunda encenação do dramaturgo no Brasil. Em 1958, o grupo Teatro Popular de Arte já havia apresentado *A Alma Boa de Setsuan,* dirigida por Flaminio Bollini Cerri, em São Paulo. Também no ano de 1960, o grupo Novo Teatro de São Paulo encenou *Mãe Coragem e Seus Filhos,* sob a direção de Alberto D'Aversa.

A encenação da *Ópera dos Três Tostões,* por Martim Gonçalves, foi apontada por Adroaldo Ribeiro Costa, colunista de teatro do jornal *A Tarde* "como o abandono do casulo de diretor bem comportado, encenador de Claudel, Artur Azevedo ou, no máximo, Tennessee Williams". Assinalou, contudo, que a burguesia local "acostumada aos chás nos jardins da Escola" se sentiu provocada.

---

29 A. Franco, *O Teatro na Bahia Através da Imprensa*, p.74.
30 Nesse mesmo período, durante a gestão do reitor Edgar Santos, foram fundadas as Escolas de Música e de Dança, que contavam com a numerosa presença de alemães em seus quadros profissionais.

Uma nota anônima também elogiou a "importância da mensagem artística para todos os comunistas". Em contrapartida, Napoleão Lopes Filho, colunista no mesmo jornal, não poupou críticas desfavoráveis: o valor da produção, equivalente ao preço de um automóvel na época, "gasto com farrapos" para encenar "o dramaturgo comunista", "da linhagem de Marx e Engels" no "esqueleto do TCA (em construção)" foi considerado um verdadeiro absurdo; adjetivada de "venenosa" e "imoral", o comentarista sugere que a "Delegacia do Serviço de Censura e Diversões Públicas" tome providências; "Há quarenta anos[31] Brecht poderia ter sido sensacional e revolucionário, mas hoje é apenas banal", constata o colunista; mas acredita que a montagem tenha cumprido seu objetivo de "atingir em cheio com uma bofetada a burguesia anestesiada".

Essa polêmica repercutiu em todo o país e foi o estopim de uma campanha contra Martim Gonçalves, veiculada nos jornais, que culminaria no seu afastamento da escola no ano seguinte, exatamente o período para o qual ele havia anunciado a realização do festival BBB – Bertolt Brecht na Bahia.

Em 1962, o grupo dissidente da Etub, Teatro dos Novos, realizou um ciclo de leituras dramáticas de três textos do dramaturgo: *Terror e Miséria do III Reich*; *Cabeças Redondas e Cabeças Pontudas*; e *Os Fuzis da Senhora Carrar*. A iniciativa recebeu elogios e foi considerada "uma importante contribuição para a criação de um novo teatro na Província da Bahia, o que logo viria a se concretizar com a fundação do Teatro Vila Velha.

No mesmo ano de 1962, Álvaro Guimarães e sua Cia. de Teatro Popular da Bahia (TPB) montaram *A Exceção e a Regra*. Vítima de muitas críticas, ameaçou abandonar o teatro, mas no ano seguinte voltou a encenar *Os Fuzis da Senhora Carrar*.

Desde então, especialmente através de Brecht, Salvador não abandonaria mais os dramaturgos de língua alemã, como se pode verificar na relação por ordem cronológica que se segue:

---

31 Na verdade, há pouco mais de trinta anos, já que a estreia da *Ópera* aconteceu no final do ano de 1928.

ANO	TEXTO E/OU TÍTULO DA MONTAGEM	AUTOR	DIREÇÃO
1960	A Ópera dos Três Tostões	Bertolt Brecht	Martim Gonçalves
1962	A Exceção e a Regra	Bertolt Brecht	Álvaro Guimarães
1963	Os Fuzis da Senhora Carrar	Bertolt Brecht	Álvaro Guimarães
1963	Leonce e Lena	Georg Büchner	Luis Carlos Maciel
1965	A Exceção e a Regra	Bertolt Brecht	Coletiva – Grupo de teatro do Colégio da Bahia
1966	Terror e Misérias do III Reich	Bertolt Brecht	Harildo Deda ou Orlando Senna
1968	Biedermann e os Incendiários	Max Frisch	Alberto D'Aversa
1968	A Boa Alma	Bertolt Brecht	Jorge Salomão
1968	Terror e Misérias do III Reich	Bertolt Brecht	Orlando Senna
1968	O Guarda do Túmulo	Franz Kafka	Álvaro Guimarães
1972	A Exceção e a Regra	Bertolt Brecht	Ewald Hackler
1973	Os Sete Pecados Capitais	Bertolt Brecht	João Augusto
1974	Um Homem é um Homem	Bertolt Brecht	João das Neves
1974	A Visita	Martin Walser	João das Neves
1977	Sr. Puntilla e Seu Criado Matti	Bertolt Brecht	Coletiva – Grupo Amador Amadeu
1978	Linha de Montagem	Franz Xaver Kroetz	Federico Wolf
1978	Aquele Que Diz Sim, Aquele Que Diz Não	Bertolt Brecht	Luzia Mariano
1978	Fausto	Goethe	Márcio Meirelles (A&A)
1979	Na Colônia Penal	Franz Kafka	Reinaldo Nunes
1979	Locomov e Milipili	Rainer Hachfeld/ Volker Ludwig	Gildásio Leite
1979	Apesar de Tudo a Terra se Move	Bertolt Brecht/ Cleise Mendes	Paulo Dourado
1980	Diálogo Noturno Com um Homem Vil	Fried. Dürrenmatt	Leonel Nunes
1980	Baal	Bertolt Brecht	Márcio Meirelles (A&A)
1981	O Mendigo e o Cão Morto	Bertolt Brecht	Antonio Cerqueira
1981	Os Horácios e os Curiáceos	Bertolt Brecht	Carlos Nascimento
1982	A Vida Íntima de Fernando e Ana (Adaptado de Alta Áustria)	Franz Kroetz	Márcio Meirelles (A&A)
1983	Afinal, uma Mulher de Negócios	R. Fassbinder	Eduardo Cabús
1984	Ciranda	Arthur Schnitzler	Ewald Hackler
1984	Os Físicos	Fried. Dürrenmatt	Nilson Mendes
1985	O Espião	Bertolt Brecht	Zambo
1985	A Caverna	Walter Smetak	Paulo Dourado
1985	O Casamento do Pequeno Burguês	Bertolt Brecht	Fátima Pimentel e Ivana Pavlova

ANO	TEXTO E/OU TÍTULO DA MONTAGEM	AUTOR	DIREÇÃO
1985	O Mendigo e o Cão Morto	Bertolt Brecht	Edson Braga
1986	A Vida de Eduardo II	Bertolt Brecht	Harildo Deda
1986	Quanto Custa o Ferro	Bertolt Brecht	Ronaldo Braga
1987	Senhor Puntilla e Seu Criado Matti	Bertolt Brecht	Paulo Dourado
1988	Coisas e Coisas	Karl Valentin	Maria Eugênia Millet
1989	Lulu	Frank Wedekind	Márcio Meirelles (A&A)
1989	Kabarett Valentin	Karl Valentin	Diva da Silva
1990	O Menor Quer Ser Tutor	Peter Handke	Ewald Hackler
1991	Quase um Hamlet	Klaus Mazohl	Ewald Hackler
1992	Woizeck	Georg Büchner	Márcio Meirelles
1993	O Casamento do Pequeno Burguês	Bertolt Brecht	Luiz Marfuz
1993	Merlim ou a Terra Deserta	Tankred Dorst/ Ursula Ehler	Carmen Paternostro
1993	O Casamento do Pequeno Burguês	Bertolt Brecht	Luiz Marfuz
1993	Medeamaterial	Heiner Mueller	Márcio Meirelles
1994	Horário de Visitas	Felix Mitterer	Ewald Hackler
1994	Ade-Até	Harald Weiss	Harald Weiss
1994	Puxa Vida	Volker Ludwig/ Reiner Lücker	Celso Jr., Teresa Costalima e Cláudio Simões
1995	Na Selva das Cidades	Bertolt Brecht	Deolindo Checcucci
1996	A Ópera dos Três Mirréis	Bertolt Brecht	Márcio Meirelles
1997	Don Juan	Bertolt Brecht/ Molière	Carmen Paternostro
1998	A Ópera dos Três Reais	Bertolt Brecht	Márcio Meirelles
1998	O Círculo de Giz Caucasiano	Bertolt Brecht	Paulo Dourado
1998	Mãe Coragem	Bertolt Brecht	Luiz Marfuz
1998	Eu, Brecht	Brecht/Checcucci/ Cleise Mendes	Deolindo Checcucci
1999	Fausto Zero	Goethe	Márcio Meirelles
2000	Os Fuzis da Senhora Carrar	Bertolt Brecht	Cecília Raiffer
2000	Zaratustra e Nietzsche	F. Nietzsche/ Monclar Valverde	Hebe Alves, Leda Muhana e Monclar Valverde
2001	Material Fatzer	Bertolt Brecht/ Heiner Müller	Marcio Meirelles e Peter Palitzsch
2001	Galileu	Bertolt Brecht	Elisa Mendes
2003	As Lágrimas Amargas de Petra von Kant	Rainer Werner Fassbinder	Elisa Mendes
2004	Eu	Tankred Dorst	Vadinha Moura

A TRADUÇÃO, A TRANSPOSIÇÃO CULTURAL E SUAS IMPLICAÇÕES

Até aqui muitas conclusões relativas à encenação dos dramas de língua alemã na Bahia, enquanto diálogo cultural, já foram esboçadas. Contudo, algumas questões merecem ser retomadas para uma discussão final.

Antes disso, porém, um ponto até aqui negligenciado, mas muito importante nesse contexto, deve ser abordado: diz respeito às traduções dos dramas de língua alemã para o português, quando geralmente o processo de encenação e de superposição de interpretações se inicia. Os primeiros passos podem ser determinantes nesse intercâmbio de ideias que se dá através da encenação dos dramas estrangeiros.

Filósofo da linguagem, cuja obra propõe uma reflexão sobre o discurso no âmbito da cultura, John L. Austin chama a atenção para o papel das declarações "do dizer como um fazer" (elocuções performativas), questão que foi discutida com base em Fischer-Lichte, mas em outro contexto. O pensamento de Austin seria de grande contribuição para a abordagem da tradução, se ele próprio não tivesse ressaltado o estiolamento da linguagem presente nos casos das elocuções em contextos não literais – como o teatro e o cinema –, por operarem um faz-de-conta:

Compreensivelmente a linguagem, em tais circunstâncias, não é usada ou levada a sério, mas de forma parasitária em relação a seu uso normal, forma esta que se inclui na doutrina do estiolamento da linguagem. Tudo isso fica excluído de nossas considerações. Nossos proferimentos performativos, felizes ou não, devem ser entendidos como ocorrendo em circunstâncias ordinárias.[32]

Por isso é que alguns parâmetros da linguística como ciência se excluem da discussão quando se aborda a língua no teatro.

Geir Nuffer Campos pondera que a expressão do latim *traducere* carrega o sentido de condução e sugere uma imagem de travessia: "levar alguém pela mão para outro lado, para outro lugar"[33].

---

32 *Quando Dizer é Fazer*, p. 36.
33 *Do Ato Criador na Tradução*, p. 8.

Roman Jakobson reconhece que na tradução os "problemas complexos" são abundantes, e que "o dogma da impossibilidade" é proclamado à toa. E explica que "toda experiência cognitiva pode ser traduzida e classificada em qualquer língua existente. Onde houver uma deficiência, a terminologia poderá ser modificada por empréstimos, calcos, neologismos, transferências semânticas e, finalmente, por circunlóquios"[34].

Se intralinguisticamente já se opera uma tradução, torna-se difícil argumentar que essa mesma operação seja impossível de uma língua para outra, de uma cultura para outra. Apesar disso, quando a tradução se confronta com uma informação poética (ou informação estética), em vez de uma informação meramente semântica, as opiniões se tornam adversas ou mesmo contraditórias:

John Cunnison Catford afirma que, em casos como os de trocadilhos, comumente presentes nas obras poéticas, ocorre certa impossibilidade de tradução[35]. Jakobson, quase paradoxalmente, afirma primeiro que pensar na possibilidade de certos dados "inefáveis" ou "intraduzíveis" seria uma contradição nos termos, e, posteriormente, que "a paronomásia", a poesia em si, seria intraduzível. Mas acrescenta que, nesses casos, é possível fazer uma transposição criativa.

Com a informação poética, pode ocorrer que a dificuldade na transposição, além de linguística, seja também de característica cultural. Esse aspecto cultural é, sem dúvida, muito relevante nas traduções feitas para o teatro.

Quando, por exemplo, se encena um drama de Georg Büchner, escrito no final do século XIX, pode ocorrer a reconstituição da indumentária, dos cenários ou mesmo dos comportamentos e gestos de agrupamentos sociais da época em questão. Entretanto, a língua falada, no caso das traduções, é quase sempre a contemporânea. As traduções têm que se afastar do inglês elisabetano de Shakespeare ou do grego clássico de Sófocles ou Eurípides, por exemplo, para que se aproximem do espectador.

Henri Meschonnic destaca um importante ponto: o da impressão da tradução de ser uma tradução, ou seja, o sacrifício da forma em função da evidência de regras. No caso das

---

34 *Lingüística e Comunicação*, p. 6.
35 Cf. *Uma Teoria Lingüística da Tradução*.

traduções para o teatro, essa questão é dúvida fundamental, visto que o objetivo do tradutor é produzir um texto original na língua de chegada, homólogo ao da língua de partida "sem entrar em linha de conta com as diferenças de cultura, de época, de estrutura linguística"[36]. É o que Meschonnic chama de "anexação", fenômeno que apaga a relação das línguas e promove a ilusão do natural. E dessa relação é que nasce a noção de intraduzível, cujo efeito resulta de raízes históricas, pois, como já foi dito, qualquer língua tem vocábulos que não encontram tradução em outra língua, ainda que seja possível fazer uma aproximação dos sentidos. Isso também torna importante o momento da tradução, uma vez que nele se estabelece uma nova relação que só pode ser de modernidade e seu papel histórico não pode ser desconhecido, pois o não reconhecimento de sua função incide numa espécie de "imperialismo cultural".

A oposição entre forma e sentido, nesse caso, privilegia um conteúdo ideológico e introduz a noção de verdade que, na arte, muitas vezes é desnecessária. Sentidos idênticos na arte nem sempre são necessários, pois se "assim fosse, a forma de comunicação 'artística' sendo semioticamente inútil, teria desaparecido há muito"[37].

É a oralidade, por sua vez, que liberta a língua do abrigo da imobilidade que a grafia promove. Apesar disso, deve-se permanecer atento para o tratamento dado às traduções, já que se reconhece o seu valor e influência no contexto das encenações.

Pensando nisso, durante as entrevistas com os encenadores foi investigado o modo como eles se dedicam ao assunto. Todos foram praticamente unânimes em um ponto: os atores têm papel determinante no processo de naturalização, de retirada da imobilidade que a grafia promove, como esclarecido acima. Ressalte-se, porém, que essa não é uma questão exclusiva dos textos traduzidos de uma língua para outra. Tais questões acompanham os encenadores mesmo quando recorrem a um texto do dramaturgo brasileiro Arthur Azevedo, por exemplo, escrito no final do século XIX.

---

36 H. Meschonnic, Proposta Para uma Poética da Tradução, em J.R. Ladmiral (org.), *A Tradução e os Seus Problemas*, p. 81.
37 Ibidem, p. 84.

Sobre a encenação de *A Exceção e a Regra,* Hackler esclareceu: "usamos uma tradução portuguesa. Fizemos uma revisão. Eu não queria um tradutor que fixasse alguma coisa. Eu preferi fazer isso com os atores". E esse é um procedimento que ele aplica mesmo nas montagens para as quais encomenda a tradução. Professores do Instituto Goethe, assim como do Instituto de Letras da UFBA, têm sido colaboradores de Hackler, o único encenador dos dramas de língua alemã que domina as duas línguas, de origem e de chegada.

Carmen Paternostro também foi clara a respeito desse ponto:

Às vezes você pega umas traduções e percebe que elas estão fora da linguagem corrente. Aí você tem que resolver. Mas para mim tem uma segunda tradução que é mais importante, que é aquela que transcende a literária, quando ela se transforma na tradução cênica. E é nisso que eu tenho interesse. Como eu posso dar vida àquilo que eu leio? Agora mesmo meu sonho é montar o *Mahabarata* e eu já estou estudando. E eu fico todo o tempo pensando em como eu vou traduzir isso ou aquilo. Será que eu vou conseguir? E eu gosto desses desafios. Minha linguagem é a da encenação. Eu gosto que a história tenha uma presença da imagem. Gosto da música, do movimento e do texto bem dado. Eu não gosto de textos excessivamente longos.

Deolindo Checcucci esclareceu que, apesar da existência de uma tradução para *Im Dickicht der Städte* (Na Selva das Cidades), cuja montagem integral duraria três horas, solicitou uma adaptação com o objetivo de atualizar a linguagem e de encurtar a peça para uma hora e trinta minutos.

Márcio Meirelles declarou se envolver sempre com as questões relacionadas à tradução, algo que sempre o interessou. E citou alguns exemplos de como procede:

Para o primeiro *Fausto* (Avelãs & Avestruz) eu fiz a tradução do inglês e do espanhol, porque eu não sei alemão até hoje. Eu adaptei muito, meti muita coisa, cortei muita coisa. Foi na verdade um trabalho de colagem. Nas traduções que a gente tem feito com Christine Röhrig, tanto do *Fausto Zero* como do *Fatzer* eu me meti muito. Tanto que ela brincava comigo dizendo: "Você sabe mais alemão que eu, que sou alemã." Às vezes eu ouço uma palavra que não casa bem, vou no texto original, ou então uma palavra que se repete muito no texto original e ganhava diferentes sentidos em português. Então eu dizia: aqui a palavra é uma e aqui é outra, como é que pode traduzir igual? Qual a diferença em alemão para estas palavras? Estas coisas da língua que sempre me interessaram muito.

Elisa Mendes defendeu-se:

Na verdade, eu não ousei fazer nada sozinha. O próprio Núcleo, para a montagem do *Galileu,* tinha colocado a necessidade de um dramaturgo (ou um dramaturgista?). E Cleise Mendes fez isso. Ela trabalhou com várias traduções e fez uma adaptação dessa obra, já priorizando os principais objetivos. Fez cortes, mudanças, enxugou a natureza dos diálogos pra que tivesse uma fluência maior da narrativa, para dinamizá-la. Ela já tinha feito *Eu, Brecht,* que já tinha obtido reconhecimento. Além disso, ela já conhecia a obra de Brecht o suficiente pra nos deixar tranquilos.

Luiz Marfuz também contou com o auxílio da dramaturga Cleise Mendes para a adaptação de *Mãe Coragem* e relembra a experiência do *Casamento do Pequeno Burguês* com certo entusiasmo:

Para *O Casamento* eu trabalhei com várias traduções. Rastreei umas cinco ou seis. Eu adaptei algumas coisas, algumas referências, radicalizei algumas coisas que eram insinuadas para trazer um pouco pra cá, para o subúrbio. Passou por mudanças no texto, mudança de linguagem. Por exemplo: a peça começa com a cerimônia de casamento, servindo-se um bacalhau, o que não é uma tradição daqui. A gente mudou pra peru. Tinha também umas brincadeiras com os caranguejos caramelados, que já é uma coisa bem baiana. Havia diferença entre as traduções. A tradução de Luiz Antonio tinha um conteúdo político muito forte. Além disso, ele fez muitas inserções de citações de outras peças de Brecht, como *Mahagony*, coisas que eu não utilizei. Tinha outra tradução que trabalhava uma linguagem da década de 1970, muito "bicho grilo". Ainda outra que transformava o personagem convidado numa lésbica. Então eu busquei essas versões, muito mais pra conhecer as possibilidades de tradução até chegar a um conceito mais próximo do que eu estava pensando. E como eu já tinha muito claro o que eu queria para a encenação, fui dando forma à versão definitiva. Em *Mãe Coragem* isso já aconteceu em menor grau. Teve um tratamento dramatúrgico de Cleise Mendes, que foi mais no sentido de fazer uma compactação de cenas – que eram bastante longas – do que propriamente uma adaptação ou tradução.

Paulo Dourado diz ter recorrido às traduções já existentes, mas referiu-se a um episódio do qual se orgulha:

Eu recorri à coleção da civilização brasileira, organizada por Fernando Peixoto, para montar *O Círculo*. Mas quando eu era diretor da escola sugeri a ele, que é um grande camarada meu, que incluísse nas publicações da editora Civilização Brasileira a tradução para a *Vida de Eduardo II*, que foi especialmente feita por professores da Escola de Letras, por Conceição Paranhos, para a montagem com direção de Harildo Deda. Contou-se também com a ajuda de Ewald Hackler e de Cleise Mendes. E foi traduzida direto do alemão. Cleise fez uma revisão e alguém deu um tratamento para os versos. Então a primeira tradução desse texto para o português foi feita por nós da UFBA. E isso consta da edição.

Outra importante questão que merece comentários diz respeito à presença de encenadores alemães na Bahia, o que tem se tornado cada vez mais frequente. Alguns deles, por razões diversas, têm se fixado na cidade, como Nehle Frank e Harald Weiss.

Frank, até então, não encenou nenhum texto de língua alemã. Ao contrário, sua montagem de estreia na Bahia, intitulada *Divinas Palavras,* abordava com muita propriedade temas relacionados à cultura nordestina. As inovações trazidas pela encenadora, contudo, provavelmente refletem sua experiência com o teatro alemão. A utilização de uma plateia giratória nessa montagem causou muito *frisson* e curiosidade. O espetáculo, não apenas por esse motivo, teve ótima aceitação, levando a encenadora a receber inclusive um prêmio nacional. Frank provavelmente se inspirou nos projetos de Furttembach, no século XVIII, com o mesmo princípio: a plateia ao centro e quatro cenários circundantes. Dessa forma, pode-se concluir que mesmo não encenando os dramas de língua alemã, ela tem dado contribuições que incorporam o diálogo de culturas abordado neste trabalho.

Harald Weiss tem explorado uma linha particular de encenação, oriunda de sua formação como músico, e se pode mesmo dizer que suas encenações não trazem traços muito marcantes da cultura local, tampouco da Alemanha. Nas encenações que denomina de "teatro de imagens musicais", ele costuma explorar, entre outras características, uma precisão quase coreográfica na movimentação dos atores, amparada pelo uso de recursos tecnológicos e efeitos sonoros inusitados. Apesar disso, Weiss tem estabelecido um diálogo franco com atores e músicos da cidade e não deixa de incorporar, sempre que cabível, aspectos da cultura local às suas encenações.

A direção musical que ele fez para a encenação da *Medeia*, de Eurípides, com direção geral de Ulrich Becker, por exemplo, arrancou muitos elogios e destacou-se no contexto da montagem, gerando a gravação de um CD. No entanto, a incorporação dos elementos da cultura afro-brasileira à encenação, contudo, não obteve uma aceitação unânime e dividiu as opiniões.

Stefan Kaegi, suíço que se formou na Alemanha e criador, junto com Bernd Ernst, do grupo de teatro Hygiene Heute (Higiene Hoje) teve uma passagem meteórica pela cidade. Ele diz não ter residência fixa e está sempre transitando entre Áustria, Brasil, Argentina, Índia, Estados Unidos e Canadá, onde realiza seus inusitados projetos. Kaegi explora métodos não tradicionais de encenação e se recusa a trabalhar com atores – trabalha apenas com não atores. Sua montagem intitulada *CatracaMatraca,* apoiada pelo Instituto Goethe, foi realizada num ônibus em viagem para o subúrbio de Salvador. Os espectadores/passageiros, com fones de ouvido, apenas escutavam o diálogo entre o cobrador e o motorista do ônibus, que seguiam um roteiro feito pelo encenador a partir de uma entrevista com eles próprios, mas com margem para improvisação. Em alguns pontos da cidade, o público era surpreendido com performances feitas por travestis, músicos e cantores. Kaegi e suas encenações têm colaborado para a discussão sobre o teatro e suas fronteiras. Porém, recusa-se a aceitar outra classificação para suas obras que não seja teatro.

O arquiteto Carl von Hauenschild, de origem germânica, também é outro exemplo de contribuição. Fixado na cidade há muitos anos, além de atuar como cenógrafo, foi também responsável pelo projeto de reforma do teatro Vila Velha.

Daí se pode concluir que o intercâmbio entre Brasil e Alemanha começa a esboçar a abertura de um caminho de via dupla. Tal como os encenadores brasileiros, eles demonstram interesse por aspectos de outra cultura que não a deles.

Ainda não se trata do intercâmbio reivindicado pelo encenador Deolindo Checcucci, ao considerar que os textos produzidos na Bahia também deveriam ser encenados na Alemanha, numa relação de reciprocidade.

Com exceção de Nelson Rodrigues, Augusto Boal e Maria Clara Machado, não há muitos outros exemplos de encenações dos dramas brasileiros na terra de Goethe[38].

Nem por isso se pode dizer que não exista um interesse da Alemanha pela cultura brasileira. O que acontece com a música e com a dança, que hoje alcançam maior aceitação em países estrangeiros, já é um claro sinal desse interesse. Poder-se-ia argumentar que o teatro impõe a barreira linguística. Todavia, a encenação dos dramas de língua na Bahia tem mostrado que elas não são intransponíveis, quando há o interesse. Os motivos que levam o Brasil a encenar mais textos dos países de língua alemã do que vice-versa não cabe aqui serem discutidos. Ainda estamos tentando entender as consequências da diversidade de influências advindas do processo colonizador. Ainda perseguimos uma identidade que, felizmente, insiste em ser volátil.

Os argumentos oferecidos pelos autores da hermenêutica filosófica expostos até aqui deixam claro que a discussão de aplicação dos seus princípios teóricos às artes cênicas já está superada. Lehmann argumenta que pensadores ligados à filosofia desenvolveram uma teoria muito mais genuína do que as pessoas que se ocupam com o teatro. Portanto, certos pudores devem ser abandonados ao se estabelecer a relação teatro/filosofia.

"Mostrar-se receptivo à alteridade do texto", princípio que Gadamer considera determinante para uma consciência formada na hermenêutica, é o que vem acontecendo desde a década de 1960, quando Martim Gonçalves encenou, entre outros textos estrangeiros, a *Ópera dos Três Tostões,* de Bertolt Brecht.

Outro importante ponto previsto por Gadamer em sua hermenêutica consiste em "aderir a uma tradição" sem, no entanto, submeter-se passivamente a ela. Isso, sem dúvida, tem ocorrido na Bahia que encena o outro. Como Hackler assinalou em seu depoimento, o teatro profissional na Alemanha obedece a uma longa tradição, é um organismo que dispõe de excelente infraestrutura em que "algo deve ser feito daquela forma porque há trezentos anos se faz assim. Você é apenas o último elo de uma corrente e esta corrente te prende". Os textos dramáticos

---

38 Cf. H. Thorau, Tragédias Cariocas nos Palcos Alemães, *Inter Nationes 2000/ Humboldt 80*, ano 42, n. 80.

produzidos nesses países refletem também a tradição a que se refere Hackler. Ao chegar à Bahia, contudo, essa tradição é absorvida de forma distinta. Não é possível dizer que ela seja desrespeitada, tampouco que é aprisionante. Como afirmou Marfuz, "em geral os encenadores baianos têm uma liberdade muito grande diante dos textos de Brecht". E diz acreditar que isso seja um valor que não se pode contestar.

Outro exemplo é dado por Deolindo Checcuccci ao referir-se à imposição da filha de Brecht, que detém os direitos autorais da obra do pai. Ao estabelecer o nível de fidelidade que os encenadores devem ter em relação aos textos e músicas do dramaturgo, ela estaria contradizendo as ideias do pai. Como dizia o próprio Brecht, só é fiel a si mesmo aquele que se contradiz. E isso corresponde, sem dúvida, a um dos princípios da filosofia hermenêutica, de inspiração nietzschiana.

Hackler também oferece pistas para o entendimento da noção de "horizonte de expectativa", adotada por Jauss. Ao ser indagado se o texto dramático produzido em outra cultura imporia alguma dificuldade de entendimento para os profissionais locais, ele foi categórico: "Se você tira um texto do contexto cultural dele, e o coloca aqui na mesa, o ator, ao ler, o contextualiza automaticamente."

"O rastreamento da verdade não pode obedecer a um método, já que o método é algo dado de antemão." Essa frase poderia resumir a obra *Wahrheit und Methode*, de Gadamer. Assim sendo, como acreditar que a busca pela verdade de um drama deva obedecer a critérios pré-estabelecidos? A quem caberia julgar que os tambores do Bando de Teatro Olodum são incompatíveis com a música clássica que predominava na época em que Büchner escreveu sua peça? Enquanto receptor da obra de Büchner, Meirelles sabe que se assim procedesse correria o risco de fechar as possibilidades de diálogo do espectador brasileiro com sua encenação.

Ao argumentar que até então a influência de sua educação de matriz greco-romana o fazia observar as manifestações afro-brasileiras com as quais sempre convivera como uma "coisa exótica, como um gringo", Meirelles se refere, *grosso modo*, à noção de pré-conceito discutida por Gadamer e para a qual ele buscava imprimir um sentido construtivo.

A concretização desse sentido positivo pode ser identificada na existência do Bando de Teatro Olodum, que há mais de uma década participa do jogo entre o *eu* e o *outro*. Ao abandonar-se no estranhamento do *outro* que era a cultura afro-brasileira, ao não mais se permitir "ensurdecer para a voz externa a si", Meirelles transforma o *outro* em *eu*, o estranho em próprio, mas segue no jogo colocando novamente seu novo *eu* em confronto com o *outro* ao encenar Brecht, Müller, Büchner, Goethe, Shakespeare, Cervantes, entre outros.

Como argumentou Ferraris, para que continuemos a interpretar e a ser hermeneutas, não há necessidade de conhecermos os tratados de hermenêutica, o que também não significa que possamos negar a contribuição de pensadores como Gadamer e Heidegger para entendermos os mecanismos da compreensão, os princípios da comunicação humana.

Fischer-Lichte observou que o intercâmbio de culturas no teatro ocidental ocorre desde o século XVI: Molière, na França, se deixava influenciar pela comédia italiana, assim como Racine se deixava influenciar por Sófocles, e Goethe, na Alemanha, sofria influência da China e da Índia. Tudo isso, séculos antes de Gadamer produzir sua obra fundamental. Dessa forma, é possível argumentar que, assim como na religião, cujo maior exemplo pode ser tomado por Lutero, no teatro a hermenêutica sempre encontrou terreno fértil para seu cultivo.

O intercâmbio cultural acima referido se perpetua. Como observou Carmen Paternostro, sua capacidade de fazer bem suas coisas brasileiras no teatro se deve ao esteio, à força e à organização adquirida com a experiência do teatro alemão. Através dele aprendeu a perguntar e a duvidar. Ao definir de forma poética sua "peregrinação", suas diferentes experiências como "abrir uma porta e em seguida outra e outra, abrir portas na gente e no outro", Paternostro refere-se também à discussão feita por Valverde sobre a cultura brasileira, quando ele salienta o valor do diálogo neste jovem país repleto de diferenças.

Paternostro vai além. Segundo a encenadora, "transculturar-se, no modo grotowskiano", foi a grande lição aprendida nesse vai-e-vem, nesse constante diálogo com a produção artística em diferentes cidades e países.

As inovações ligadas ao modo como os encenadores experimentavam situações inusitadas que envolvessem o espectador também já se refletem na Bahia. Checcucci cita um exemplo ao descrever o cenário concebido para *Na Selva das Cidades*, "com inspiração nas palafitas da antiga favela dos alagados na Bahia de Todos os Santos, que aludia à iminência, à possibilidade de afundarmos na lama a qualquer instante. E que, especialmente a disposição que misturava atores e público foi muito bom para que o espetáculo respirasse junto com a plateia".

Outras experiências têm se encarregado de reforçar a ideia de espectador como quarto criador. Esse papel não é desempenhado apenas pela encenação dos dramas de língua alemã. Entretanto, pode-se dizer que, como em outros centros produtores de cultura, o público baiano também já se constitui como um "corpo autônomo", como o "carro chefe" da engenharia teatral, como propôs Ubersfeld.

Quando foi indagado quais os limites que a adaptação, a atualização e a encenação de um texto estrangeiro deveriam considerar, não se esperava por uma resposta definitiva. Jauss já oferecia pistas ao afirmar que nem sempre conseguimos romper as fronteiras quando tentamos fazer uma "atualização".

Quem pôde assistir ao *Material Fatzer*, de Brecht e Müller, que falava dos horrores da guerra na Alemanha, encenado por Palitzsch e Meirelles justamente num momento em que se viviam, em 2001, os horrores promovidos por saqueadores durante a greve da polícia militar na Bahia, talvez possa ter a exata dimensão do conceito de concretização discutido por Jauss.

O encontro de Brecht, Dorst, Ehler, Büchner, Handke, Wedekind, Müller, Frisch, Dürrenmatt, Kroetz, Schnitzler, Valentin, Weiss, Ludwig, Lucker e Fassbinder com Deda, D'Aversa, Salomão, Senna, Guimarães, Hackler, Augusto, Meirelles, Nunes, Leite, Dourado, Cerqueira, Nascimento, Pimentel, Braga, Millet, Silva, Marfuz, Paternostro, Costalima, Simões, Checcucci, Raiffer, Alves, Valverde, Mendes e Moura, na África brasileira, nessa cidade "formatada" por tantas e diferentes influências, é sem dúvida um belo exemplo da concretização do equivocismo que o mundo reivindica.

Bibliografia

ADORNO, Theodor W. *Ästhetische Teorie*. Frankfurt: Suhrkamp, 1973.
_____. *Teoria Estética*. Trad. Artur Morão. Lisboa: Edições 70, 1970.
ALMEIDA, Custódio Luis S. de. A Universalidade da Hermenêutica. *Veritas*, Porto Alegre, v. 44, n. 1, mar. 1999.
ARISTÓTELES. *Aristóteles II*. Trad. Vincenzo Cocco. São Paulo: Abril, 1979. Coleção Os Pensadores.
ARTAUD, Antonin. *O Teatro e Seu Duplo*. Trad. Teixeira Coelho. São Paulo: Max Limonad, 1985.
AUSTIN, John Langshaw. *Quando Dizer É Fazer*. Trad. Danilo Marcondes de S. Filho. Porto Alegre: Artes Médicas, 1990.
BADER, Wolfgang. *Brecht no Brasil: Experiências e Influências*. São Paulo: Paz e Terra, 1987.
BALME, Christopher; LAZAROWICSZ, Klaus (Hrsg.). *Texte zur Theorie des Theaters*. Stuttgart: Philipp Reclam, 2000.
BARROS, Manoel de. Uma Didática da Invenção. In: MORICONI, Ítalo (org.). *Os Cem Melhores Poemas Brasileiros do Século*. Rio de Janeiro: Objetiva, 2001.
BEUCHOT, Mauricio. *Perfiles Esenciales de la Hermenéutica*. Ciudad de México: Instituto de Investigaciones Filológicas/Universidad Nacional Autónoma de México, 1999.
_____. Ei Império de la Hermenéutica en la Postmodernidad: Foucault, Derrida e Vattimo. *Revista Venezolana de Filosofia*, n. 30, 1994.
BIÃO, Armindo. Matrizes Estéticas: O Espetáculo da Baianidade. In: BIÃO, Armindo; PEREIRA, Antonia; CAJAIBA, Luiz Claudio; PITOMBO, Renata (orgs.). *Temas em Contemporaneidade, Imaginário e Teatralidade*. São Paulo: Annablume, 2000.

BOLLNOV, Otto Friedrich [1936]. *Dilthey: Eine Einführung in seine Philosophie*. Schaffhausen: Novalis, 1980.
BRECHT, Bertolt. Dialog über die Schauspielkunst. In: BALME, Christopher; LAZAROWICSZ, Klaus (Hrsg.). *Texte zur Theorie des Theaters*. Stuttgart: Philipp Reclam, 2000.
_____. Vieter Nachtrag zur Theorie des "Messing-kaufs". In: BALME, Christopher; LAZAROWICSZ, Klaus (Hrsg.). *Texte zur Theorie des Theaters*. Stuttgart: Philipp Reclam, 2000.
CAJAIBA, Luiz Claudio. Cinema e Dublagem na TV. In: BIÃO, Armindo; PEREIRA, Antonia; CAJAIBA, Luiz Claudio; PITOMBO, Renata (orgs.). *Temas em Contemporaneidade, Imaginário e Teatralidade*. São Paulo: Annablume, 2000.
CAMPOS, Geir Nuffer. *Do Ato Criador na Tradução*. Tese de doutorado, Escola de Comunicação, Rio de Janeiro, UFRJ, l985.
CARLSON, Marvin. *Teorias do Teatro: Estudo Histórico-Crítico, dos Gregos à Atualidade*. Trad. Gilson César Cardoso de Souza. São Paulo: Editora da Unesp, 1997.
CASCAIS, Fernando. Sentido e Comunicação: A Estética de Hans Robert Jauss. *Revista de Comunicação e Linguagens*, Lisboa, n. 2, dez. 1985. Espaço Público.
CATFORD, John Cunnison. *Uma Teoria Lingüística da Tradução*. São Paulo: Cultrix, l980.
CESAR, Constança Marcondes. Multiculturalismo: Questões Éticas. *Reflexão*, Campinas, ano XXIII, n. 73, jan.-abr. 1999.
_____. A Ontologia Hermenêutica de Paul Ricoeur. *Reflexão*, Campinas, ano XXIII, n. 71, mai.-ago. 1998.
COELHO, Teixeira. *Guerras Culturais: Arte e Política no Novecentos Tardio*. São Paulo: Iluminuras, 2000.
DE MARINIS, Marco. *Semiotica del teatro: L'analisi testuale dello spettacolo*. Milano: Bompiani, 1982.
_____. *Capire il teatro: Lineamento di una nuova teatrologia*. Firenze: Bulzoni, 1999.
DIDEROT, Dennis. Das Paradox über den Schauspieler. In: BALME, Christopher; LAZAROWICSZ, Klaus (Hrsg.). *Texte zur Theorie des Theaters*. Stuttgart: Philipp Reclam, 2000.
DILTHEY, Whilhelm. *O Nascimento da Hermenêutica*. Trad. Pierre Le-Queau (mímeo), [s.d.].
DUQUE, João. Gadamer e a Teologia. *Revista Portuguesa de Filosofia*, Braga, v. 56, fasc. 3-4, 2000.
DUTT, Carsten (Hrsg.). *Hans-Georg Gadamer im Gespräch*. Heidelberg: Carl Winter, 1995.
EAGLETON, Terry. *Was ist Kultur? Eine Einführung*. Aus dem Englischen von Holger Fliessbach. München: C.H. Beck, 2001.
ECO, Umberto. *Obra Aberta*. São Paulo: Perspectiva, 2014.
FERRARIS, Maurizio. *La Hermenéutica*. Trad. José Luis Bernal. Ciudad de México: Taurus, 1998.
FISCHER-LICHTE, Erika. *Ästhetische Erfahrung*. Tübingen/Basel: Francke, 2001.
_____. *Das eigene und das fremde Theater*. Tübingen/Basel: Francke, 1999.
_____. *Die Entdeckung des Zuschauers*. Tübingen/Basel: Francke, 1997.
_____ (Hrsg.). *Welttheater-Nationaltheater-Lokaltheater?* Tübingen/Basel: Francke, 1993.

_____. Die Zeichensprache des Theaters. In: MÖHRMANN, Renate (Hrsg.). *Theaterwissenschaft heute: Eine Einführung*. Berlin: Dietrich Reimer, 1990.

_____ (Hrsg.). *Soziale und theatralische Konventionen als Problem der Dramenübersetzung*. Tübingen: Gunter Naar, 1988.

_____. Performance e Cultura "Performativa": O Teatro Como Modelo Cultural. *Revista de Comunicação e Linguagens*, Lisboa, n. 24, 1988. Dramas.

_____. *Semiotik des Theaters*. Tübingen: Gunter Naar, 1983.

_____. *Bedeutung: Probleme einer semiotischen Hermeneutik und Ästhetik*. München: C.H. Beck, 1979.

FRANCO, Aninha. *O Teatro na Bahia Através da Imprensa: Século XX*. Salvador: Fundação Cultural do Estado da Bahia, 1994.

FREY, Dagobert. Zuschauer und Bühne. In: BALME, Christopher; LAZAROWICSZ, Klaus (Hrsg.). *Texte zur Theorie des Theaters*. Stuttgart: Philipp Reclam, 2000.

FUCHS, Georg. Der Tanz. In: BALME, Christopher; LAZAROWICSZ, Klaus (Hrsg.). *Texte zur Theorie des Theaters*. Stuttgart: Philipp Reclam, 2000.

GADAMER, Hans-Georg. *Die Aktualität des schönen*. Stuttgart: Philipp Reclam, 2000.

_____. Wirkungsgeschichte und Applikation. In: WARNING, Rainer (Hrsg.). *Rezeptionsästhetik*. München: W. Fink, 1994.

_____. *Verdad y Metodo*. Trad. Ana A. Aparicio y Rafael Agapito. Salamanca: Sigueme, 1988.

GEERTZ, Cliford. *Nova Luz Sobre a Antropologia*. Trad. Vera Ribeiro. Rio de Janeiro: Jorge Zahar, 2001.

GEIGER, Moritz. Vom Dilettantismus im Künstlerischen Erleben. In: BALME, Christopher; LAZAROWICSZ, Klaus (Hrsg.). *Texte zur Theorie des Theaters*. Stuttgart: Philipp Reclam, 2000.

GOETHE, Johann Wolfgang. Über Wahrheit und Wahrscheinlichkeit der Kunstwerk: Ein Gespräch. In: BALME, Christopher; LAZAROWICSZ, Klaus (Hrsg.). *Texte zur Theorie des Theaters*. Stuttgart: Philipp Reclam, 2000.

_____. Frauenrollen auf dem Römischen Theater durch Männer gespielt. In: BALME, Christopher; LAZAROWICSZ, Klaus (Hrsg.). *Texte zur Theorie des Theaters*. Stuttgart: Philipp Reclam, 2000.

GRIMM, Gunter E. *Rezeptionsgeschichte: Grundlegung einer Theorie*. München: W. Fink, 1977.

GUINSBURG, J.; KOUDELA, Ingrid Dormien. O Teatro da Utopia: Utopia do Teatro? In: SILVA, Armando Sérgio da. (org.). *Diálogos Sobre Teatro*. São Paulo: Edusp, 1992.

GUTIÉRREZ, Carlos B. La Reflexión Hermenéutica en Siglo XIX: Entre Romanticismo y Metodologia.*Ideas y Valores*, n. 12, abr. 2000.

HEIDEGGER, Martin. A Europa e a Filosofia Alemã. *Philosophica*, Lisboa, n. 13, abr. 1999. Trad. e notas de Alexandre Franco de Sá.

HERMANN, Max. Forschungen zur deutschen Theatergeschichte des Mittelalters und der Renaissance: Einleitung. In: BALME, Christopher; LAZAROWICSZ, Klaus (Hrsg.). *Texte zur Theorie des Theaters*. Stuttgart: Philipp Reclam, 2000.

ISER, Wolfgang. Die Wirklichkeit der Fiktion, Der Lesevorgang, Die Apellstruktur der Texte. In: WARNING, Rainer (Hrsg.). *Rezeptionsästhetik*. München: W. Fink, 1994.

JAKOBSON, Roman. *Lingüística e Comunicação*. São Paulo: Cultrix, l995.

JAUSS, Hans Robert. *Pequeña Apologia de la Experiencia Estética*. Barcelona: Paidós, 2002.

_____. *A História da Literatura Como Provocação à Teoria Literária*. São Paulo: Ática, 1994.

_____. Racines und Goethes Iphigenie. In: WARNING, Rainer (Hrsg.). *Rezeptionsästhetik*. München: W. Fink, 1994.

_____. "Bürgerlich" und "materialistische" Rezeptionsästhetik. In: WARNING, Rainer (Hrsg.). *Rezeptionsästhetik*. München: W. Fink, 1994.

KINDERMANN, Heinz. *Die Funktion des Publikums im Theater*. Wien: Komissionsverlag der Österreichischen Akademie der Wissenschaften, 1971.

_____. *Bühne und Zuschauerraum*. Wien: Komissionsverlag der Österreichischen Akademie der Wissenschaften, 1963.

LEGE, Klaus-Wilhelm (org.). *A História Alemã do Brasil*. São Paulo: Câmara Brasil-Alemanha, 2001.

LEHMANN, Hans-Thies. Teatro Pós-Moderno e Teatro Político. In: GUINSBURG, J.; FERNANDES, Sílvia (orgs.). *O Pós-Dramático*. Perspectiva: São Paulo, 2009.

LESSING, Gotthold Ephraim. Auszug aus dem "Schauspieler" des Herrn Remond von Sainte Albine. In: BALME, Christopher; LAZAROWICSZ, Klaus (Hrsg.). *Texte zur Theorie des Theaters*. Stuttgart: Philipp Reclam, 2000.

_____. Laokoon. In: BALME, Christopher; LAZAROWICSZ, Klaus (Hrsg.). *Texte zur Theorie des Theaters*. Stuttgart: Philipp Reclam, 2000.

LIMA, Luiz Costa. O Leitor Demanda (d)a Literatura. In: _____. (org). *A Literatura e o Leitor: Textos de Estética da Recepção*. Rio de Janeiro: Paz e Terra, 1979.

LOPES, José Júlio. A Origem dos Dramas do Futuro. *Revista de Comunicação e Linguagens*, Lisboa, n. 24, 1998. Dramas.

MACDOWELL, João Augusto Anchieta Amazonas. *A Gênese da Ontologia Fundamental de Martin Heidegger*. São Paulo: Loyola, 1993.

MENDES, Cleise Furtado. *A Gargalhada de Ulisses: A Catarse na Comédia*. São Paulo: Perspectiva, 2008.

_____. O Drama e o Desejo do Espectador. *Repertório Teatro & Dança*, Salvador, ano 3, n. 4, 2001.

_____. *As Estratégias do Drama*. Salvador: EDUFBA, 1995.

MESCHONNIC, Henri. Propostas Para uma Poética da Tradução. In: LADMIRAL, Jean-René (org.). *A Tradução e os Seus Problemas*. Trad. Luíza Azuaga. São Paulo: Edições 70, 1980.

MEYERHOLD, Wsewolod. Die schöpferische Methode des Meyerhold Theaters. In: BALME, Christopher; LAZAROWICSZ, Klaus (Hrsg.). *Texte zur Theorie des Theaters*. Stuttgart: Philipp Reclam, 2000.

_____. Der Zuschauer als "vieter Schöpfer". In: BALME, Christopher; LAZAROWICSZ, Klaus (Hrsg.). *Texte zur Theorie des Theaters*. Stuttgart: Philipp Reclam, 2000.

MONTEIRO, Paulo Filipe. Artaud Entre a Vida e a Morte. *Revista de Comunicação e Linguagens*, Lisboa, n. 24, 1998. Dramas.

MORETTO, Giovanni. Gadamer e o Deus dos Filósofos. *Revista Portuguesa de Filosofia*, Braga, v. 56, fasc. 3-4, 2000.

MUKAROVSKY, Jan. Zum heutigen Stand einer Theorie des Theaters. In: BALME, Christopher; LAZAROWICSZ, Klaus (Hrsg.). *Texte zur Theorie des Theaters*. Stuttgart: Philipp Reclam, 2000.

MÜLLER-KLUG, Till. *Nietzsches Theaterprojektionen*. Berlin: WVB, 2001.

MÜLLER, José Marcos. Leitura Merleau-Pontyana da Teoria Fenomenológica da Expressão. *Veritas*, Porto Alegre, v. 45, n. 2, jun. 2000.

NAPOLI, Ricardo Bins de. A Hermenêutica de W. Dilthey. *Síntese*, Belo Horizonte, v. 26, n. 85, 1999.

PAVIANI, Jayme. A Reflexão Dialética e a Fé Perceptiva em Merleau-Ponty. *Veritas*, Porto Alegre, v. 45, n. 2, jun., 2000.

PAVIS, Patrice. *A Análise dos Espetáculos*. 2. ed., São Paulo: Perspectiva, 2008.

_____. *O Teatro no Cruzamento de Culturas*. São Paulo: Perspectiva, 2008.

_____. Pour une esthétique de la réception théâtrale: Variations sur quelques relations. In: DURAND, Régis (éd.). *La Relation théâtrale*. Paris: José Corti, 1982.

PEIXOTO, Fernando. La Buena Alma de Brecht en el Brasil. *Humboldt*, Bonn, año 31, n. 100, 1990.

_____. *Teatro em Questão*. São Paulo: Hucitec, 1989.

_____ et al. *Brecht no Brasil: Experiências e Influências*. Rio de Janeiro: Paz e Terra, 1987.

PEREIRA, Antonia. Teatro e Educação: Por Que o Jogo Dramático na Escola? *Cadernos do GIPE-CIT*, Salvador, n. 8, 1999.

_____. A Poética do Oprimido e o Papel do Espectador no Jogo e Debate Teatrais. *Caravelle*, Toulouse, n. 70, 1988.

PHELAN, Peggy. A Ontologia da Performance: Representação Sem Produção. *Revista de Comunicação e Linguagens*, Lisboa, n. 24, 1998. Dramas.

PIVA, Edgar Antonio. A Questão do Sujeito em Paul Ricoeur. *Síntese*, Belo Horizonte, v. 26, n. 85, 1999.

REIS, Robson Ramos dos. Sentido e Verdade: Heidegger e a "Noite Absoluta". *Veritas*, Porto Alegre, v. 45, n. 2, 2000.

_____. A Ontologia Hermenêutica em *Ser e Tempo* e os Múltiplos Significados do Verbo "Ser". *Barbarói*, Santa Cruz do Sul, n. 9, jul.-dez. 1998.

RICOEUR, Paul. *Tempo e Narrativa*. Trad. Constança Marcondes Cesar. São Paulo: Papirus, 1994. Tomo 1.

ROCHA, Acílio da Silva Estanqueiro. O Ideal da Europa: Gadamer e a Hermenêutica da Alteridade. *Revista Portuguesa de Filosofia,* Braga, v. 56, fasc. 3-4, 2000.

RUEDELL, Aloisio. Schleiermacher e a Atual Discussão Hermenêutica. *Veritas*, Porto Alegre, v. 44, n. 1, mar. 1999.

SANTIAGO GUERVÓS, Luis Enrique de. Fenomenologia y Hermenéutica en el Pensamiento de Martín Heidegger. *Revista Agustiniana*, *Real Mosterio de el Escorial*, Madrid, v. CXCIX, n. 1, 1986.

SARTINGEN, Kathrin (org.). *Mosaicos de Brecht: Estudos de Recepção Literária*, São Paulo: Arte e Ciência, 1996.

_____. *Über Brecht hinaus… produktive Theaterrezeption in Brasilien am Beispiel von Bertolt Brecht*. Frankfurt: Peter Lang, 1994.

SCHIELLER, Friedrich. Das Schöne der Kunst. In: BALME, Christopher; LAZAROWICSZ, Klaus (Hrsg.). *Texte zur Theorie des Theaters*. Stuttgart: Philipp Reclam, 2000.

SILVA, Maria Luisa Portocarrera. Razão e Memória em H-G. Gadamer. *Revista Portuguesa de Filosofia*, Braga, v. 56, fasc. 3-4, 2000.

SIMMEL, Georg. Zur Philosophie des Schauspielers. In: BALME, Christopher; LAZAROWICSZ, Klaus (Hrsg.). *Texte zur Theorie des Theaters*. Stuttgart: Philipp Reclam, 2000.

SOURIAU, Etienne. Dramatische Situation und Kollektive Partizipation. In: BALME, Christopher; LAZAROWICSZ, Klaus (Hrsg.). *Texte zur Theorie des Theaters*. Stuttgart: Philipp Reclam, 2000.

STIERLE, Karlheinz. Que Significa a Recepção de Textos Ficcionais? In: LIMA, Luiz Costa (org.). *A Literatura e o Leitor. Texto de Estética da Recepção*. Rio de Janeiro: Paz e Terra, 1979.

TAIROV, Alexander. Der Zuschauer. In: BALME, Christopher; LAZAROWICSZ, Klaus (Hrsg.). *Texte zur Theorie des Theaters*. Stuttgart: Philipp Reclam, 2000.

TALMA, François-Joseph. Einige Überlegungen über Lekain und über die Kunst des Theaters. In: BALME, Christopher; LAZAROWICSZ, Klaus (Hrsg.). *Texte zur Theorie des Theaters*. Stuttgart: Philipp Reclam, 2000.

THORAU, Henry. Tragédias Cariocas nos Palcos Alemães. *Inter Nationes 2000/ Humboldt 80*, Bonn, ano 42, n. 80, 2000.

_____. *Perspectivas do Moderno Teatro Alemão*. São Paulo: Brasiliense, 1984.

TIBAJI, Alberto. O Objeto de Pesquisa da História das Artes do Espetáculo: Do Efêmero ao Disperso, Salvador, 2002. *Anais do II Congresso da Abrace*. Salvador: UFBA, 2002.

TIBURI, Marcia. Nota Sobre Hermenêutica: A Linguagem Entre o Sujeito e o Objeto. *Veritas*, Porto Alegre, v. 45, n. 2, 2000.

_____. Reflexões do Tempo: Sobre Walter Benjamin e a Estrela Cadente. *Veritas*, Porto Alegre, v. 35, n. 157, 1999.

_____. Conciencia de la Necesidad y Supervivencia del Arte en la Teoria Estetica de Adorno. *Revista Venezolana de Filosofia*, Caracas, n. 34, 1996.

TORO, Fernando de. *Semiótica del Teatro: Del Texto a la Puesta en Escena*. Buenos Aires: Galerna, 1992.

_____. *Semiótica y Teatro Latinoamericano*. Buenos Aires: Galerna/IITCTL, 1990.

UBERSFELD, Anne. *L'École du spectateur*. Paris: Éditions Sociales, 1982.

_____. *L'Espace théâtral*. Paris: CNDP, 1979.

_____. *L'Objet théâtral*. Paris: CNDP, 1978.

_____. *Para Ler o Teatro*. São Paulo: Perspectiva, 2005.

UZEL, Marcos. *O Teatro do Bando: Negro, Baiano e Popular*. Salvador: P555, 2003.

VALVERDE, Monclar. O Campo da Estética da Comunicação. In: _____ (org.). *As Formas do Sentido: Estudos em Estética da Comunicação* Rio de Janeiro: DP&A, 2003..

_____. Recepção e Sensibilidade. In: _____ (org.). *As Formas do Sentido: Estudos em Estética da Comunicação*.

_____. Os Limites do Jogo Poético. In: BIÃO, Armindo; PEREIRA, Antonia; CAJAIBA, Luiz Claudio; PITOMBO, Renata (orgs.). *Temas em Contemporaneidade, Imaginário e Teatralidade*. São Paulo: Annablume, 2000.

_____. *A Experiência da Comunicação*. Tese de doutorado, Faculdade de Filosofia, Rio de Janeiro, UFRJ, 1995.

VILA-CHÃ, João José Miranda. "Hans-Georg Gadamer". *Revista Portuguesa de Filosofia*, Braga, v. 56, fasc. 3-4, 2000.

VODICKA, Felix. Die Rezeptionsgeschichte literarischer Werke. In: R. Warning (Hrsg.), *Rezeptionsästhetik: Theorie und Praxis*.

WARNING, Rainer (Hrsg.). *Rezeptionsästhetik: Theorie und Praxis*. München: W. Fink, 1994.

TEATRO NA ESTUDOS

João Caetano
Décio de Almeida Prado (E011)

Mestres do Teatro I
John Gassner (E036)

Mestres do Teatro II
John Gassner (E048)

Artaud e o Teatro
Alain Virmaux (E058)

Improvisação para o Teatro
Viola Spolin (E062)

Jogo, Teatro & Pensamento
Richard Courtney (E076)

Teatro: Leste & Oeste
Leonard C. Pronko (E080)

Uma Atriz: Cacilda Becker
Nanci Fernandes e Maria T. Vargas (orgs.) (E086)

TBC: Crônica de um Sonho
Alberto Guzik (E090)

Os Processos Criativos de Robert Wilson
Luiz Roberto Galizia (E091)

Nelson Rodrigues: Dramaturgia e Encenações
Sábato Magaldi (E098)

José de Alencar e o Teatro
João Roberto Faria (E100)

Sobre o Trabalho do Ator
Mauro Meiches e Silvia Fernandes (E103)

Arthur de Azevedo: A Palavra e o Riso
Antonio Martins (E107)

O Texto no Teatro
Sábato Magaldi (E111)

Teatro da Militância
Silvana Garcia (E113)

Brecht: Um Jogo de Aprendizagem
Ingrid D. Koudela (E117)

O Ator no Século XX
Odette Aslan (E119)

Zeami: Cena e Pensamento Nô
Sakae M. Giroux (E122)

Um Teatro da Mulher
Elza Cunha de Vincenzo (E127)

Concerto Barroco às Óperas do Judeu
Francisco Maciel Silveira (E131)

*Os Teatros Bunraku e Kabuki:
Uma Visada Barroca*
Darci Kusano (E133)

O Teatro Realista no Brasil: 1855-1865
João Roberto Faria (E136)

Antunes Filho e a Dimensão Utópica
Sebastião Milaré (E140)

O Truque e a Alma
Angelo Maria Ripellino (E145)

A Procura da Lucidez em Artaud
Vera Lúcia Felício (E148)

*Memória e Invenção: Gerald Thomas
em Cena*
Sílvia Fernandes (E149)

O Inspetor Geral *de Gógol/Meyerhold*
Arlete Cavaliere (E151)

O Teatro de Heiner Müller
Ruth C. de Oliveira Röhl (E152)

Falando de Shakespeare
Barbara Heliodora (E155)

Moderna Dramaturgia Brasileira
Sábato Magaldi (E159)

Work in Progress na Cena Contemporânea
Renato Cohen (E162)

Stanislávski, Meierhold e Cia
J. Guinsburg (E170)

Apresentação do Teatro Brasileiro Moderno
Décio de Almeida Prado (E172)

Da Cena em Cena
J. Guinsburg (E175)

O Ator Compositor
Matteo Bonfitto (E177)

Ruggero Jacobbi
Berenice Raulino (E182)

Papel do Corpo no Corpo do Ator
Sônia Machado Azevedo (E184)

O Teatro em Progresso
Décio de Almeida Prado (E185)

Édipo em Tebas
Bernard Knox (E186)

Depois do Espetáculo
Sábato Magaldi (E192)

Em Busca da Brasilidade
Claudia Braga (E194)

A Análise dos Espetáculos
Patrice Pavis (E196)

As Máscaras Mutáveis do Buda Dourado
Mark Olsen (E207)

Caos / Dramaturgia
Rubens Rewald (E213)

Para Ler o Teatro
Anne Ubersfeld (E217)

Entre o Mediterrâneo e o Atlântico
Maria Lúcia de S. B. Pupo (E220)

Teatro da Natureza
Marta Metzler (E226)

Margem e Centro
Ana Lúcia Vieira de Andrade (E227)

Ibsen e o Novo Sujeito da Modernidade
Tereza Menezes (E229)

Teatro Sempre
Sábato Magaldi (E232)

O Ator como Xamã
Gilberto Icle (E233)

A Terra de Cinzas e Diamantes
Eugenio Barba (E236)

A Ostra e a Pérola
Adriana Dantas de Mariz (E237)

A Crítca de um Teatro Crítico
Rosangela Patriota (E240)

O Teatro no Cruzamento de Culturas
Patrice Pavis (E247)

Eisenstein Ultrateatral
Vanessa Teixeira de Oliveira (E249)

Teatro em Foco
Sábato Magaldi (E252)

A Arte do Ator entre os Séculos XVI e XVIII
Ana Portich (E254)

A Gargalhada de Ulisses
Cleise Furtado Mendes (E258)

A Cena em Ensaios
Béatrice Picon-Vallin (E260)

O Teatro da Morte
Tadeusz Kantor (E262)

Escritura Política no Texto Teatral
Hans-Thies Lehmann (E263)

Na Cena do Dr. Dapertutto
Maria Thais (E267)

A Cinética do Invisível
Matteo Bonfitto (E268)

Luigi Pirandello: Um Teatro para Marta Abba
Martha Ribeiro (E275)

Teatralidades Contemporâneas
Sílvia Fernandes (E277)

Conversas sobre a Formação do Ator
Jacques Lassalle e Jean-Loup Rivière (E278)

A Encenação Contemporânea
Patrice Pavis (E279)

As Redes dos Oprimidos
Tristan Castro-Pozo (E283)

O Espaço da Tragédia
Gilson Motta (E290)

A Cena Contaminada
José Tonezzi (E291)

A Gênese da Vertigem
Antonio Ararújo (E294)

*A Fragmentação da Personagem
no Texto Teatral*
Maria Lúcia Levy Candeias (E297)

*Alquimistas do Palco: Os Laboratórios
Teatrais na Europa*
Mirella Schino (E299)

*Palavras Praticadas: O
Percurso Artístico de Jerzy
Grotowski, 1959-1974*
Tatiana Motta Lima
(E300)

*Persona
Performática:
Alteridade e Experiência
na Obra de Renato Cohen*
Ana Goldenstein Carvalhaes
(E301)

Como Parar de Atuar
Harold Guskin (E303)

*Metalinguagem e Teatro:
A Obra de Jorge Andrade*
Catarina Sant Anna (E304)

Função Estética da Luz
Roberto Gill Camargo (E307)

A Poética de Sem Lugar
Gisela Dória (E311)

Entre o Ator e o Performer
Matteo Bonfitto (E316)

Ritmo e Dinâmica no Espetáculo Teatral
Jacyan Castilho (E320)

A Voz Articulada Pelo Coração
Meran Vargens (E321)

Beckett e a Implosão da Cena
Luiz Marfuz (E322)

Teorias da Recepção
Claudio Cajaiba (E323)

Este livro foi impresso na cidade de São Paulo,
nas oficinas da MarkPress Brasil, em dezembro de 2013,
para a Editora Perspectiva.